DON ET MANAGEMENT

De la libre obligation de dialoguer

Entreprises et Management
Collection dirigée par Ludovic François

La collection *Entreprises et Management* est destinée à accueillir des travaux traitant des questions liées aux sciences de gestion et à l'entreprise. Les ouvrages publiés ont pour la plupart une vocation pratique. Certains d'entre eux sont issus de thèses professionnelles soutenues à HEC.

Dernières parutions

Françoise DUPUICH-RABASSE, *Management et gestion des compétences*, 2008.
Jérémy MORVAN, *L'investissement socialement responsable. Une nouvelle gouvernance d'entreprise ?*, 2008.
Denis BRULE, *L'ADSL, Kasaa, l'iPod et la musique. La révolution numérique menace-t-elle la diversité musicale ?*, 2008.
Mustapha MOKASS, *Comment amorcer le marché mondial de l'énergie propre ? Nouvelles énergies et climat : un destin lié*, 2007.
J.-F. MANDELBAUM, *La double imposition des succursales à l'étranger*, 2007.
G. REYRE, *Évaluation du personnel. Histoire d'une mal-posture*, 2007.
F. DUPUICH-RABASSE, *Les compétences managériales : enjeux et réalités*, 2007.
K. LEMASSON [et.al.], *Eau et paix au Moyen-Orient. La mer à boire : une solution durable ?*, 2007.
E. RIOT, *Entrepreneurs, investisseurs, entre confiance et allégeance*, 2006.
F. DUPUICH-RABASSE, *La gestion des compétences collectives*, 2006.
D. LOTH, *Le management interculturel*, 2006.
M. MORIN, *Banque et développement durable. De la communication à l'action*, 2006.
C. LAPASSOUSE MADRID et M.-C. MONNOYER LONGE, *La dimension numérique dans la stratégie commerciale. Brique.com*, 2005.

Philippe POIRIER

DON ET MANAGEMENT

De la libre obligation de dialoguer

L'Harmattan

© L'Harmattan, 2008
5-7, rue de l'Ecole polytechnique ; 75005 Paris

http://www.librairieharmattan.com
diffusion.harmattan@wanadoo.fr
harmattan1@wanadoo.fr

ISBN : 978-2-296-05621-3
EAN : 9782296056213

A Isabelle,
Marion, Thibaud et Benjamin
pour le temps qu'ils m'ont donné
et celui que je leur ai pris.

Merci à
Marion lectrice de la première version,
Benjamin pour la photographie de couverture,
et Anne Peinchaud, Gérard de Moura,
Odile Pautard, Claude Kassab-Maupetit
pour leurs précieux et amicaux conseils.

SOMMAIRE

INTRODUCTION	9
1. LE DON AU CŒUR DES DYNAMIQUES RELATIONNELLES	13
2. LE DON MOUVEMENT D'ALTERITE	33
3. LE DON RELIE L'INDIVIDUEL ET LE COLLECTIF	49
4. ECHANGER, COMMUNIQUER ET DIALOGUER	75
5. LES ETATS DU DON	97
6. LES ETATS DU DON DANS UN CONTEXTE PROFESSIONNEL	117
7. LE DON POUR DEPASSER LA REFERENCE UTILITARISTE	129
8. LE DON ET LA DYNAMIQUE DE PROJET	143
9. LE DON ET L'ART DE DIRIGER	161
CONCLUSION	187

INTRODUCTION

Trente années d'investissements associatifs et d'exercice professionnel dans le secteur social et médico-social ont fini de me convaincre que nous grandissons en humanité chaque fois que nous nous sentons reconnus par l'autre. De la qualité de nos échanges, de ce qui se dit et se vit lorsque nous donnons, recevons, rendons en donnant à notre tour, dépend l'estime de soi. La richesse de ce type d'échanges s'expérimente facilement dans nos relations privées (familiales et amicales), mais elle paraît souvent irrecevable dans le cadre plus large de nos relations sociales et professionnelles. Le vivre ensemble paraît dicté par la promotion de l'individualisme et de son corollaire la seule responsabilité individuelle.

Le "management traditionnel"[1] n'échappe pas à ce mouvement. La culture managériale est assujettie au modèle utilitariste[2]. Celui-ci convient parfaitement au développement de l'économie ; en consommant nous comblons nos besoins personnels, nous créons de la croissance et nous contribuons à l'enrichissement, sinon de tous, au moins du plus grand nombre. Il n'est malheureusement plus approprié pour susciter l'implication collective, pour faire en sorte que des hommes et des femmes s'impliquent personnellement et s'engagent, ensemble, dans la réalisation de tâches communes. Les entreprises semblent en panne de lien social et celles qui souhaitent développer des politiques de ressources humaines respectueuse de leurs salariés sont souvent démunies pour traduire en actes des intentions pourtant louables.

Les organisations à but non lucratif comme celles du secteur social sont elles aussi soumises à une gestion rigoureuse de leurs ressources. S'il est naturel qu'elles utilisent les outils efficaces du management traditionnel, il est plus étonnant qu'elles en adoptent le modèle culturel. Une fois passés par les fourches caudines des formations au management, beaucoup de cadres tiennent le même langage, appliquent les mêmes recettes, semblent être devenus des gestionnaires et des stratèges férus de démarche qualité, de rationalisation, de procédures, d'organisation, d'individualisation du travail. Or, comme tout accompagnement socio-éducatif, la conduite d'équipe d'une institution sociale et médico-sociale est un art, dans la mesure où elle nécessite une appropriation technique complexe à partir de laquelle il devient possible d'engager sa personne pour créer des rencontres, faire vivre des projets, produire du lien

---

[1] Terme générique que nous utiliserons pour désigner le management des entreprises.
[2] Cf. Chapitre 7 "le don pour dépasser la référence utilitariste".

social. Le directeur[3] est le garant des valeurs et de la rigueur des pratiques de l'institution, la qualité de son management sera déterminante pour favoriser le mieux être des personnes accueillies dans son établissement. Il relève de sa fonction de promouvoir un "souci partagé d'autrui", voire de stimuler son équipe vers "une rivalité de souci à l'égard d'autrui". Il doit réguler ces confrontations agonistiques[4] pour qu'elles contribuent à l'amélioration continue des pratiques. Les professionnels saisissent intuitivement la singularité de cette conduite d'équipe, mais ils l'exploitent peu faute de pouvoir s'appuyer sur des modèles qui fassent contrepoids au management traditionnel.

De leur côté, les dirigeants et directeurs des ressources humaines d'entreprises sont nombreux à penser que l'économie peut encore servir l'homme malgré les pressions du marché. Ils perçoivent souvent avec acuité les limites des logiques actuelles d'un management en panne de lien social. Ils souhaiteraient lui donner une dimension plus humaine, mais il leur manque les clefs qui leur fourniraient la marche à suivre. Est-il possible de renouveler ce management, d'intégrer les outils et le pragmatisme qui en font son efficacité, mais de le subordonner à l'humanisme issu du secteur associatif ?

Quel que soit le secteur d'activité, est-il possible d'oser la confiance dans nos relations professionnelles et d'y travailler quotidiennement avec rigueur et vigueur ? Les cadres en charge de conduire des équipes peuvent-il offrir un "pouvoir de service" en restant garant de la rigueur du travail fourni ? Un travail d'acculturation s'imposait, tant du point de vue des responsables des ressources humaines des entreprises, que des cadres du secteur social et médico-social. Les premiers ont intérêt à chercher de nouvelles pistes pour reconnaître les "richesses humaines" de leurs collaborateurs. Les seconds doivent faire appel aux outils de management en ayant le souci de conserver les valeurs qui fondent leurs pratiques.

Il fallait oser un pas de côté et chercher un modèle qui fasse référence en étant susceptible d'intégrer rigueur et efficacité de l'action, en même temps que de la considération et de la reconnaissance pour les personnes. Le concept de don répond à ces exigences, il initie une dynamique d'échanges qui conduit à une posture éthique à laquelle sont invités en premier lieu les dirigeants et plus largement les salariés.

Cet ouvrage relève d'un triple défi : Susciter une "libre obligation de dialoguer" entre deux mondes qui se connaissent peu, le management des entreprises et la conduite d'équipe des associations. Prendre comme référence le

---

[3] Terme générique que nous utiliserons pour parler de l'encadrement des structures sociales et médico-sociales.
[4] Boilleau JL, *Conflit et lien social*, Paris, La Découverte/M.A.U.S.S., 1995, page 55 et 56. L'auteur nous explique que l'agôn correspond à la lutte et la rivalité. Il est aussi l'objet du combat en même temps que le but de celui-ci. Il est prestige pour prouver que l'on est humain, il est liberté pour la gloire et obligation de prouver encore et toujours que l'on est une personne libre.

secteur social et médico-social pour bâtir cette réflexion. Oser le don comme modèle d'analyse. Le propos paraîtra parfois provocateur, il relève de l'agôn, il est défi pour lier et n'a d'autre but que d'ouvrir au dialogue.

Les travaux de Marcel Mauss concernant les échanges selon la triple obligation de « donner, recevoir, rendre », prolongés par ceux d'Alain Caillé, fournissent le point de départ de notre réflexion. Nous montrerons ensuite que le don est au cœur des dynamiques relationnelles, il est la condition du lien à l'autre qui pousse à se sentir "librement son obligé". Il initie une posture qui repose sur une vision singulière, profondément optimiste mais nullement naïve, de l'homme. Le don est à l'origine du lien social, il est le premier geste qui dit le désir de l'autre, il est la source du lien entre les hommes. Nous le découvrirons en comparant le mythe de la horde primitive de Freud et la Genèse. Nous verrons qu'il est au cœur des processus de reconnaissance, qu'il nourrit l'engagement, la considération de l'autre et en définitive l'estime de soi. Si le don structure nos relations, une légère digression sur "le don non reconnu" nous ouvrira à sa complexité dans les relations humaines, notamment familiales. Nous croiserons le don avec des notions de psychologie sociale à l'œuvre dans nos vies quotidiennes aussi bien que dans nos environnements professionnels. Je montrerai que le don renouvelle la manière dont nous pouvons intervenir sur la dynamique des groupes. De même, il nous permet d'appréhender différemment les phénomènes de communication pour qu'ils servent la rencontre et le dialogue. Nous nous rapprocherons ainsi progressivement d'une utilisation du don en situation professionnelle. Il nous faudra auparavant libérer le don de la dette, découvrir la richesse relationnelle du don trop souvent masquée par le fait que l'on ne le dissocie jamais de la notion de dette. Nous remarquerons ensuite que tout groupe et à plus forte raison toute équipe de travail, génère des "états du don". Ceux-ci influent sur le climat et la dynamique des échanges entre ses membres. Apparaîtra alors la nécessité de distinguer la réciprocité d'engagement portée par le don, de la réciprocité d'intérêt marquée par la seule attention à soi. Nous aurons suffisamment d'éléments pour défendre l'idée que le don offre une chance au management, dont l'efficacité est freinée par sa trop grande proximité avec le modèle utilitariste. Après quoi nous proposerons une grille de lecture pour utiliser le don dans une dynamique de changement. Nous verrons comment chacun est invité à apporter sa contribution au sein de structures de travail inévitablement défaillantes. Nous articulerons les notions de pouvoir et d'autorité sous le regard du don. Pour clore, nous fournirons quelques repères à l'adresse des directeurs du secteur social et médico-social pour les inviter à chercher leur propre posture éthique référée au don et sur laquelle puisse reposer leur action.

La force paradoxale de ce modèle réside dans sa capacité à proposer, non pas des réponses comme le font de nombreux ouvrages de management, mais des questions. Celles-ci permettent à chacun de construire des réponses singulières qui portent en elles, d'une part la question éthique de la reconnaissance de l'autre et de l'estime de soi, d'autre part des réponses pragmatiques et concrètes porteuses d'engagements et d'actes mis au service de la pratique. En confrontant le modèle du don aux questions complexes du vivre ensemble et de la direction d'équipe, je souhaite que ceux qui perçoivent les limites du modèle de ''management traditionnel'' retrouvent et développent des ressources pour renouveler leurs pratiques. Oui ! Nous pouvons renouer avec la considération de l'autre, avec l'engagement dans une cause qui nous dépasse, retrouver des repères simples pour enrichir nos relations et conduire nos actions. Si cet ouvrage débouche sur le rôle du don dans nos relations professionnelles, il contribue aussi à revisiter nos relations sociales, amicales, familiales pour, je l'espère, les enrichir, nous enrichir.

1. LE DON AU CŒUR DES DYNAMIQUES RELATIONNELLES

1.1. Les apports de Marcel Mauss

Comment traiter du don dans une perspective relationnelle et psychosociologique sans prendre appui sur les apports essentiels de Marcel Mauss ? Dans la deuxième partie de son ouvrage « sociologie et anthropologie[5] », son célèbre essai sur le don édité en 1924[6], Marcel Mauss s'interroge sur ce qui « dans les sociétés de type arriérées ou archaïques, fait que le présent reçu est obligatoirement rendu ? Quelle force y a-t-il dans la chose qu'on donne qui fait que le donataire la rend ?[7] ». Marcel Mauss repère la complexité des fonctionnements économiques. Il constate tout d'abord que ce ne sont pas des individus mais des « collectivités qui s'obligent mutuellement, échangent et contractent ». Les groupes et/ou leurs chefs s'affrontent, s'opposent, non seulement en ce qui concerne les prestations économiques, mais bien au-delà autour d'échanges permanents manifestés à travers des « politesses, des festins, des rites... ». Il remarque ensuite la forme « plutôt volontaire (...) bien qu'elle soit au fond rigoureusement obligatoire, sous peine de guerre privée ou publique ». Pour nommer ces modalités d'échanges régulatrices des relations sociales au sein de ces sociétés traditionnelles, Marcel Mauss évoque un système de prestations totales[8]. Il apparaît que les règles qui régissent les relations et les échanges sont très éloignées du modèle utilitariste actuel qui régente nos relations et sur lequel nous reviendrons.

Le potlatch

Marcel Mauss s'intéresse au potlatch parce qu'il est la forme la plus extrême de ces modalités d'échanges marquées explicitement par la rivalité. Les tribus nord-américaines « forts riches (...) passent leur hiver dans une perpétuelle fête : banquets, foires et marchés, qui sont en même temps l'assemblée solennelle de la tribu (...) c'est le principe de la rivalité et de l'antagonisme qui domine toutes ces pratiques[9] ». Cette « lutte des nobles pour assurer entre eux

---

[5] Mauss M., *Sociologie et anthropologie*, 11ème édition, Paris, Quadrige/PUF, 2004.
[6] L'*Année Sociologique* 1923-1924, tome I.
[7] Ibid., page 148.
[8] Ibid., page 151.
[9] Ibid., page 152, « Potlatch » veut dire essentiellement « nourrir », « consommer » et la note explicative de bas de page précise « place où on se rassasie ».

une hiérarchie dont ultérieurement profite leur clan » régule les relations, permet l'alternance des positions de pouvoir, d'autorité, d'honneur, de respect et en définitive sert à éviter la guerre. Marcel Mauss réserve « le nom de potlatch à ce genre d'institution que l'on pourrait (...) appeler prestations totales de type agonistique[10] ».

Le principe est simple, les clans accumulent durant une certaine période des biens attestant de leur richesse et du prestige qui y est associé. Les chefs de chaque clan s'affrontent lors des potlatchs. Pour gagner en autorité et en prestige, ils rivalisent de générosité en donnant leurs biens. L'antagonisme des populations indiennes de la côte nord-ouest américaine pouvait conduire jusqu'à la destruction des propres richesses du vaincu « pour éclipser le chef rival » afin de gagner le prestige, donc l'honneur, le pouvoir et le respect !

Marcel Mauss reconnaît que les rivalités entre ces populations étaient extrêmes et qu'il existait par ailleurs « un nombre assez considérable de formes intermédiaires entre ces échanges à rivalité exaspérée », notamment des sociétés « à émulation plus modérée où les contractants rivalisent de cadeaux[11] ». Le terme d'émulation a ceci d'intéressant qu'il traduit ce sentiment qui vise à égaler ou surpasser quelqu'un. Mais à la différence du potlatch des tribus nord-américaines, sa modération rend plus accessible le don agonistique. C'est ainsi qu'à Samoa en Polynésie, il existe un système de « cadeaux contractuels » qui accompagnent les événements marquants de la vie (naissance, mariage...). L'honneur, le prestige, l'autorité conférés par la richesse accumulée grâce aux cadeaux reçus lors de ces événements ne perdurent qu'à la condition, l'obligation, de rendre ces dons. L'enrichissement est à comprendre du point de vue de la reconnaissance par les autres de sa valeur et oblige pour durer, à la réciprocité signifiée par le geste du don en retour, « cette source de richesse qu'est l'autorité elle-même » ne vaut que parce qu'elle est rattachée à « l'obligation absolue de rendre ces dons »[12].

En résumé le potlatch repose sur l'agôn, en tant que l'expression de la rivalité, de l'insoumission, de la liberté, du prestige, de l'honneur, qui sont autant d'expressions signifiant à l'autre notre dimension irréductible de sujet. Cette confrontation prend la forme d'échanges de dons, le gagnant étant celui qui aura été en mesure de donner le plus. Le gain réside dans l'autorité acquise, mais pour la conserver le vainqueur sera contraint de la remettre en jeu lors d'une nouvelle confrontation.

Cette démarche semble incompréhensible aux occidentaux que nous sommes, repliés sur notre sphère privée, rétifs à toute obligation à l'égard de l'autre et habitués à mesurer facilement le pouvoir, le prestige, la reconnaissance par

---

[10] Ibid., page 153.
[11] Ibid., page 153.
[12] Ibid., page 155.

l'accumulation des richesses et des biens. Dans ce cas, à quel titre le don pourrait-il nous intéresser ? Pourtant le Potlatch mérite que nous nous y attardions, moins pour décrire ce qu'il signifie d'un point de vue anthropologique ou sociologique[13], que pour en saisir les enjeux « relationnels ». Comment rompre ce cycle destructeur des rivalités entre tribus et ses corollaires habituels, la vengeance, la violence et la guerre ? Comment sortir de la défiance ?

La première solution consisterait à s'ignorer, passer au loin quand on se croise, éviter toute provocation et vivre chacun dans son coin. Jusqu'au jour où un geste maladroit, une provocation stupide feront basculer à nouveau les protagonistes dans une logique d'escalade de la violence. Mais ces périodes de calme précaire ouvrent aussi un espace pour que se développe la confiance.

Pour cela, il faut s'engager et poser des actes. Imaginons la scène, un chef de tribu pour signifier la paix fait un cadeau à son ancien adversaire. Le donataire (celui qui reçoit) doit alors répondre et rendre explicite sa position. S'il refuse le cadeau, l'affaire est entendue. S'il accepte le cadeau sans rien donner en retour, comment le donateur devra-t-il comprendre ce « geste » ?

Dans une telle situation, il n'y a pas de place pour la demi-mesure, à la totale défiance doit répondre la totale confiance. Pour signifier avec force le refus de la guerre et la spirale de la violence, il faut oser le geste de la confiance, oser le contre-don, nettement et sans ambiguïté possible.

Une fois les gestes symboliques posés et les cadeaux échangés, la dynamique enclenchée doit s'enraciner. Mais un geste de défiance et l'édifice fragile peut vite s'écrouler. Pour éviter cela, il faut renforcer les gestes symboliques d'alliance, donc les dons.

Le temps devra faire son office, permettant aux contributions réciproques de chacun de renforcer la confiance. Les alliances entre tribus à travers les femmes consolideront les liens et ouvriront à l'alliance verticale (entre générations), que les alliances avec des dieux communs finiront d'enraciner. Nous verrons au long de notre parcours les traces de cette dynamique dans nos relations quotidiennes et avec nos collègues de travail.

Le don permet de civiliser la défiance en laissant à toutes les variantes de la rivalité la possibilité de s'exprimer. A condition que soit rendue possible l'alternance des positions entre donateur et donataire, dominant et dominé.

Le choix de la confiance n'est qu'une étape sur le chemin de la reconnaissance, la recherche de lien n'empêche en rien le défi, l'insoumission et l'affirmation de sa liberté, le désir de puissance, de gloire et de domination, bref l'agôn. Chaque culture en singularisera ensuite l'expression ; la rivalité qui anime chaque

---

[13] Ce travail est mené depuis de nombreuses années par le M.A.U.S.S.

confrontation entre les équipes de France et d'Angleterre lors du tournoi des six nations de rugby en fournit un bel exemple[14].

Le commerce kula

Cette première forme de don agonistique doit être complétée par une deuxième forme d'échanges[15]. Dans cet archipel de Mélanésie constitué de nombreuses îles, les Trobriandais avaient coutume de se rendre visite. En plus des échanges marchands peu valorisés, existait un rituel d'ordre noble nommé kula[16], généralement réservé aux chefs.
Comme pour le potlatch il faut savoir donner et se montrer généreux. Mais ce qui est remarquable ici, c'est que la tribu qui reçoit la visite d'une autre tribu « affecte de ne faire que recevoir ». Pourtant « les cadeaux seront rendus avec usure » l'année suivante, lorsque la tribu visiteuse recevra à son tour. Chacun cherche à montrer à chaque fois par ses cadeaux « de la liberté, de l'autonomie, en même temps que de la grandeur »[17]. Les objets prestigieux de ces échanges sont de deux sortes ; des bracelets et des colliers. Leur charge symbolique, donc leur richesse, est énorme. Tous uniques, ces cadeaux sont porteurs de l'histoire singulière des échanges. Ils participent de l'enchevêtrement des liens et des histoires entre les tribus.
Leur force vient de ce qu'ils ne sont donnés « qu'à condition d'en faire un usage pour un autre » ; ils doivent participer à la construction et la transmission du lien. C'est en prenant le temps de recevoir sans rendre immédiatement que chacun se lie à l'autre. L'acceptation de ce lien est signe de reconnaissance et contribue à fonder ce qui fait le lien social et l'estime de soi ; la circulation des objets échangés (selon des règles précises) venant le signifier. C'est en ce sens qu'il faut entendre que le don est un « fait social total » pour reprendre la célèbre expression de Marcel Mauss. Le social ne se réduit pas au don (qui serait alors totalitaire), mais plus simplement le don imprègne le social de toute sa présence.

Le hau et le cycle du don

Chez les Maoris, autre exemple proposé par Marcel Mauss, tous les objets échangés sont porteurs du « hau », c'est-à-dire de l'âme du donateur. Il n'y a pas de simples objets, tous sont « fortement attachés à la personne, au clan, au

---

[14] Voir à ce propos l'ouvrage de Boilleau J.L. op.cit.
[15] Si Marcel Mauss n'a pas été l'observateur direct de ces types d'échanges, il a su s'appuyer sur les travaux d'ethnologues comme Malinowski, il leur a donné la dimension conceptuelle qui leur manquait.
[16] Terme « qui veut sans doute dire cercle », in Mauss M., op.cit., p. 176.
[17] Ibid., p. 177.

sol ; ils sont le véhicule de son « mana », de sa force magique, religieuse et spirituelle »[18].

Le receveur reçoit plus que le seul objet, il reçoit une part de l'autre. Sans trahir Marcel Mauss, on peut avancer que l'objet ainsi chargé symboliquement fait lien. Il transmet quelque chose de l'autre, de son âme, de ce qui le constitue dans sa dignité d'homme mystérieux et unique.

C'est pourquoi le donataire doit prendre le temps de recevoir l'objet avant de pouvoir le donner à son tour. En acceptant le cadeau, il accueille l'offre de lien. S'agit-il d'un lien-entrave réducteur de liberté, ou d'un lien-alliance gage d'altérité ?

N'entrons pas dans le débat pour l'instant, restons chez les Maoris et apportons une précision souvent oubliée : les objets poursuivent leur route et passent de main en main, mais le hau doit revenir au donneur. A travers un objet qui n'est pas forcément le même, le donneur doit "retrouver" son hau, son esprit, son âme. Pour que le cycle du don soit complet, le don doit être rendu, non par simple obligation mais pour montrer qu'il n'y a pas rupture du lien, des liens. Le cycle du don consiste donc à donner, prendre le temps de recevoir, donner à son tour. Il arrivera alors un moment où le donneur retrouvera l'esprit de son geste en recevant à son tour.

Une expérience personnelle nous aidera à comprendre le hau et à lui retirer le caractère magique qui lui était attribué chez les Maoris. Quelques jours après le décès d'une grand-tante pour laquelle j'avais beaucoup d'affection et alors que je me retrouvais à vider sa chambre, je tombai en arrêt sur un petit chien en porcelaine grossière. Je me remémorai alors mon enfance et les moments que nous avions partagés. Elle avait l'habitude de placer autour du cou de ce bibelot particulièrement laid, les élastiques qu'elle récupérait. Pourtant quarante ans après, j'ai toujours ce bibelot et ce n'est pas sans émotion que je me surprends à écrire ces lignes. L'esprit de ma grande tante est dans cet objet et la valeur affective qu'il représente à mes yeux fait que je ne voudrais m'en séparer pour rien au monde. Cependant cet objet ne m'a pas été donné, il n'a pas été l'objet d'un échange entre nous, je l'ai pris. Certes elle n'aurait pas hésité à me le donner si je lui avais demandé de son vivant. Mais son décès donnait à ce bibelot un éclat nouveau et la force du lien que je lui trouvais désormais me rapprochait du sens du hau. Marcel Henaff confirme cette intuition : « La logique du don n'est pas le bien échangé mais la reconnaissance accordée, le lien créé »[19]. Il explique que « tout bien lancé dans le mouvement des dons est compris comme une partie de l'être du donneur. Lequel sera satisfait quand il aura reçu à son tour un don qui réponde au sien (…) précisément de celui à qui il a donné ; après avoir donné quelque chose de soi, il faut recevoir quelque

---

[18] Ibid, p. 157.
[19] Henaff M., *Le prix de la vérité, le don, l'argent, la philosophie*, Paris, Seuil, 2002, note de bas de page, p. 168.

chose de l'autre. C'est cet "esprit du don" et non l'objet lui-même qui constitue le hau (...) le geste de reconnaissance doit retourner à son initiateur ; la reconnaissance mais non la chose donnée »[20].

La complexité et les entrelacements des dynamiques relationnelles apparaîtront avec cette illustration sur trois de nos contemporains : Axelle, Marie, Lise sont amies. Axelle donne à Marie un collier. Marie donne à Lise un bracelet. Lise offre à Axelle un troisième cadeau encore différent, une bague par exemple.
A la différence des sociétés traditionnelles, on peut facilement considérer que ces trois personnes ne sont pas contraintes par des rites à échanger ainsi. On peut faire l'hypothèse qu'elles se connaissent, qu'une histoire commune les lie, qui permet de donner sens aux gestes posés... sinon pourquoi se faire un cadeau ?
Chaque objet offert est différent, pourtant Axelle se voit gratifiée en retour de son geste initial. Le cadeau importe moins dans ce retour que le geste de reconnaissance dont il est porteur. Ce n'est pas le cadeau en lui-même qui importe mais ce qu'il exprime.
Nous perdrions une bonne partie de la richesse et de l'enchevêtrement des liens que cette circulation génère si nous en restions à un simple échange de cadeaux. En effet, comment pourrions-nous passer à côté du geste singulier de Marie ?
Celle-ci a fait un cadeau unique à Lise qui se retrouve à son tour face à trois possibilités :
- Elle sait qu'Axelle est à l'initiative du premier geste. Lise peut estimer que le cadeau de Marie est un juste retour des choses. Dans ce cas, Lise ne reconnaît en Marie qu'un simple passeur rétablissant l'équilibre entre les trois amies.
- A l'inverse, Lise peut recevoir le geste de Marie sans se préoccuper d'Axelle. Mais le cadeau de Marie donnera à Lise le désir d'offrir à son tour quelque chose à Axelle. Que Lise en soit ou non consciente, son cadeau fournira la preuve à Axelle que son geste initial a contribué au renforcement des liens entre les trois amies.
- Il reste une troisième possibilité : Lise reçoit de Marie, nourrie d'Axelle. Autrement dit, Lise perçoit que le cadeau contient une part de Marie et d'Axelle. Le cadeau de Lise à Axelle sera porteur d'un peu d'elle, de Marie, et bien sûr du retour du geste initiateur vers Axelle. Le geste initial d'Axelle ne prive pas, bien au contraire, Marie et Lise de leur part d'initiative, la spirale du don est à l'œuvre et consolide les liens.

De sorte qu'il arrive un moment où on ne sait plus, et on ne cherche plus, de qui on est redevable. Car on l'est de tous autant que les autres le sont vis-à-vis de nous-mêmes. Le lien, les gestes de reconnaissance mutuels circulent et enrichissent chacun sans que l'on y prête attention. Des rituels comme les

---

[20] Ibid., p. 168.

anniversaires ou la fête de Noël par exemple, viennent en rappeler l'importance. Multiplié par le nombre de personnes d'un groupe, le jeu des échanges devient tellement complexe qu'il faut, dans certaines situations, se doter d'outils qui en facilitent la compréhension et fournissent des clés d'intervention, comme nous le verrons.

Ces échanges présentés comme « archaïques » montrent que le don est mouvement vers l'autre exprimé par le cycle du « donner, recevoir, rendre », à travers l'engagement concret que symbolise le cadeau offert. Mouvement certes obligatoire, mais guidé par le choix explicite et libre de l'alliance plutôt que de la défiance.
La finesse et la complexité des processus à l'œuvre contrastent avec les représentations habituelles et réductrices concernant le don : « Ah oui don et contre-don (…) le don, n'est ce pas l'obligation de donner et rendre ? ». La critique traditionnelle faite au don s'énonce ainsi : puisqu'il y a une part intéressée dans le don, il n'est pas gratuit, il n'est donc qu'un leurre masquant nos propres égoïsmes. Ainsi par exemple, le croyant cherchant à faire le bien autour de lui ne vise que son seul intérêt sous couvert d'altruisme ; il se ment à lui-même et aux autres. Proposer le don comme principe organisateur des rapports sociaux apparaît au mieux comme archaïque, au pire comme un non-sens. Mais ce raisonnement ne pourrait-il être aussi un prétexte pour justifier du même coup ces fameux égoïsmes ?

Pour l'heure, retenons que les travaux de Marcel Mauss ont sorti le concept du don des ornières de l'échange archaïque, ils ont montré sa présence encore active dans nos sociétés dites modernes. Alain Caillé[21] présente même le don comme le « tiers paradigme » ouvrant la voie à une articulation entre les deux paradigmes individualistes et holistes traditionnellement opposés[22].

1.2. Le don structure nos relations

Les travaux d'Alain Caillé, Jacques T. Godbout et quelques autres auteurs réunis autour de la revue du M.AU.S.S.[23] m'ont permis de poser les principes à

---

[21] Caille A., *Anthropologie du don*, Paris, Desclée De Brouwer, 2000.
[22] Pour l'individualisme il y a prédominance de l'individu sur la société. Le holisme au considère contraire, que le poids des normes sociales prime sur les choix individuels. Pour Anspach M.R., *A charge de revanche*, Paris, Seuil, 2002, p. 115, avec le holisme les individus se définissent par leurs fonctions sociales, fonctions qu'ils remplissent au sein du corps social (exemple des castes en Inde). Quant à l'individualisme, il va jusqu'à nier le niveau collectif, le tout n'est que la somme des parties. Il est conçu pour favoriser l'échange marchand où chacun se borne à chercher son intérêt. Anspach présente comme un enjeu de développer des relations réciproques et circulaires afin de penser les deux niveaux ensemble, individuel et collectif.
[23] *Mouvement Anti-Utilitariste en Sciences Sociales*.

partir desquels je développerai mon point de vue. Je prendrai appui sur le schéma initial ci-dessous et je l'enrichirai au fur et à mesure de la progression de notre réflexion. Dans les chapitres suivants, je reviendrai régulièrement sur certains points pour les compléter, les enrichir, en mesurer les effets lorsqu'ils sont mis à l'épreuve des dynamiques relationnelles. Nous découvrirons ainsi progressivement la richesse, la complexité, la prégnance du don dans ce qui fonde notre relation à nous-mêmes et aux autres.

Parler de don oblige à considérer un triangle composé de trois gestes ; donner, recevoir, rendre. Chacun peut entrer dans la dynamique du don par un des trois gestes. Je peux donner en premier, mais je peux être aussi celui qui reçoit, et je peux exprimer le retour du don dans le fait de rendre. Il existe une nécessaire interdépendance dynamique entre ces gestes qui s'autoalimentent mais ne s'annulent pas, car un des trois gestes vient à manquer et le don disparaît.

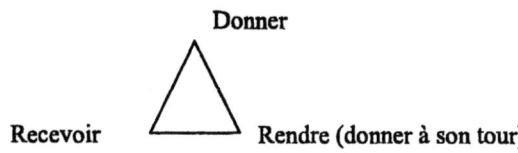

Nos histoires relationnelles empreintes de don

Un don reçu ou donné, accepté, refusé, pris… fonde puis constitue et marque fortement nos histoires relationnelles. Boszormenyi-Nagy, à l'origine de la thérapie familiale contextuelle[24], a montré que la manière dont la dynamique du don se sera déployée dans notre enfance aura des conséquences sur nos engagements relationnels ultérieurs. Cela sera particulièrement sensible avec nos proches, au sein du couple et avec nos enfants. Nous croyons parfois donner alors que sans le savoir, nous rendons ce que nous avons reçu de nos parents. L'accent mis sur le rendre met en évidence la dimension générationnelle du cycle du don et introduit la notion de temps. L'approche contextuelle a montré qu'une des sources essentielles de nombreux conflits intrapersonnels et/ou intrafamiliaux, résidait dans ce droit de donner non reconnu ou empêché au cours de l'enfance.

Toutes nos relations ne portent pas le poids de notre histoire mais le principe reste le même. L'accumulation de nos expériences relationnelles et de leurs conséquences influe considérablement sur nos relations amicales et

---

[24] Voir sur ce thème Ducommun-Nagy C., *Ces loyautés qui nous libèrent*, Paris, JC Lattès, 2007. On trouvera également une présentation des concepts développés par l'approche contextuelle dans l'ouvrage de Michard P. et al., *La thérapie contextuelle de Boszormenyi-Nagy : une nouvelle figure de l'enfant dans le champ de la thérapie contextuelle*, Paris, De Boeck, 2005.

professionnelles. « Il avait besoin de moi et depuis que je l'ai aidé, je ne l'ai plus revu, on ne m'y reprendra pas » m'expliquait un proche affecté parce qu'il avait le sentiment de s'être fait utiliser par quelqu'un qu'il pensait être un ami. Mais surtout, il n'évaluait pas à sa juste mesure les conséquences de ce qu'il venait de subir, « on ne m'y reprendra pas » pouvait signifier « pour ne plus me faire avoir je ne peux plus faire confiance à personne ».

La spirale de la défiance enclenchée peut vite devenir un principe constitutif de nos relations sociales. Cela donne plus d'importance encore au geste initial du don, parce qu'il marque un saut dans l'inconnu de l'autre et qu'il est un pari sur la confiance. Selon le contexte, le pari sera plus ou moins risqué et il n'est de toute façon pas question d'accepter de se faire avoir naïvement, d'être instrumentalisé, utilisé. Comme le dit Alain Caillé le don relève de l'inconditionnalité conditionnelle, mais surtout pas de l'inconditionnalité inconditionnelle[25]. Autrement dit, la prise de risque contenue dans le pari signifie que l'on garde à l'esprit son échec possible. Mais en même temps il n'y aurait pas de rencontre et d'alliance, sans geste inconditionnel inaugural portant l'espoir que l'autre saura le recevoir et répondre sur le même registre, initiant ainsi la dynamique du don.

Le don prend le temps de recevoir

Lorsque ce pari de la confiance prend son temps, il contribue à l'enracinement du lien. C'est ce que nous montre encore le kula, le cadeau reçu ne peut être rendu trop vite, cela signifierait un refus de recevoir. Si le défi n'est pas absent du kula, il nous semble que le temps du recevoir est plus important et marque la volonté d'entretenir le lien, voire de le développer.

Le potlatch insiste sur le contre-don, preuve de lien mais surtout de défi pour dominer et/ou montrer par son insoumission, sa liberté et sa dignité d'homme. Le temps du recevoir pour sa part, inscrit la temporalité comme signe de la reconnaissance de l'autre en tant que digne de valeur. Recevoir, c'est prendre le temps de s'approprier ce qui a été reçu, éventuellement le faire fructifier, afin d'entretenir ensuite le cycle du lien en donnant à son tour[26].
L'analyse du temps du recevoir constitue un indicateur pour évaluer l'état du don[27], c'est-à-dire la qualité des relations entre des personnes ou au sein d'un groupe.
Le temps du recevoir est également important en ce qu'il met en évidence une différence fondamentale avec la logique marchande. Dans un échange marchand, le lien importe peu et s'exprime par la recherche rapide de

---

[25] Caillé A., op. cit.
[26] Cf. chapitre 5.4 "le don mutuel positif."
[27] Cf. chapitre 5 "les états du don".

l'annulation de la dette. Lorsque je paye (geste apparenté au « donner »), j'attends que le vendeur me donne immédiatement l'objet de mon achat (geste apparenté au « rendre ») afin que nous ne nous devions plus rien.

Ne pas prendre le temps de recevoir revient à refuser le principe même du don, donc du lien, pour lui préférer la logique de l'équivalence. Nos relations amicales et plus souvent professionnelles peuvent se construire sur ce modèle sans que nous en ayons forcément conscience : « Je ne vais pas lui demander un coup de main, sinon je serais contraint de l'aider pour autre chose s'il me sollicitait à son tour ».

Enfin, il est communément admis que le temps du recevoir correspond au temps de la dette : « Puisque j'ai reçu de toi, je te suis redevable ». J'aurai l'occasion de m'expliquer sur ce point de vue que je ne partage pas[28].

La spirale du don source de lien

Revenons au geste qui consiste à rendre. Le sens commun nous conduit à penser qu'après avoir donné, puis reçu, il serait normal de rendre. Cette démarche linéaire réduit la portée de ce geste qui initie la spirale relationnelle au lieu de la clore. Il ne s'agit pas de « restituer mais de reprendre l'initiative du don »[29]. C'est pourquoi je préfère au terme de rendre celui de « donner à son tour » comme le propose déjà Marcel Henaff.

Encore faut-il que le donateur accepte de recevoir à son tour. Car il est plus difficile de recevoir que de donner. Par ce geste on accueille l'autre, on le reconnaît en soi participant de notre humanité. La sensibilité, l'émotion, la charge affective présentes dans ce geste trouvent en écho les blessures du lien que nous portons tous du fait de nos parcours de vie, ce qui explique parfois les refus de recevoir.

La présentation en triangle montre que le don est constitué structurellement de trois gestes, qu'il peut être appréhendé à partir d'une des trois entrées, qu'il a besoin du temps pour se déployer, qu'il est chargé du poids de notre histoire personnelle, qu'il ne se referme pas sur lui-même mais constitue un cycle ouvert, telle une spirale. Outre le fait qu'elle caractérise la reprise d'initiative qui consiste à donner à son tour, la spirale présentée ci-dessous symbolise l'histoire des engagements réciproques et leurs conséquences relationnelles dans le temps. Elle montre que le don est ouverture à l'autre, enrichissement réciproque de l'un par l'autre.

---

[28] Cf. chapitre 5.1 "libérer le don de la dette".
[29] Henaff M., *Le prix de la vérité*, Paris, Seuil, 2002, p. 186.

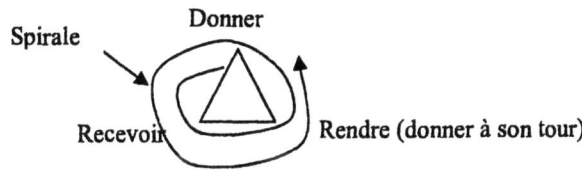

Le "donner" ose la confiance, il est prise de risque vers l'autre, au contraire de la défiance qui peut vite devenir un principe constitutif de nos relations sociales et professionnelles. Le "recevoir" signe l'accueil du geste, il doit prendre son temps pour montrer que le geste de donner est accueilli (à l'inverse de l'attitude qui veut éviter tout risque de lien de dépendance à l'autre). Il doit fructifier en soi avant d'être rendu. Le "rendre" ou le "donner à son tour" relance le lien. Le geste a été enrichi par le temps du recevoir, il est preuve que le don a été reçu, qu'il a fructifié et qu'il s'enrichit à travers la continuité des échanges. Dans notre monde marqué par l'immédiateté, le temps apparaît ici comme une garantie de la qualité du lien à l'autre.

Le don agonistique et/ou d'alliance ?

Le potlatch est la réponse des peuples à leur volonté d'échange, de socialité, de rencontre, de lien. Le don agonistique affirme la primauté de la confrontation, à condition que celle-ci se nourrisse de réciprocité, d'alliance et de reconnaissance de l'autre qui préservent de la domination définitive de l'un sur l'autre. Sans quoi, l'agôn ne serait que totalitarisme, ne laissant d'autre alternative que la soumission propre à l'esclavage.
Même dans le cadre du potlatch, forme extrême de don agonistique, la prise de risque est autant du côté du donateur que du donataire. Le donateur, car il « révèle sa liberté en donnant, en distribuant ce qui est nécessaire à la vie[30] » tout en acquérant la reconnaissance des autres par ce geste. Le donataire parce qu'en acceptant le don, il relève aussi le défi de « se risquer soi-même ».

Le don agonistique exprime la résistance à toute loi impersonnelle, désincarnée, froide et rationnelle qui cherche à s'imposer à tous.
Il offre le désordre de la gratuité de la confrontation simplement pour la gloire, le prestige de l'insoumission en tant qu'affirmation de sa liberté, condition de son humanité.
Il consiste à « défier pour lier » pour reprendre la formule de M. Henaff[31], parce qu'il n'est pas seulement liberté, il est aussi obligation de donner, recevoir, rendre.

---

[30] Boilleau J.L., op.cit., p. 106.
[31] Henaff M., op. cit.

L'analogie avec le sport nous en offre une illustration[32] : les sportifs sont obligés de donner, de concourir s'ils ne veulent pas tomber dans l'oubli. Ils ne peuvent refuser un combat qui leur est proposé, ils reçoivent l'honneur d'être défiés. Ils ne peuvent se dérober d'une revanche, ils rendent en l'acceptant voire en la proposant.

L'engouement pour la coupe du monde de football fournit également un bel exemple du don agonistique à l'œuvre aujourd'hui. La mondialisation du commerce, libéral, impersonnel, s'imposant à tous, trouve ici son contrepoint. La ferveur exceptionnelle de peuples se combattant pour ne rien gagner d'autre que la gloire, hors de tout calcul d'intérêt, étonne.

Des enjeux financiers considérables existent parallèlement, les salaires indécents de nos vedettes du ballon rond n'ont pas disparu pour autant. Mais ils sont oubliés, dépassés le temps de la fête. Il eut presque été inconvenant d'en parler à ce moment-là, tellement l'argent était sans valeur face à la prégnance de la confrontation, de la gloire et du sentiment de reconnaissance retrouvés. Et cette lutte ne pouvait être une lutte à mort, parce que chacun savait que la revanche viendrait un jour inverser le résultat d'aujourd'hui !

Mais le don ne peut-il être qu'agonistique ? La rivalité, l'affirmation de soi face à l'autre sont-ils les seuls moteurs du don ? Ne serait-il pas possible de "se lier sans se défier" ? Le don est appel au lien, la réponse - le rendre - n'oblige pas à opposer une posture de défi, ni à adopter une position défensive de retrait de peur de se fondre dans l'autre et de s'y perdre.

Car un des paradoxes du don réside dans la nécessité de se laisser influencer et enrichir par l'autre pour trouver et renforcer son identité. Se lier, en tant qu'altérité vécue pleinement, devient possible lorsque la reconnaissance de l'autre et l'estime de soi sont solidement enracinées et articulées l'une à l'autre. L'objet échangé, qu'il soit matériel ou immatériel, présent offert ou parole énoncée, constitue alors un espace de médiation protecteur entre soi et l'autre. Dans ce cadre, le défi n'est plus qu'un simple élément de régulation. Un lien sans défi devient alors possible, comme nous le verrons.

La structure du don

A. Caillé a extrait de l'œuvre de Marcel Mauss une « théorie multidimensionnelle de l'action (...) qui montre que l'action individuelle et collective se déploie selon quatre mobiles – à la fois irréductibles à l'autre en théorie mais toujours liés en pratique – et organisés en deux paires opposées, l'obligation et la liberté d'une part et l'intérêt et le désintéressement de

---

[32] Ibid., p. 76.

l'autre »[33]. A propos du désintéressement, il précise qu'il s'agit de l'intérêt pour autrui et il propose de le signifier par le terme générique « d'aimance » emprunté à Jacques T. Godbout. Ses travaux nous ont aidés à caractériser les implications relationnelles du don et à poser l'hypothèse que toute relation à soi-même et aux autres s'y réfère.

Dans le schéma présenté page suivante, chacun des trois gestes considérés séparément aussi bien que la dynamique du cycle dans son ensemble sont traversés de deux axes représentant les motivations qui poussent à l'échange et au lien. Toute analyse des processus relationnels en jeu à travers les échanges devra considérer ensemble ces quatre caractéristiques du don structurellement reliées entre elles.

Le don est mouvement, ''sollicitude'' (terme emprunté à Paul Ricœur), c'est-à-dire spontanéité vers l'autre sans calcul de ce que cela peut rapporter, sans attente de retour. Cette posture ne peut être que libre, de cette ''liberté'' qui porte le souci de la rencontre. Sans liberté il n'y aurait tout simplement pas de don possible. Je dois pouvoir rester libre de donner ou non, de recevoir ou non, de rendre ou non, de refuser de me soumettre, de chercher l'échange dans la confrontation. La liberté doit porter le souci de l'autre, au risque sinon d'isoler plutôt que de relier.

Mais cette liberté et cette sollicitude n'existent et ne se déploient qu'à la condition d'être articulées à ''l'obligation''. Car si le don s'enracine dans le geste libre vers l'autre, cela ne signifie pas qu'il n'y ait pas attente, espoir d'un geste en retour, comme condition du développement et/ou du maintien du lien. Cela est particulièrement vrai en situation de travail ; si je n'ai jamais de retour du collègue à qui je donne souvent un coup de main, je me lasserai et il arrivera un moment où je ne ferai plus d'effort pour aller vers lui.
Il faut pouvoir distinguer l'obligation perçue comme une contrainte et l'obligation en tant que se sentir obligé, voire ''l'obligé de'' pour entretenir le lien. Je dois me sentir librement l'obligé de l'autre si je veux faire vivre le lien. Par exemple, lorsque je suis invité à dîner chez des amis, je ne me rends pas chez eux avec un bouquet de fleurs par pure convention, mais parce que je me dois de leur montrer que je réponds à leur attente de lien. C'est en ce sens que je me sens obligé à leur encontre, librement obligé de venir avec un bouquet. Par contre, il en aurait été tout autrement si j'avais eu le sentiment d'être contraint de devoir leur offrir ce bouquet. L'agôn en moi, le refus de la soumission à une loi impersonnelle, désincarnée, se serait probablement fait entendre...

---

[33] Caillé A., op.cit., p. 64 et 65.

Le deuxième axe du schéma articule attention à soi et souci de l'autre. Si je ne me soucie que de mon seul intérêt, j'utilise l'autre en oubliant l'attention que je devrais lui porter. Mais je l'utilise tout autant en l'empêchant de me donner à son tour (rendre), parce que je construis nos échanges sur le seul souci que j'ai pour lui, en refusant de recevoir ce qu'il tente de me donner.

L'attention à soi est présente dans tout échange, mais lorsqu'elle s'articule au souci de l'autre, elle ouvre le possible d'un "lien sans se défier", d'un don partage, d'un don d'alliance, complément obligé de l'agôn qui ne serait sinon que violence. Et c'est parce que le souci de l'autre coexiste avec l'attention à soi que l'estime de soi peut se développer et s'enraciner.

L'estime de soi est une des conséquences de la dynamique du don en même temps qu'elle le favorise. Elle est aboutissement du don mais aussi occasion fournie pour impulser sa relance. Elle peut alors soutenir une conviction et un engagement éthiques[34]. Elle vient de surcroît, elle participe de la construction identitaire, elle renforce les sentiments de reconnaissance et de dignité qui donnent à chacun la même valeur. Au sein d'un groupe, elle participe du sentiment d'appartenance et au sein de la famille d'une "loyauté qui libère"[35].

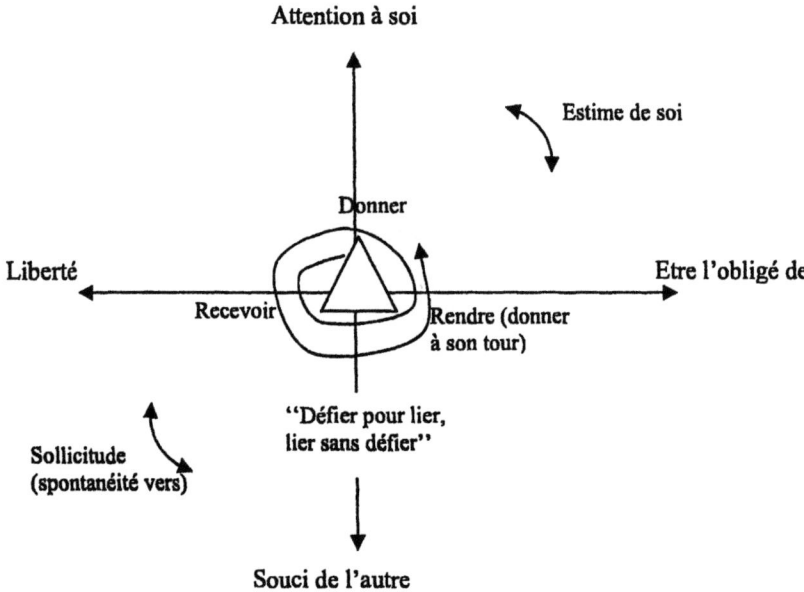

L'intérêt de ce schéma est multiple : il permet d'analyser nos propres dynamiques relationnelles, voire d'évaluer notre éthique relationnelle.

---

[34] Cf. chapitre 2.2 "le don au cœur du processus de reconnaissance".
[35] Cf. Ducommun-Nagy C., op. cit.

Il fournit une grille de compréhension de nos relations interindividuelles et il permet de saisir sous un angle nouveau la dynamique des groupes et des équipes de travail.

Il est simple dans sa présentation mais il met en relief la complexité du don. Il permet aussi d'appréhender et d'utiliser différemment nombre de notions de psychologie sociale, trop souvent réduites à de simples outils et courroies de transmission du management traditionnel.

Il doit cependant être complété par l'ajout d'éléments contextuels.

Un rapport au don différent selon le contexte

Les rencontres et les échanges sont marqués par la proximité que les personnes ou les groupes ont entre eux. Selon que nous échangeons avec nos proches ou nos supérieurs hiérarchiques, notre rapport au don n'est pas le même. C'est ce que nous avons voulu visualiser avec ce nouveau schéma.

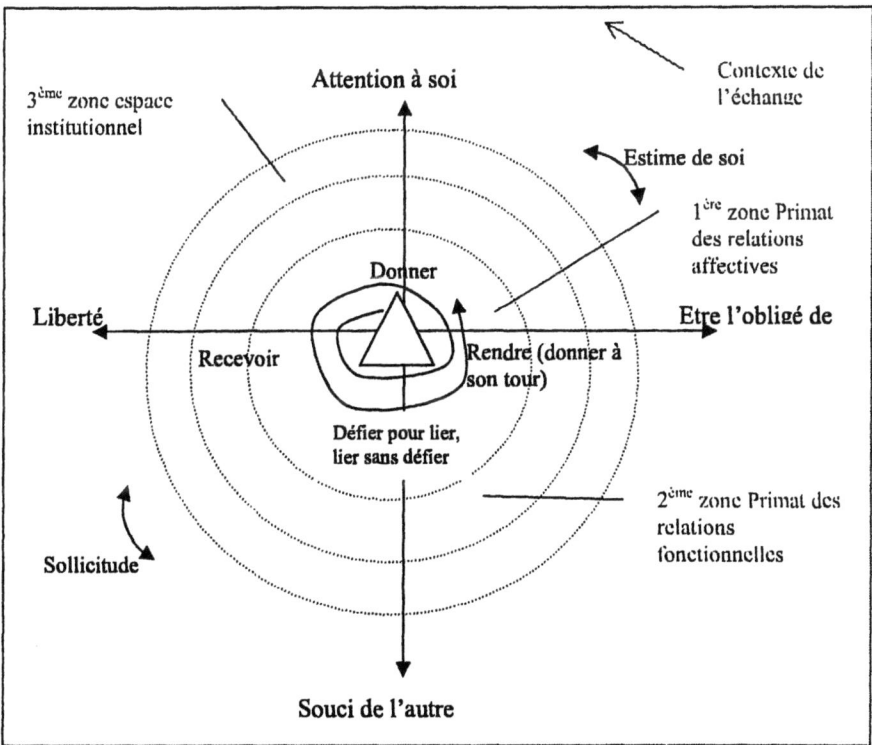

La sphère la plus proche du centre correspond à des échanges interpersonnels où priment les relations affectives, amicales, de parenté... On parle de socialité primaire.

Le second cercle symbolise les échanges à dominante fonctionnelle (fonctions, statuts hiérarchiques...). Cette socialité secondaire domine dans une organisation de travail, donc dans les relations professionnelles.

La troisième sphère exprime le fait que le don rejoint la question du politique, c'est-à-dire les moyens que la société se choisit pour créer les conditions d'une vie bonne ensemble. Par l'éclairage qu'il apporte, le don doit contribuer à penser le politique, comme il doit nourrir les espaces intermédiaires que constituent les institutions, ces espaces sociaux organisés producteurs de normes et de sens.

Ces trois sphères sont présentées en pointillés pour mieux les distinguer du reste du schéma général, mais surtout pour signifier qu'elles s'interpénètrent et qu'elles ne peuvent être délimitées aussi nettement.

L'éducation spécialisée constitue à ce propos un exemple emblématique : par son travail, l'éducateur spécialisé se situe naturellement dans la sphère fonctionnelle (2ème cercle). Mais comme l'a montré Paul Fustier[36], il n'effectuera bien son métier qu'à la condition de reconnaître la part de socialité primaire présente au cœur de sa pratique (1er cercle). Enfin, le métier relève d'une décision politique, volonté de l'Etat de porter assistance aux personnes en souffrance (espace institutionnel).

On pourrait contester le réalisme d'un tel schéma, estimer que le don n'a pas sa place dans un cadre de travail. Le directeur, garant de la qualité des prestations, fixe des objectifs que les salariés doivent atteindre. Ceux-ci négocient leur "utilité" et défendent leurs intérêts personnels en obtenant des contreparties. C'est l'objet des négociations et on se demande quel rôle pourrait tenir le don dans un tel contexte.

Pourtant, il est pertinent aussi d'imaginer qu'un climat de confiance autour de la mission de l'établissement puisse exister et que les contributions de tous au sein de l'équipe soient sollicitées sans ambiguïté. Le don contribue à développer une confiance que traduira un climat de travail où chacun s'engage et "s'y retrouve".

Ce schéma offre de multiples combinaisons pour poser les bases d'un questionnement renouvelé, en revisitant des concepts d'autres disciplines comme ceux de la psychologie sociale. Comme nous le verrons, il permet de solliciter les outils de management et de les orienter autrement que dans la perspective d'une instrumentalisation de "ressources humaines" mises au service de la "bonne gestion organisationnelle".

---

[36] Fustier P., *Le lien d'accompagnement : entre don et contrat salarial*, Paris, Dunod, 2000.

Ce schéma ne fournit pas de réponses toutes faites qu'il suffirait d'appliquer, il permet seulement de se poser les questions qui aideront à clarifier la manière dont nous portons de la considération à l'autre dans les actes que nous posons et qui nous engagent.

La complexité du don

Le don incite à adopter une posture qui consiste à laisser une ouverture pour la rencontre de l'autre. Si les quatre termes sont structurellement liés et se déploient dans le jeu relationnel, deux d'entre eux ont néanmoins une importance particulière. Le don n'est pas d'abord liberté et souci de l'autre, mais il est obligatoirement à un moment de la dynamique relationnelle, porté par la liberté et le souci de l'autre mis en mouvement par la sollicitude. Une des dimensions de l'accompagnement socio-éducatif consiste à aider les personnes à reconnaître en elles les parts de sollicitude et d'attention à l'autre non reconnues, empêchées, masquées, du fait de leur histoire personnelle. Rappelons qu'il n'y a pas de don possible sans laisser à l'autre le droit de donner (non pas seulement le droit de rendre).
Dans les relations horizontales (amis, relations…) le don apparaît lorsqu'il y a reconnaissance dans le geste de chacun, d'une part de liberté et de sollicitude, d'attention à l'autre et à soi. Autant de gestes qu'il faut recevoir comme des occasions d'enracinement du lien duquel participe l'obligation à répondre. Le don se meut alors en horizon, tension du désir portant l'utopie de l'altérité comme fondement de notre humanité.

Frédéric Laupiès[37] écrit à propos de l'échange qu'il porte en lui le possible d'une éthique. Possible qui s'appuie sur trois conditions qui dépendent de la manière dont chacun les articule : tout d'abord, l'homme ne peut se défaire de son intérêt. Ensuite, l'homme ne peut vivre sans relation. Enfin, tout homme est singulier, différent mais en même tant égal à l'autre.
Dans certains contextes, cet horizon éthique inscrit potentiellement dans l'échange, peut-il nous conduire à orienter cet échange afin que se déploie une dynamique du don où l'alliance serait préférée à l'agôn ? Lorsque les échanges nous ont rassurés sur notre valeur, donc que l'attention à soi se voit gratifiée en retour par le renforcement de l'estime de soi, celle-ci devient une source d'énergie capable de faire fructifier, d'entretenir, de relancer sans cesse la dynamique du don. Elle ouvre l'accès à toujours plus de conscience de soi, pour toujours plus d'altérité. On comprend mieux pourquoi il est si important de rencontrer des personnes qui osent nous donner cette confiance sans laquelle le don ne peut se déployer et l'estime de soi se renforcer.

---

[37] Laupiès F., *Leçon philosophique sur l'échange*, Paris, Puf, 2002, p. 116 à 118.

Je me souviens d'avoir accompagné durant quatre ans un jeune que j'appellerai Marc. Je l'avais rencontré pour la première fois dans le bureau du juge des enfants, il avait 15 ans, l'expression de ses yeux noirs traduisait une violence contenue et sa grande taille contribuait à renforcer cette impression. Durant ses six mois de fugue, il avait accumulé les délits, dont plusieurs agressions.

Nous nous connaissions alors depuis quelque temps, je ne comptais plus le nombre de lieux de vie dans lesquels je l'avais accompagné, mais il avait pour lui une belle intelligence qu'il avait su mettre à profit. Je n'aurais pas pu travailler avec lui si j'avais vu en lui uniquement sa violence et je ne me suis jamais senti en danger face à lui.

Un jour que nous nous trouvions dans un café autour d'une boisson, il m'agresse verbalement, me déversant quantité d'injures. Il avait visiblement décidé de me défier : « Ça ne te fait rien toi tout ce que je te dis, je t'insulte et tu ne réagis pas, t'es qu'une tapette... ». Je lui réponds - parce que j'en étais convaincu ! - : « Ce n'est pas ça qui m'intéresse chez toi ». Il venait de se faire renvoyer d'un énième lieu de vie que je lui avais trouvé, pourtant je poursuivais en ne retenant que les efforts qu'il avait fournis au cours de cette nouvelle expérience et malgré son renvoi.

Il est difficile d'isoler un moment comme celui-ci car il s'inscrit dans la durée et la complexité d'un accompagnement. Pourtant, je suis convaincu qu'en ne voyant en lui que du défi pour lier, je lui donnais déjà la sollicitude et l'attention qu'il méritait et je validais ses efforts réels.

En "échange", mes exigences augmentaient progressivement à son égard, je lui cherchais une nouvelle solution et je défendais son évolution auprès du magistrat à certaines conditions[38]. A cette époque, m'insulter était aussi une manière de me dire qu'il considérait qu'il n'en valait pas la peine, que je n'avais rien à attendre de lui.

D'une certaine façon il avait raison, car il importait avant tout qu'il se construise et s'il devait rendre un jour à quelqu'un ce qu'il avait reçu pour cicatriser ses souffrances d'enfant (il lui restait d'ailleurs des marques sur les bras), ce ne devait pas être à cet éducateur « payé pour cela »... mais on sait avec Paul Fustier[39] que cela n'est pas si simple. Les insultes étaient aussi une forme de don agonistique, préalable qui lui permettait ensuite d'accepter l'échange et le lien, il devait montrer qu'il ne se soumettait pas, il provoquait[40].

---

[38] La collaboration avec le juge des enfants et le juge d'instruction fut exemplaire. Toujours présents et faisant peser sur ce jeune la venue du jugement, ils me libéraient un espace d'intervention réel. Comme quoi la comparution immédiate n'est pas toujours la meilleure solution...

[39] Fustier P., op.cit.

[40] Si cela vaut pour cet exemple, il n'est pas possible de généraliser l'idée qui voudrait qu'une insulte ne soit que recherche d'échange. N'oublions pas qu'il faut une condition pour que la provocation puisse être reçue comme un don : la présence conjointe d'une volonté d'échange et de rencontre.

J'acceptais la confrontation mais en proposant un autre registre. De fait, il me provoqua par lieux de vie interposés en se faisant renvoyer. Jusqu'au jour où il préféra m'appeler plutôt que d'agir, pour me demander de lui trouver une autre solution. Mes collègues trouvaient qu'il en faisait trop, mais malgré leur incompréhension j'acquis la conviction à cet instant que nous avions gagné. Le temps fit son œuvre, il reprit contact avec sa mère, il s'engagea dans une formation et il obtint son diplôme de maréchal ferrant.

On pourrait penser que le vrai don est inévitablement initié par la sollicitude et le souci de l'autre. L'attention à soi ne serait pas d'abord recherchée, elle viendrait comme une conséquence que le renforcement de l'estime de soi traduirait. Considérer le don seulement sous cet angle, c'est en réduire sa portée, c'est en proposer une vision naïve parce que linéaire, c'est lui nier toute complexité, c'est l'instrumentaliser et lui retirer en définitive son humanité.
Si l'on admet que les quatre termes sont structurellement liés et que le cycle du donner, recevoir, donner à son tour, peut s'initier par n'importe lequel des trois termes, le souci de l'autre en tant qu'élan premier ne suffit pas à définir le don.
Ce jeune a certainement saisi ce que je lui donnais (du temps, de l'engagement, de la compréhension de ce qu'il vivait, du soutien, des exigences...) pour son propre intérêt et il avait raison puisque j'étais payé pour cela. Mais en même temps, il savait que je continuais de m'investir parce que je voyais en lui ses efforts et non ses échecs. Il pouvait donc donner à son tour en poursuivant ses efforts. Progressait-il pour moi, comme réponse à mon engagement ? Progressait-il pour lui parce qu'il y voyait un intérêt pour son avenir ? Peu importe, l'important est qu'il retrouvait confiance en lui au point de pouvoir un jour affronter sa mère et son passé sans se détruire.
Il nous arrive de faire des gestes envers l'autre en pensant d'abord à notre propre intérêt, mais l'effet de la relation, la manière dont ces gestes seront reçus par l'autre nous toucheront et viendront activer notre souci de l'autre et notre sollicitude.

Le don emprise sur l'autre ou ferment d'altérité ?

La force du don réside dans sa capacité à associer sollicitude et estime de soi pour que l'élan et l'engagement concret vers l'autre soient expression de désir. Mais en nous incitant à une libre obligation à l'égard de l'autre, le don ne nous enfermerait-il pas dans un double lien aliénant, dans une injonction paradoxale ? Cette notion a été développée par Watzlawick et Bateson et l'Ecole de Palo Alto. Comme il arrive de le constater dans certaines situations professionnelles le double lien pourrait se traduire ainsi : « Vous êtes libres de penser ce que vous voulez... tant que vous pensez comme moi ». Ou plus subtilement, toutes les idées sont bonnes mais attention aux idées qui déplairaient à la hiérarchie. Ainsi une parole d'ouverture se voit contredite dans la même phrase.

La double injonction consiste à envoyer un premier message en l'associant dans le même mouvement à un deuxième qui vient contredire le premier. Cela crée un vide communicationnel, une impossibilité pour celui qui reçoit ce message de prendre réellement position.

Quoi qu'il dise, il risque de se voir disqualifié par l'émetteur, mais aussi et surtout cela risque de le disqualifier vis-à-vis de lui-même. Expérience paradoxale d'un échange où « l'illusion mise au service de la destruction du sens des expériences partagées empêche le sujet de se construire comme tel et interdisant toute confiance en l'autre comme en soi-même, sape la base de la communication et du partage »[41].

En serait-il de même en ce qui concerne le don, libre mais en même temps obligatoire ? Alors que l'injonction paradoxale décrite par Watzlawick crée une « emprise » sur l'autre, le don crée de l'altérité. Pour le comprendre, il nous faut faire un détour par la notion de paradoxe tel que présentée par Winnicott.

Prenons l'exemple le plus connu du bébé « qui trouvant sa mère doit pouvoir penser que c'est lui qui l'a créée ». Cette étape d'illusion est nécessaire pour permettre progressivement un travail de désillusion permettant l'accès au réel.

Illusion qui s'appuie sur l'engagement de la mère à "jouer le jeu d'être trouvée" quand l'enfant en a besoin. Elle offre, elle donne cette illusion, cette attitude paradoxale ; pour donner l'impression que je ne suis pas là c'est-à-dire d'apparaître à la demande, je dois être là.

Pour résumer, le premier paradoxe - le double lien - génère l'emprise sur l'autre, le nie, rompt et détruit les liens. À l'inverse le deuxième paradoxe, la deuxième illusion, « s'ils se situent dans le champ de la mutualité affectivement vécue, peuvent-ils servir de lieux de passage vers le réel et vers la vie, se faisant expériences potentielles de créativité »[42].

Le don est paradoxe, profondément, structurellement même. Paradoxe qui conduit à l'altérité, à l'engagement, ouverture et non fermeture. Il rend possible ''une éthique de l'engagement comme condition de la reconnaissance'', il peut être une nouvelle utopie fondant l'agir relationnel. Utopie qu'André Gorz décrivait comme « la vision du futur sur laquelle une civilisation règle ses projets, fonde ses buts idéaux et ses espérances[43] ».

---

[41] Jeammet N., *Les destins de la culpabilité*, Paris, Puf 1993, page 106.
[42] Ibid. page 107.
[43] Gorz A., *Métamorphoses du travail : quête du sens, critique de la raison économique*, Paris, Galilée, 1988, p. 22.

2. LE DON MOUVEMENT D'ALTERITE

2.1. Au commencement était le don

Le mythe de la horde primitive et la Genèse

Pour considérer le don sous un angle psychosociologique, je devais tout d'abord interroger son rôle dans le fondement du lien social. Jacques T. Godbout s'interroge sur l'existence possible d'une pulsion du don[44]. Pour en vérifier les fondements, je me suis naturellement rapproché de Freud pour lequel la pulsion est un principe directeur de la vie psychique, force inconsciente qui pousse à la satisfaction immédiate. Une pulsion du don serait-elle ainsi un élan vital vers l'autre non réfléchi, non maîtrisé, capable de s'exprimer au-delà de notre seule volonté consciente ?

Je restai de longs mois sans réponse à cette question jusqu'à ce que l'ouvrage de Nicole Jeammet, « les destins de la culpabilité », m'ouvre de nouvelles perspectives. « Ne peut-on penser un irrationnel de l'amour de mutualité, irrationnel qui lèverait l'énigme du troisième inconscient évoqué par Freud[45] » se demande-t-elle.
Dans ce cas, pourrait-il exister un élan vers l'autre, non calculé, don ouvrant à l'altérité ? Serait-il possible de reconnaître sinon un don premier initiateur du lien social, du moins les conditions lui permettant de se déployer ; si la pulsion de vie concerne l'individu seul, ce don d'altérité ouvrirait le possible de la recherche de rencontre de l'autre ?
M'appuyant sur les apports d'Eugène Enriquez[46], je décidai de revenir vers Freud et le mythe de la horde primitive[47] en espérant y repérer des traces d'une dynamique du don. Malheureusement et comme nous le verrons, je n'en trouvai pas. La validité de l'hypothèse de Jacques T. Godbout s'éloignait.
En feuilletant de nouveau le livre de Nicole Jeammet sur l'histoire de Moïse, je réalisai qu'il existait un autre mythe fondateur du lien social, la Genèse. Les ouvrages de la psychanalyste Marie Balmary allaient m'aider à valider l'hypothèse de la présence d'un don fondateur.

---

[44] Godbout J. T., *Le don la dette l'identité*, Paris, La Découverte/M.A.U.S.S., 2000, p. 171.
[45] Jeammet N., op. cit., p. 96.
[46] Enriquez E., *De la horde à l'état essai de psychanalyse du lien social*, Paris, Gallimard, 1983.
[47] Freud S., *Totem et tabou*, petite bibliothèque Payot, poche.

Les deux mythes ont quelques similitudes étonnantes : pulsion de vie et pulsion de mort s'y côtoient, un père règne sur ses enfants, ceux-ci croient pouvoir s'en affranchir en bravant sa loi, les deux récits sont marqués par une transgression conduisant à un meurtre. Toutefois et contrairement au texte de Freud, la Genèse offre une place essentielle au don. Pour vérifier la validité de cet argument, une comparaison des deux mythes s'impose.

La loi posée après le passage à l'acte

Freud nous décrit tout d'abord un temps primordial dominé par un père tout-puissant, monde sans temporalité, monde de rapports de force, de relations sexuelles non maîtrisées. Monde qui n'a pas encore égrené le temps, car pour créer le temps il faut un acte fondateur qui ne permette plus de retour en arrière.

Les fils de la horde primitive sont dans un rapport d'impuissance face au père. Pour se sentir frères, il leur faut un premier rapport de solidarité, de reconnaissance de chacun comme autre et semblable.
Pour y parvenir, ils se rassemblent autour d'un « projet communautaire » dont la « nature » ne peut être qu'une « conspiration contre un autre, contre une puissance vécue comme maléfique »[48].

La haine contre leur père lie les frères entre eux, le désir de mort partagé fonde le lien social. Ce « mouvement contre », l'opposition, le non, constitue pour Freud la source de tout groupe. « La première fois que des êtres savent ce qu'ils veulent c'est lorsqu'ils peuvent dire ce qu'ils rejettent » ajoute Eugène Enriquez.

Mais cela se fait au prix d'un meurtre. Les frères s'approprient la puissance et la violence originaires, ils tuent et mangent. Manger permet de sceller l'existence du groupe, ils sont semblables et égaux car ils ont incorporé la même chair et le même sang, mais un sang porteur de toute-puissance.
Comment faire avec ce parricide, avec un acte posé sur celui qui, bien que haï, nous a donné la vie ? La solution trouvée par les frères consiste à se mettre d'accord pour renoncer à prendre la place de toute-puissance du père.

La toute-puissance interdite, posée par une loi respectée par tous, permettra ainsi d'éviter une nouvelle guerre entre eux. Ce père ne peut et ne doit pas être imité, il devient « tabou ».
Mais il devient aussi « totem », sacralisé et vénéré parce qu'il a donné la vie à chacun et que tous l'ont « incorporé ». Paradoxalement, ce totem en même temps que tabou aura permis au groupe de se fonder.

---

[48] Enriquez E., op.cit., p. 35.

La toute-puissance interdite par la loi posée reste pourtant fascinante, attirante, parce que « le meurtre du père institue la possibilité constante du meurtre. La civilisation commence avec le crime mais ne se maintient que par lui ». Or, avant le meurtre il y a l'insoumission portée par le désir de vivre. Pourquoi devrait-elle conduire à la lutte jusqu'à l'inévitable de la mort ?
Eugène Enriquez ajoute que Freud n'a pas bien repéré que le désir de se mettre à la place du père déchu en s'appropriant ses pouvoirs reste présent chez chaque frère. Pour appuyer son analyse et montrer que la pulsion de mort partagée par plusieurs apparaît comme fondatrice du lien social et du groupe, il donne l'exemple de Caïn tuant Abel.

Le courant de la psychologie sociale influencé par la psychanalyse est fortement marqué par ce socle théorique fondateur, qui pose comme principe que les relations sociales sont inévitablement marquées par des rapports de force, où chacun surveille l'autre et cherche tout ce qui pourrait élargir sa zone d'influence.

Si l'on passe d'un « monde de rapports de forces à un monde d'alliance et de solidarité »[49], c'est au prix d'une loi posée après un passage à l'acte. Cette loi a pour objet de contenir une toute-puissance présente chez chacun, empêchée autant que recherchée par tous ; l'autre m'empêchant d'être tout-puissant en même temps que je l'en empêche.

L'accès à l'altérité des fils s'effectue à travers le prisme d'un père fautif qui ne les reconnaît pas comme autre à son égal. Interdits de parole, ils ne peuvent se dégager de cette offense faite à leur dignité d'être humain que par un passage à l'acte. La parole, à travers la loi posée, viendra après l'assassinat. Certes, elle permettra le vivre ensemble et elle empêchera, limitera, régulera d'autres passages à l'acte, mais seulement pour contenir ce désir profond et toujours présent chez chacun d'être tout-puissant et de dominer les autres en lieu et place du père.

Les frères pensent être débarrassés du risque de toute-puissance puisqu'ils lui ont interdit l'accès. Mais ils ne savent pas qu'ils sont encore gouvernés par cette faute du père, seulement empêchée d'être agie, mais non point dépassée.
La loi posée après le passage à l'acte les entretient dans le leurre de l'altérité. L'altérité, dans ce cas, n'est possible qu'à la condition de se méfier de cet autre qui pourrait prendre notre place si l'occasion lui en était fournie.
La toute-puissance paternelle officie toujours : « Mes fils m'ont tué, mais ils me ressemblent et feraient comme moi s'ils le pouvaient »... ce qui gouverne c'est

---

[49] Ibid., p. 38.

moins la loi de relation permise par l'interdit, que l'interdit de toute-puissance limité par la loi.

Cette nuance est fondamentale comme nous allons le voir avec la Genèse, car elle ne laisse pas d'accès possible au déploiement du don en tant que moteur de l'altérité. Ce détournement de la loi de la relation crée de la confusion et génère des luttes pour le pouvoir, des relations de domination et de mise à distance de l'autre parce qu'il est potentiellement dangereux. Dans ces conditions le don n'est, *in fine*, que calcul en vue d'accéder à ses fins ou au minimum à un espace plus grand de pouvoir sur autrui.

Est-il possible de fonder les relations humaines sur un socle niant à ce point notre humanité, ce qui fait que nous reconnaissons d'une part l'autre en tant que sujet et d'autre part chez l'autre tout ce qui peut le rendre sujet ? Chacun d'entre nous n'est-il pas « responsable du visage de l'autre » comme nous le rappelle magnifiquement Emmanuel Lévinas ?

Se référant au modèle freudien, Eugène Enriquez nous dit que les rapports interindividuels « sont extensibles comme modèle au domaine de la société et des organisations ». La psychologie sociale en ce qu'elle étudie les fonctionnements des groupes et des organisations de travail est fortement marquée par cette vision de l'homme, particulièrement lorsqu'elle traite de la notion de pouvoir. Nous aurons à revenir sur ce point.
En définitive, Freud postule qu'au fondement du lien social se trouve la pulsion de mort, force de destruction plus forte que la force de vie, incompatible avec l'essence même du don.

La loi de la relation énoncée avant le passage à l'acte

Intéressons-nous à cet autre mythe fondateur qu'est la Genèse pour tenter de repérer si elle laisse un espace au don.
Dès le début du texte dans le premier récit de la Genèse, un acte est posé. Elohim crée la lumière et « Élohim voit la lumière, quel bien »[50]. Pourquoi insister sur cet étonnement si nous sommes face à un Dieu tout-puissant ? Dieu a confiance, Dieu fait confiance, il ose, il donne et il crée de la vie ouvrant au beau. Rassuré, Dieu poursuit son œuvre jusqu'à créer l'humain (Adam), de la poussière du sol (Adamah).

Le second récit de la Genèse nous apprend comment adviendront homme et femme. Dieu crée l'humain en insufflant une haleine de vie à la poussière du

---

[50] Genèse I, 1-4, traduction de Chouraqui A.

sol. Au stade du glébeux il n'est pas encore question d'homme et de femme, l'indifférenciation domine nous explique Marie Balmary.

C'est un point capital pour notre raisonnement, avant de nommer comme tels pour la première fois l'homme et la femme, Dieu pose une parole qui dit la loi de la relation : « De l'arbre du connaître le bien et le mal, tu n'en mangeras pas, car du jour de ton manger de lui, mourir tu mourras »[51]. La loi est posée qui ouvre au possible de l'altérité, la loi est posée qui en énonce les conditions. Puis le glébeux, l'Adamah, se met à rêver. Dans son sommeil, rejoignant son inconscient, il désire se reconnaître « différents ». Homme et femme « adviennent » alors.

Comme l'explique avec force Marie Balmary, l'arbre du « savoir l'autre » ne peut être mangé, incorporé, fait sien. Ce don de l'interdit de considérer l'autre comme objet de soi est l'unique condition pour accéder à cet autre et à soi, c'est-à-dire pour se rencontrer.
Il s'agit moins d'obéir à un interdit que de faire confiance à une parole qui dit la loi de la relation, qui permet le vivre ensemble. En définitive Marie Balmary nous invite à reconnaître que la loi et l'interdit qui l'accompagne sont les gardiens de l'altérité et donc de la richesse que constitue la différence entre Je et Tu. A l'inverse, le non-respect de la différenciation entraîne la peur de l'autre, qui devient alors une menace potentielle.

Cette loi posée en préalable conditionne l'accès à notre humanité, elle est l'exact contraire de l'interdit posé à la suite du meurtre et qui visait à se protéger de la toute-puissance du père. La Genèse nous offre les conditions d'un échange authentique, elle est don d'altérité, don de vie qui donne accès à l'alliance. La sollicitude est première, l'élan vers l'autre prévaut, ce qui est impensable chez Freud où domine la méfiance de l'autre.

Le don fructifie dans la loi

Dès lors que la parole énoncée est porteuse de la loi de la relation, l'échange est lien. Pour autant, dès la Genèse la complexité du don apparaît. Derrière l'apparence du don peut se cacher une recherche de maîtrise sur l'autre. Marie Balmary[52] repère ainsi que la première fois que Dieu et Satan disent JE, suit le verbe donner. Satan promet le don de domination sur tout autre humain. Don de toute-puissance, sans loi mais conditionnel : le donateur (Satan) règnera sur le sujet qui deviendra son objet, lui interdisant ainsi d'advenir à lui-même.

---

[51] Genèse 2, 16-17, traduction littérale, in Balmary M., *La divine origine, Dieu n'a pas créé l'homme*, Paris, Grasset, 1993.
[52] Ibid., p 64 à 66.

Dès la Genèse, on s'aperçoit que le don peut être perverti, détourné de son but ; donner ou prendre, recevoir sans condition ou recevoir sous condition, donner à son tour ou être sujet endetté devenu objet de l'autre.

Dieu pour sa part est don de la présence mutuelle sans condition mais pas sans la loi. Il a donné la loi qui permet à « celui qui recevra le don, de le recevoir en tant que sujet lui-même ». L'échange de sujet à sujet devient alors possible...
La Genèse nous apprend que le non respect de la loi a comme conséquence d'empêcher le JE d'advenir à la génération suivante. La toute-puissance à l'œuvre se retrouve telle une « faute tapie » [53] chez les fils, prête à agir. Dans le mythe de la horde primitive, elle se retourne contre son auteur mais ne disparaît pas pour autant après le passage à l'acte des fils.
Ici elle menace Abel et Caïn, le premier meurtre de la Bible est celui d'un frère qui n'est pas advenu sujet parce qu'il en a été empêché par cette faute qu'il n'avait pas commise mais dont il était porteur à son insu. Adam et Eve décident de transgresser la loi, les fils sont conçus dans le prendre et la recherche de « savoir l'autre » et non dans le don de l'un à l'autre.
Cette recherche de maîtrise de l'autre empêche la parole de circuler, l'échange de sujet à sujet de fonctionner. En pensant accéder au « connaître le bien et le mal » et maîtriser leurs relations, ils se privent de la rencontre de l'autre source de vie. Ils croient agir le don et le lâcher-prise propre à l'altérité, ils agissent le prendre et la négation de l'autre dans son irrémédiable différence.
Qu'importe, à la génération suivante, Abel et Caïn sont invités par Dieu à retrouver le chemin de l'altérité en intégrant la ''parole-loi de la relation'' et en agissant le don en tant qu'être en relation en action. Caïn n'y parvient pas et le don qu'il fait à Dieu est désincarné. Contrairement à son frère, Caïn n'est pas présent dans son cadeau, il offre à Dieu « des fruits de la terre » alors qu'Abel apporte une offrande qui vient de lui « des aînés de **son** troupeau »[54].
En rejetant le don de Caïn, Dieu ne refuse pas « son existence mais au contraire sa non-existence », Dieu cherche le « sujet Caïn » mais il ne sera pas entendu. Caïn prendra le « refus de son don comme un refus de lui-même[55] ». Agi par la faute de la génération précédente dont il n'aura pu se défaire, il tuera son frère.

Pulsions de vie et de mort, meurtre, énoncé d'une loi fondatrice des rapports humains, ces deux récits présentent de nombreux points communs mais pour un sens radicalement différent. L'un des deux seulement ouvre au possible du don. La Genèse nous montre qu'il existe bien, sinon une pulsion, du moins un premier élan vers l'autre qui relève du don. Ce don initiateur est cependant insuffisant seul, son déploiement n'est possible que lorsqu'il intègre le cadre fixé par la loi qui énonce les conditions de l'altérité.

---

[53] Balmary M., *Abel ou la traversée du désert*, Paris, Grasset, 1999, p 311.
[54] Ibid., p 114.
[55] Ibid., p 118.

Là est sa complexité, il concrétise l'altérité à travers la dynamique de l'échange qu'il génère, en même temps qu'il est ontologiquement présent en chacun de nous. Il faut avoir fait l'expérience ontologique du don reçu en soi en même temps que celle du don échangé pour constater qu'il est constitutif de son identité.

Qu'il soit ou non l'œuvre de Dieu, ce mythe nous enseigne que l'altérité reste, *in fine*, l'unique voie conduisant l'homme à son humanité ; chemin fait d'essais, d'erreurs, d'offenses subies puis faites, d'impasses parfois, mais dont la boussole demeure cette libre obligation d'oser la rencontre de l'autre.

Au contraire du mythe de la horde primitive, la loi posée avant le passage à l'acte rend possible l'altérité en tant qu'expression de la rencontre de deux êtres semblables en humanité, mais intrinsèquement différents dans leur humanité. Il relève de la responsabilité de chacun et des groupes dans lesquels nous vivons et agissons de ne pas l'oublier.

2.2. Le don au cœur du processus de reconnaissance

Don et engagement

Si Marcel Mauss s'est intéressé à l'échange des objets, il a également mis en évidence avec le hau, qu'une part de l'être du donateur passait dans l'échange. Le mouvement du don ne concerne donc pas la seule circulation des choses et des biens. "L'élan vers" l'autre est une composante essentielle du don. Il se traduit par un objet échangé, une parole voire simplement une intention ressentie et reconnue par l'autre. Le don ne se suffirait pas d'une relation sans mouvement, sans action, sans échange.

Action et lien sont structurellement imbriqués l'un à l'autre, ils permettent de saisir le don comme mouvement énonçant l'être en relation en action librement obligé de donner, recevoir, donner à son tour.

Pour cela il faut admettre que l'action n'échappe pas à la question du sens, de savoir quelles fins elle sert. Elle ne peut se suffire en lieu et place du sens, de la seule approche pragmatique qui voudrait que ne soit vrai que ce qui fonctionne[56]. Puis il faut orienter l'action dans le lien et pour le lien, dans une démarche éthique : chercher les « conditions de la vie bonne avec soi et pour les autres »[57].

Le don est mise en mouvement du lien par le geste[58] échangé. Il est recherche, désir, mouvement d'altérité comme nous venons de le voir. Pour qui donner et

---

[56] Le Mouel J., *Critique de l'efficacité*, Paris, Seuil, 1991.
[57] Ricoeur P., « Meurt le personnalisme, revient la personne... (1983) » et « Approches de la personne (1990) », in *Lectures 2 : la contrée des philosophes*, Paris, Seuil, 1992, p. 195 à 221.
[58] Qu'il soit objet matériel ou intention immatérielle, parole...

pourquoi, pourquoi donner et pour qui ? Cette mise en mouvement oblige l'homme à s'engager. Il n'a pas d'autre choix parce que l'engagement est la seule réponse possible aux inquiétudes existentielles qui le traversent : « Je ne sais plus où est ma place dans l'univers (...) je ne sais plus quelle hiérarchie de valeurs stables peut guider mes préférences (...) je ne distingue plus clairement mes amis de mes adversaires »[59].

Le don est lien en action porté par la force d'un engagement inscrit dans la durée, pour une cause qui nous dépasse et nous « constitue en débiteur insolvable »[60]. Cette cause est celle de la reconnaissance de l'autre qui, associée à la durée, ouvre au possible de l'intériorité et de l'estime de soi, conditions de l'identité. Le don permet de comprendre que l'identité de soi se construit dans le rapport à l'autre. Il favorise les articulations, les décentrations, la rencontre des différences.

Le temps du don fidélise la direction choisie et permet d'évaluer les conséquences de nos choix et de nos actes. Il renforce le poids de l'engagement sans l'alourdir parce que les actes posés, les biens et les paroles échangés disent toujours quelque chose de la relation. Et comme ils ne peuvent se déployer que par l'inscription dans le temps du donner, recevoir, donner à son tour, ils obligent à rectifier le cap lorsque celui-ci dévie. Car si le don cherche le lien, il n'échappe pas aux tâtonnements, aux erreurs et aux fausses pistes. Le don est action, élan vers la rencontre de plusieurs identités qui, dans le partage et la reconnaissance de ce qui les réunit et les sépare, gagnent chacune en humanité.

Don et éthique

Paul Ricœur définit la vie éthique, l'éthos comme « souhait d'une vie accomplie – avec et pour les autres – dans des institutions justes ». Ce souhait s'accomplit dans l'enracinement de l'estime de soi, cette confiance qui donne la capacité d'agir pour tenter de relier nos intentions éthiques avec les événements du monde.

Dans notre schéma, nous avons vu que l'attention à soi articulée aux trois autres termes participait de la dynamique du don. L'estime de soi vient de surcroît, comme la conséquence des rencontres et expériences réussies. Mérite gagné, confiance en l'autre acquise, elle motive alors la relance du cycle. Parallèlement, elle oriente la part égoïste, centrée sur soi et caractérisée par l'attention à soi, vers le lieu de l'intime où chacun se ressource pour ''aller vers qui il est''. Le cycle vertueux agit, les effets du don permettent d'acquérir confiance et estime de soi et ils contribuent à renforcer les convictions et les engagements.

---

[59] Ricoeur P., op.cit.
[60] Ibid.

Cette vie accomplie n'est possible « qu'avec et pour les autres » : Paul Ricœur appelle « sollicitude ce mouvement du soi vers l'autre, qui répond par l'interpellation du soi par l'autre ».

Le don est fait de cette liberté, mais plus encore de cette spontanéité vers l'autre dénuée de calcul anticipé. Le temps du recevoir est la marque de la reconnaissance par l'autre du don effectué, tandis que le geste de donner à son tour attestera du mouvement d'altérité.

Dès lors, le don apparaît comme l'être en relation en action mû par une intention éthique, librement obligé, c'est-à-dire reconnaissant et acceptant que s'impose à lui comme une condition et un devoir pour faire vivre le lien, le cycle du donner, recevoir, donner à son tour.

Paul Ricœur rappelle enfin la nécessité de s'inscrire « dans des institutions justes ». Les institutions justes s'apparentent à des « relations institutionnelles ayant pour idéal la justice ». La mise en mouvement du lien et ses conséquences, dépasse le seul contexte de celui ou celle avec qui nous échangeons.

Comme notre schéma l'indique, le don est pris dans un environnement qu'il participe à modeler, il ouvre à la responsabilité "pour" l'autre. Plus précisément, au-delà de la responsabilité envers « l'autrui de l'amitié » dont parle Paul Ricœur et que nos proches et notre famille représentent, le don nous ouvre aussi au « chacun », plus lointain certes, voire inconnu, que l'on rejoint « par les canaux de l'institution ».

Avec la psychologie sociale nous savons que l'institution correspond aux normes et règles que se donne un système social (famille, groupe, communauté, organisation, société..). Aussi et pour être « justes », les institutions doivent-elles créer les conditions qui obligent "chacun" à tenir ses engagements pour offrir un espace d'échanges participant d'une dynamique de don.

Paul Ricœur nous apprend donc que la vie éthique articule le souci de soi, de l'autre et de l'institution. Les cercles de notre schéma permettent de repérer ces différents contextes qui laissent tous un espace pour le déploiement d'une action éthique portée par le don. Elle visera directement des personnes dans le cadre du premier cercle du schéma (relations proches avec autrui), alors qu'il faudra davantage défendre des principes dans le troisième (l'institution).

Nous avons besoin de nous retrouver autour de causes et de finalités communes au-delà de la confrontation de nos seules subjectivités. Malheureusement, l'intersubjectivité joue un rôle de plus en plus important dans la construction du lien social, réduisant l'institution à un simple espace de régulation. Pourtant les institutions nous sont nécessaires si nous voulons conserver le sens de nos engagements et nous construire avec les autres. Le don est une composante essentielle de ce mouvement. Lorsqu'il est placé au cœur des dynamiques institutionnelles, sa visée politique apparaît en tant que contribution à la reconnaissance « d'autrui » et de « chacun » dans la perspective d'un mieux vivre ensemble.

Don et reconnaissance

Jusqu'à présent nous avons vu que le don nous ouvre à nous-mêmes, au sens des actes que nous posons et à leurs conséquences pour l'autre. Nous avons associé la spontanéité du don à la préoccupation pour l'autre. Cette conviction que nous ne pouvons vivre sans l'autre devient engagement dès lors que la mise en mouvement du lien s'effectue. Le don est engagement vers l'autre, il est désir de reconnaissance de l'autre, mais aussi, par l'autre.

Nous ne pouvons accéder à la reconnaissance en nous limitant à la seule absence de contraintes et à la recherche de notre intérêt personnel. Seul un échange librement obligé, en tant que devoir réciproque de contribuer à la qualité de l'engagement de l'autre, ouvre le chemin de la reconnaissance mutuelle.
L'échange ne peut se faire dans un seul sens, au risque sinon de réduire le lien en une maîtrise sur l'autre, ou à l'inverse une soumission à l'autre. Chacun doit ainsi accepter de recevoir l'aide de l'autre pour que le cycle du don fonctionne et contribue au renforcement de la confiance en soi et en autrui.
Axel Honneth[61] considère que l'individu est reconnu dans son humanité et peut l'épanouir parce qu'il a reçu l'encouragement et le soutien de l'autre. Pour ces raisons il ne peut y avoir d'estime de soi sans solidarité. Cette « reconnaissance de la solidarité sociale » étant la forme achevée de la reconnaissance de soi selon l'auteur.

Faut-il déceler une opposition entre Paul Ricœur qui cite en premier dans son propos l'estime de soi, tandis qu'Axel Honneth la pose comme résultat de la solidarité ? Il faut plutôt y voir l'effet et la richesse de la circularité, donc de la complexité, des échanges.
La relation à l'autre est nourrie par le geste de don, c'est parce que ce geste est reçu qu'il peut se prolonger en un ''donner à son tour'' et que l'estime de soi se renforce tout en nourrissant le lien. Le don, lieu de l'éthique en action est, par là même, mouvement de reconnaissance, espace de construction de l'identité de soi.
Le don se déploie au sein d'institutions justes, et quand bien même elles seraient injustes, il permet cette mise en tension de l'action pour « élaborer des fins partagées par les différents membres de la société », pour élaborer l'estime sociale, garante de la dignité de soi et de ''chacun''. L'articulation des quatre

---

[61] Honneth A., *La lutte pour la reconnaissance*, Paris, Cerf, 2000, coll. « passages ».

termes entre eux a pour visée tout autant l'estime de soi, que la dignité de chacun.

Aussi peut-on définir le don comme l'être en relation en action mû par une intention éthique, librement obligé de donner, recevoir, donner à son tour, et dont la visée universelle à l'intérieur d'institutions spécifiques, demeure la dignité d'autrui, de soi puis de chacun[62]. La circularité entre, d'une part l'estime de soi et la sollicitude (Ricœur), et d'autre part la reconnaissance de soi par la solidarité (Honneth), fait du geste du don le lieu de convergence d'une double dynamique qui se répond plutôt qu'elle ne s'oppose.

La reconnaissance au risque de la mort

Pour sa part, Marcel Henaff considère que le geste du don est la marque même de la reconnaissance qui « dit à la fois : tout d'abord nous vous reconnaissons comme des semblables ; ensuite nous vous acceptons comme des partenaires possibles ; enfin - quand les relations ont été établies -, nous voulons rester liés avec vous dans l'avenir »[63]. Il considère que l'origine du lien social dans la « lutte à mort » pour la reconnaissance de Hegel, donc le combat par les armes, est inconciliable avec le don, même agonistique.
Pour Marcel Henaff, la reconnaissance passe par le don à travers le processus des échanges qu'il permet. Dès lors, la « lutte à mort » de Hegel peut être entendue comme l'impossibilité de l'autre de me reconnaître dans la mesure où je fais le choix pour exister comme sujet et être reconnu par lui, d'aller jusqu'à la mort. Si tel devait être l'aboutissement de la lutte, le processus de reconnaissance échouerait.

Avec la lutte jusqu'à la mort, la reconnaissance mutuelle s'avère impossible, elle laisse place seulement à une reconnaissance de soi posée comme préalable à la reconnaissance de l'autre. Reconnaissance dominatrice s'imposant toujours, soit par la victoire, soit par le refus d'être perdant jusqu'à en mourir.
Il faut accepter ce paradoxe, considérer que la lutte à mort relève du don seulement lorsqu'elle se limite au risque de la mort et qu'elle n'aboutit pas à la mort. Dans ce cas, la mort ne signerait pas l'échec du don, mais l'échec de la mise en place d'une réciprocité qui aurait permis au don de se déployer ; la réciprocité devenant « la condition même de la reconnaissance de chacun par l'autre »[64].

---

[62] Dans un contexte professionnel, le chacun est représenté par le collègue et par la personne accueillie.
[63] Henaff M., op. cit., p. 178.
[64] Laupiès F., op. cit., p. 87.

Le don est donc bien au cœur du processus de reconnaissance. Sa puissance réside dans le fait qu'il symbolise l'espace de la rencontre en même temps qu'il est l'objet de la rencontre. Il est médiation, entre-deux qui relie et qui manquait dans l'affrontement Hégélien, mais qui est présent dans les propos croisés de Paul Ricœur et d'Axel Honneth. Ce dernier nous propose une lutte pour la reconnaissance, celle-ci ouvre au possible du don et du défi, pour lier.

Il devient ainsi possible de croiser don agonistique et lutte pour la reconnaissance, c'est-à-dire de défier en tant que « provocation à la réponse[65] ». Dès lors il ne s'agira plus d'une lutte à mort dans l'affrontement, mais d'un affrontement en tant que recherche de reconnaissance mutuelle "au risque de la mort". Au contraire de la lutte à mort qui affirme le primat de ma propre reconnaissance au détriment de la vie de l'autre, "au risque de la mort" constitue la preuve de ma liberté et de mon identité[66] sans nier l'autre.

En résumé, pour être et accéder à une vie pleine et dense, l'homme est sommé de prendre position, et de s'y tenir s'il veut que cette attitude s'enracine et prenne corps. Cet engagement et la fidélité dans le temps qui y est associée, passe inévitablement par la rencontre de l'autre. Selon qu'il sera proche ou lointain, les modalités de cette rencontre seront différentes. Mais la finalité reste la même : être reconnu par l'autre autant que le reconnaître, dans sa dignité et une égale humanité. Parfois l'alliance se fera naturellement et la reconnaissance mutuelle s'imposera d'elle-même. En d'autres circonstances, il faudra opposer l'insoumission voire la lutte pour obliger à la reconnaissance. Pour y parvenir et guider ses actions, le don apparaît comme une excellente boussole, simple, opérationnelle et toujours mobilisable.

Le don non reconnu

Ma pratique quotidienne auprès de jeunes hommes et femmes confrontés à des « détresses multiples »[67] nous rappelle que l'expression du don peut être empêchée, non reconnue, maladroite.
Les professionnels de l'intervention sociale reçoivent régulièrement des personnes qui viennent réclamer leur dû. Elles ne savent plus que prendre, fortes de leur « légitimité destructrice »[68], droit de vengeance acquis du fait d'histoires personnelles douloureuses qu'une "pathologie des échanges" vient signifier.

---

[65] Henaff M., op. cit., p. 183.
[66] Si l'on progresse ensuite de la reconnaissance mutuelle à la recherche du bien vivre ensemble, on pose alors le défi du politique, thème qui déborde l'objet de cette réflexion.
[67] Terme emprunté à l'approche contextuelle.
[68] Ibid.

Il faut alors leur reconnaître les faits d'injustices, les offenses qu'elles ont subies. Il faut les aider à repérer leurs efforts, leurs tentatives de don non reconnues, le soutien qu'elles auraient normalement dû trouver et qui leur a manqué... De ce "chaos" il sera possible de puiser des ressources relationnelles non exploitées, trop longtemps oubliées.

Nous ne parvenons pas toujours à ce que le mouvement initiateur de lien fonctionne. Il arrive malheureusement que certaines personnes tellement meurtries, mues par un sentiment d'injustice tel, ne trouvent d'autre issue que de "faire payer" en instrumentalisant ceux qu'elles rencontrent. Quelles qu'en soient les raisons, toujours complexes, il est difficile d'accompagner ces personnes sans avoir réfléchi aux conditions à créer pour permettre l'expression et le déploiement du don.

Comment un adulte peut-il donner quand il a été exploité par ses parents dans son enfance ? Pourquoi donner quand nos contributions passées n'ont pas été reconnues et validées ? Pourquoi se soucier de l'autre alors qu'il n'a aucune attention à notre égard ? Comment conserver, voire retrouver une « éthique relationnelle »[69], de la considération alors qu'elle ne nous a pas été donnée, du moins "mal" donnée ? Est-il possible de choisir le don plutôt que la vengeance... ?

L'histoire d'une jeune femme qui aurait dû être des plus éloignée du don me revient en mémoire. Elle se prostituait pour survivre, condamnée à n'être plus que l'objet de l'autre. Il importe peu de savoir pourquoi elle s'est retrouvée dans cette situation, retenons seulement qu'elle ne s'y est pas retrouvée par choix comme certains discours le laissent parfois entendre (l'entrée dans la prostitution n'est jamais un choix). Il importait donc, avant tout, de chercher comment nouer une relation, restaurer un minimum de confiance pour lui permettre de trouver dans son parcours les ressources qui lui ouvriraient des perspectives relationnelles nouvelles, initiatrices d'une spirale constructrice plutôt que destructrice.

Agée de 19 ans, à la rue, enceinte de cinq mois, elle nous dit qu'elle se préoccupe moins d'elle que de son bébé à venir. Nous réfléchissons avec elle à ce qu'elle doit faire pour préparer la venue de cet enfant dans les meilleures conditions. Nous lui offrons tout d'abord de la considération en reconnaissant sa capacité à donner, ce qui peut apparaître une gageure, voire de l'insouciance compte tenu de ce qu'elle vit. Nous l'invitons ensuite à se projeter dans le temps et à mesurer les conséquences des actes qu'elle doit poser pour "donner" de bonnes conditions de vie à son enfant. Nous la mettons face à ses responsabilités, donc également face à ses ressources et à sa capacité d'amour qu'elle refuse de reconnaître dans un premier temps. « Vous voyez ce que vous

---

[69] Pour Ducommun-Nagy C. op. cit., l'éthique relationnelle correspond à « l'art de diriger notre conduite » p. 32 en « ayant une préoccupation constante et réciproque de l'autre » p. 37.

me demandez (...) je fais ce que je peux (...) et si ma mère m'avait pas virée j'en serais pas là » dit-elle un jour.

Son propos est intéressant à plusieurs titres. Cette jeune femme a le droit d'être soutenue, car il est difficile d'être maman surtout quand sa propre mère n'a pas pu ou su montrer comment bien s'y prendre avec un bébé. En prenant ainsi position, nous lui montrons du souci et nous validons le mérite qu'elle a de vouloir bien faire, compte tenu d'une histoire douloureuse dont nous lui permettons de faire le récit.

Pour autant, il serait désastreux d'en rester là, nous lui demandons de nous raconter ce qu'elle sait de sa mère lorsqu'elle était elle-même enfant, puis des conditions de sa venue au monde, des efforts ou des impasses dans lesquelles celle-ci s'est retrouvée... cela dans le but d'ouvrir des perspectives de vie, c'est-à-dire de permettre à cette jeune femme/future mère de comprendre quelque chose des conditions de vie de sa propre mère. En reconnaissant les efforts de sa mère face aux épreuves de la vie, en retrouvant l'humanité de celle-ci, elle pourra à nouveau se sentir loyale à son égard. A nouveau, elle pourra s'inscrire dans la chaîne des générations en intégrant l'expérience de sa mère. Elle sera en mesure de donner plus facilement à son futur enfant ce qu'elle aura bien reçu de sa mère et mieux, elle saura transformer ce qu'elle aura mal reçu.

Lorsqu'elles ont été malmenées, nos propres ressources relationnelles se découvrent dans un droit à recevoir de la considération, preuve que l'on est capable de compter aux yeux de l'autre, preuve de notre humanité. Reconnaître chez ses parents ce qu'ils auront parfois tenté de donner malgré tout, ou ce qui aura été impossible du fait de traumatismes hérités eux-mêmes de leurs parents, nous libèrera de l'offense dont nous étions porteurs à notre insu. Ce qui libèrera du même coup notre droit à donner jusque là meurtri et empêché.

Deux remarques concluront cette digression. Tout d'abord le don reste toujours possible malgré les faits d'injustice de la vie. Ensuite, nous devons apprendre à nous méfier d'une lecture trop simpliste de ce que nous pouvons comprendre ou voir concernant le don.

Les repères que nous fournissons pour montrer l'intérêt d'inclure le don dans les dynamiques relationnelles quotidiennes ne doivent pas occulter sa complexité. Cet exemple montre en creux à quel point nous pouvons tous être pris par des désirs de vengeance qui nous paraissent légitimes parce que nous avons été un jour meurtris par une injustice ou un sentiment d'injustice insupportable, source de souffrance, de tristesse, de colère, d'amertume...

Nous devons apprendre à ce que cette « légitimité destructrice » ne se retourne pas une deuxième fois contre nous :

- Comme réponse à nos expériences malheureuses, on prendra au lieu de donner.
- On ne supportera pas de recevoir de peur de raviver des blessures mal cicatrisées.

- A trop vouloir réparer, on pourra être tenté de trop donner sans laisser la possibilité à l'autre de rendre, le contraignant seulement à recevoir.
- On pourra être pris par des loyautés contradictoires, « invisibles[70] », rendant les gestes de don impossibles au risque de trahir l'un en donnant à l'autre.
- On pourra être aveugle aux tentatives de don, aux intentions même de nos proches, de nos enfants, sans prendre la mesure des dégâts que cela produira sur soi et ses proches.

Faire valoir son droit à être reconnu comme sujet constitue le moteur de nos actions et fonde l'éthique relationnelle. Mais le risque de faire porter à l'autre (bien souvent ceux que nous aimons) ce que nous-mêmes nous avons subi, nous concerne tous. Une meilleure perception des effets du don en nous et dans nos relations, nous renvoie alors à nos choix et à leurs conséquences : s'isoler et s'appauvrir, relier et s'enrichir, refuser et s'enfermer, se confronter et renouer, se venger et se détruire, comprendre et libérer son droit à donner et recevoir...

---

[70] Terme emprunté à la l'approche contextuelle.

3. LE DON RELIE L'INDIVIDUEL ET LE COLLECTIF

3.1. Pour une lecture psychosociologique du don

Don et interactions

Le don peut-il contribuer à l'articulation de l'individuel et du collectif ? Le don est-il en même temps présent, agissant, au sein de chaque personne et au cœur de la rencontre entre plusieurs personnes ?
Il est étonnant que la question du don ait été si peu envisagée du point de vue de la psychologie sociale. Celle-ci se définit comme « la science qui étudie les conduites humaines et les phénomènes sociaux comme des processus relationnels à l'intérieur desquels le psychologique et le collectif sont indissociables ; de façon plus précise, elle considère chaque individu dans sa réalité d'être social et elle analyse ses conduites en tant qu'elles s'expriment à travers des formes diverses de relations déterminées par des niveaux de fonctionnement dont l'influence, la représentation et la communication sont les plus marquantes »[71].
Le don ne pourrait-il avoir un effet sur les processus d'influence, sur les phénomènes de communication, ne pourrait-il influer sur nos constructions cognitives (telles que nos croyances, nos stéréotypes...) et plus largement sur l'idée que nous nous faisons de l'autre, c'est-à-dire nos représentations ? Ne pourrait-il nous aider à saisir les dynamiques relationnelles contenues dans les conduites sociales ?

Reconnaître la part du don dans les relations, c'est en accepter la richesse mais aussi ses exigences. Le don exige de considérer l'autre, non comme une contrainte, mais comme une condition de l'altérité au travail. En cela il est dérangeant, en cela il est exigeant.
Le don n'est pas seulement une forme d'échange, organisateur possible de relations sociales. Il est aussi un processus psychique intrapersonnel constitutif de la construction de la personnalité se nourrissant de l'histoire de sa relation à l'autre. Il influence les perceptions, les sentiments, les analyses logiques et les actes de chacun qui en découlent. Marcel Mauss n'offre-t-il pas des perspectives en ce sens lorsqu'il affirme : « Présenter quelque chose à quelqu'un c'est présenter quelque chose de soi (...) accepter quelque chose de quelqu'un c'est

---

[71] Fischer G.N., *La psychologie sociale*, Paris, Seuil, 1997, p. 29, coll. essais.

accepter quelque chose de son essence spirituelle, de son âme »[72]. Le don ne se réduit pas aux seuls échanges d'objets, il engage la personne dans sa totalité, dans ce qu'elle est, donc dans ce qui nourrit sa relation à l'autre.

La portée psychosociologique du don s'impose à nous. Le don est action et engagement, où individuel et collectif sont intrinsèquement liés et contribuent à écrire des pages d'histoires relationnelles à chaque fois singulières. Avec le don je ne m'intéresse plus seulement à moi, mais à moi à travers les effets de mes actes dans ma relation à l'autre. Je ne m'intéresse plus seulement à moi et à l'influence que je peux avoir sur les autres ou que les autres peuvent avoir sur moi lorsque nous échangeons, je m'intéresse à ce qui motive que nous nous réajustions ainsi qu'aux conséquences (pour moi, pour l'autre, pour notre relation) de ces réajustements dans le temps. De ce fait, j'affine mon état de conscience, ma capacité et ma liberté de choisir le don et son corollaire, la reconnaissance de l'autre, comme principe de vie. Le don n'est possible que parce qu'il existe un autre susceptible de le recevoir, la dynamique du don se construit progressivement, créant ainsi une histoire commune entre les personnes et les groupes concernés. Le don ne se limite pas à la circulation des choses, il irradie la pensée, les affects, l'histoire des relations.

Qu'il soit refusé ou méconnu, vécu sans relever d'une démarche consciente, ou qu'il soit "choisi" et recherché consciemment, le don se trouve au cœur des processus relationnels entre individus et entre groupes, il aide à saisir la dynamique des relations intersubjectives, il est mouvement qui relie structurellement les hommes en eux et entre eux. C'est pourquoi ces processus relationnels gagnent à s'étudier et se comprendre en mobilisant les caractéristiques du don. Mais pour offrir la possibilité du choix du don, comme éthique de l'engagement constitutive de la construction identitaire, il faut pouvoir le reconnaître, le décrypter, le comprendre. Il doit donc être présenté, expliqué.

Cela passe entre autre par une meilleure connaissance d'une des tâches de la psychologie sociale, qui consiste à « définir et étudier la nature spécifique des interactions faisant de l'individu un être éminemment relationnel »[73].
L'interaction correspond au processus à l'œuvre lorsque plusieurs personnes sont ensemble et qu'elles agissent et réagissent les unes par rapport aux autres. Elle surgit au moment de la mise en relation de deux personnes (même si elles peuvent être influencées par les expériences antérieures, les préjugés, les statuts différents etc.). Elle relève de l'ici et maintenant, à l'inverse du don qui s'inscrit dans la durée. Le don, au contraire de l'interaction, doit être accueilli, reconnu,

---

[72] Mauss M., op. cit., p. 161.
[73] In Citeau J.P. et Engelhardt-Britian B., *Introduction à la psychosociologie : concepts et études de cas*, Paris, Armand Colin, 1999 p. 17.

reçu, il lui faut du temps pour fructifier. Le don ne doit pas être confondu avec l'interaction, mais il y a du don dans l'interaction.

L'analyse des interactions ouvre à la compréhension des relations sociales ; comment les gens créent des normes, s'intègrent à leur milieu, se régulent, exercent leur influence, font évoluer les rapports sociaux etc. L'interaction est comme un jeu de miroir entre la conscience de soi que chacun acquiert à travers l'autre et la conscience de l'autre que l'on perçoit à travers soi. Elle n'existe que parce qu'il y a un geste vers l'autre, reçu et appelant une réponse. Elle est ce processus interpersonnel par lequel chacun prend en compte le point de vue d'autrui pour appréhender ses relations et ses actions.
Ainsi par exemple, un donataire qui ne s'attendait pas à un geste du donateur peut recevoir ce geste comme un don, alors qu'il partait dans l'intention de réclamer son dû quelques instants auparavant. Comment savoir avec certitude que le geste perçu relevait du don ? Peu importe, car c'est en le recevant comme un don que le donataire, par le jeu des interactions, modifie l'intention initiale du donateur et la transforme en don.

Le don se différencie de l'interaction en ce qu'il est échange structurellement constitué par le cycle du donner, recevoir, donner à son tour. Le don peut être une intention, une action, un échange, un engagement, voire tous ces gestes à la fois. Il oblige à des rencontres au cours desquelles ce qui a été partagé d'unique s'inscrit et demeure en soi et dans la relation, sans pouvoir s'annuler. Le don produit des effets sur chaque individu et sur la relation elle-même, selon l'implication personnelle, le poids du passé, l'investissement pour l'avenir que chacun y met.
Quant à l'interaction, elle porte l'intention, l'acte, l'affect et ses conséquences. Elle est le support et le média d'un jeu relationnel à chaque fois unique dont la trace faite des contributions de chacun, nourrit le lien singulier des relations interindividuelles et groupales.
L'interaction dépose dans chaque échange une expérience nouvelle enrichie de ce que chacun donne et reçoit, puis de ce qu'il en fait et de ce que cela produit comme action et engagement. Cette trace, témoin de la construction de sa singularité et de son rapport au monde et aux autres, est pour partie consciente à travers l'objet donné ou le geste posé, pour partie inconsciente à travers les effets du lien bâti lors des échanges. A chaque fois, elle est la marque d'un lien vivant en perpétuel renouvellement.

Le don ne recouvre pas la psychologie sociale, mais il n'y a pas de psychologie sociale sans repérer à un moment donné la part du don dans les phénomènes étudiés. Considérer le don sous le seul angle de l'individu, ou à l'inverse dans sa seule dimension sociale serait une erreur parce qu'elle en limiterait sa portée.

Le don et l'influence

La notion d'influence est une autre notion centrale de la psychologie sociale. Elle est souvent présentée comme l'ensemble des moyens mis en œuvre par un individu pour obtenir de l'autre ce qu'il recherche et atteindre ainsi ses propres objectifs. Dire de quelqu'un qu'il a de l'influence, c'est reconnaître qu'il présente les qualités qui lui permettent d'arriver à ses fins lorsqu'il désire quelque chose.

Dans une organisation de travail, l'influence est une notion essentielle qu'il convient de comprendre si l'on veut l'utiliser à bon escient. Elle s'apparente au pouvoir en tant que « capacité d'action sur[74] ». Mais alors que le pouvoir donne la possibilité d'imposer une décision, l'influence préfère le registre relationnel pour parfois, se jouer du pouvoir.
Ainsi Michel Crozier décrit-il les « zones d'incertitudes contrôlées » que chaque acteur de l'organisation cherche à maintenir ou à développer. Les échanges entre les membres de l'organisation se résument en des stratégies rationnelles où chacun cherche à protéger sa marge de liberté et de pouvoir, malgré les règles et procédures du système d'organisation formel.
Pour exister, chaque membre utilise sa marge d'interprétation des règles pour faire des choix en fonction de ses intérêts et de ses propres buts, ce qui a pour effet d'influencer le fonctionnement de l'organisation.
Nous verrons plus loin que l'utilitarisme s'accorde bien avec cette lecture des relations de travail. Chacun cherche à défendre son intérêt particulier et les dirigeants, via le management, doivent développer des stratégies pour contourner cette difficulté et contraindre tous les membres de l'organisation à travailler dans le seul intérêt de l'entreprise.
Les relations sociales se cantonnent à des rapports de force où chacun cherche à imposer son point de vue à l'autre, dans le seul but de défendre ses intérêts catégoriels. La crise économique puis la concurrence due aux effets de la mondialisation aidant, les directions des ressources humaines tentent de convaincre les salariés que leur intérêt rejoint celui de l'entreprise et que tous sont contraints de travailler dans le même sens, quitte à sacrifier les plus fragiles et les laisser au bord du chemin.

Insidieusement pourrions-nous dire, l'influence est enfermée dans cette vision des relations sociales. Dès lors, quelle place occupe-t-elle dans une dynamique des échanges normée par le don ?
En fait, elle est au cœur du don, puisque chacun lors de l'échange reçoit l'influence de l'autre. Il le fait avec d'autant plus de facilité qu'il sait que l'autre se laissera influencer par lui en retour.

---

[74] Bernoux Ph., *Sociologie des organisations*, Paris, Seuil, 1985.

Ainsi par exemple, lorsque la relation est empreinte de rivalité, de défi, d'insoumission, d'affirmation de sa liberté, bref d'agôn, l'influence se caractérise par la recherche de lien en tant qu'acceptation de la rivalité et de sa conséquence possible, la domination de l'autre sur soi. Elle prend l'apparence d'un pouvoir sur l'autre en se distinguant toutefois d'une position totalitaire parce qu'elle autorise l'autre à "prendre sa revanche".

En ce sens le don est influence, non pour assujettir l'autre à soi, mais au contraire parce que toute relation qui accepte le principe de donner, recevoir, donner à son tour, accepte *de facto* l'influence de l'autre.
Progressivement, le jeu de la réciprocité des contributions de chacun, la reconnaissance intrinsèque du principe systémique d'alternance des positions haute et basse, égalitaire ou complémentaire, selon que l'on est en situation de donner ou de recevoir, contribueront à ce que l'influence ne représente plus un danger dont il faudrait se protéger.
Lorsque le risque de domination unilatérale de l'un sur l'autre est régulé par le cycle du don, l'influence devient l'occasion d'un enrichissement réciproque. Elle privilégie l'alliance sur l'agôn, préfère l'intégrité et l'équité relationnelles à la domination sur l'autre.

3.2. Le don et le groupe

Connaître les caractéristiques d'un groupe pour organiser les échanges

Le groupe se définit comme « un ensemble restreint de personnes liées entre elles par des activités communes, qui développent des interactions directes déterminées par des normes et des valeurs : l'ensemble de ces processus est appelé phénomène de groupe »[75].
Cette définition s'applique en priorité à des groupes dits « primaires » ou « restreints » dont le nombre est limité de telle sorte que ses membres puissent être directement en interaction. Elle convient toutefois à des groupes secondaires dans lesquels les relations sont imposées par le contrat de travail. Dans ce cas et comme nous le verrons par la suite, il existe un système d'autorité formel et des modalités de communication qui facilitent la circulation des informations et la convergence des actions.

Pour qu'il y ait groupe, il faut une action, des activités partagées ; il n'existe pas de groupe se réunissant seulement pour... se réunir, il y a toujours un moment où "on fait quelque chose ensemble". Ces actions ne sont pas à elles-mêmes

---

[75] Fischer G.N., *La psychologie sociale*, op.cit., p. 221.

leur propre fin, elles reflètent un but, des objectifs, même s'ils ne sont pas toujours explicites.

Ainsi par exemple, on parlera d'un groupe de musique, mais on préfèrera le terme d'équipe lorsque l'on se réfèrera au sport du fait de la nécessité de s'organiser, de se répartir les rôles, de développer une stratégie en vue d'atteindre son objectif (gagner). A l'opposé, la bande d'adolescents constituera une forme de groupe dont la raison première qui justifie de se réunir se limite parfois au seul "état" d'adolescent.

L'emploi de termes différents n'est pas le fruit du hasard, ce ne sont pas des synonymes et ils reflètent des différences notables entre ces groupes. Les caractéristiques suivantes proposées par Alain Cercle et Alain Somat nous aideront à le comprendre[76]. Ils identifient les normes et les valeurs, ce dans quoi les membres du groupe se reconnaissent.

Les normes permettent au groupe de fonctionner, elles lui évitent de se réinterroger sans cesse sur son mode de fonctionnement. Elles véhiculent le système de valeurs du groupe, au risque pour celui qui ne s'y plie pas d'en être rejeté.

Elles légitiment et orientent les actions du groupe, elles offrent la stabilité par l'uniformité qu'elles génèrent. Elles réduisent l'ambiguïté en consolidant les positions de chacun, en les rassurant et en leur permettant une meilleure maîtrise de leur environnement et de leur action. Elles constituent un élément essentiel de la régulation d'un groupe parce qu'elles servent de repère, de tiers, de cadre de référence auquel chacun se réfère lors des échanges.

Cela produit une harmonisation des échanges, appelé processus de normalisation. Les normes sont relayées par les règles qui régissent concrètement les relations et l'action.

Un groupe se caractérise donc par des buts et des objectifs, une action, des interactions, des règles et des normes, des valeurs partagées, auxquels il faut ajouter trois autres attributs. D'une part, un groupe est toujours relié au contexte dans lequel il vit, d'autre part il évolue dans le temps.

Enfin, il s'étaie sur la qualité des échanges qu'il saura développer. Lorsqu'elle est référée au don, cette dernière caractéristique permet à toutes les autres de s'articuler autour d'elle comme le montre le schéma ci-dessous.

---

[76] Cercle A., Somat A., *Psychologie sociale : cours et exercices*, 2ème éd., Paris, Dunod, 2002 p. 121.

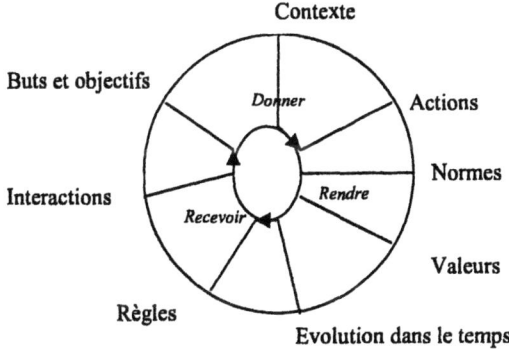

Les échanges traduisent en actes les valeurs du groupe, les normes et les règles, ils sont la condition pour que les actions à mener se déroulent correctement. Ils sont nécessairement au centre de toute analyse de la dynamique d'un groupe. Plus que toute autre notion, ils fournissent des outils de compréhension et surtout d'intervention dans un groupe. C'est de la qualité des échanges et de la dynamique du don qui y est associée que dépendent la régulation, la cohésion et la force d'un groupe.

Cela signifie que le poids normatif du don est important, il participe du processus de normalisation. Bien utilisé, il sera un moteur pour le groupe. Mal employé, il sera perçu comme une contrainte.

L'imaginaire social partagé

L'influence du don est plus large encore, W. R. Bion[77] considérait que quelques personnes pouvaient influer sur l'état émotionnel de l'ensemble du groupe, René Kaës[78] a montré qu'il existait un inconscient du groupe.

Tout groupe développe également des "états du don"[79] qui se révèlent fort utiles pour comprendre ce qui se joue, se noue, au sein d'un groupe et d'une équipe de travail. L'état du don nous éclaire peu sur ce qu'est un groupe, il nous fournit plutôt une photographie sur la qualité des échanges qui contribuent à faire groupe. De cet état du don dépend pour une bonne part « l'imaginaire social partagé » décrit par Eugène Enriquez[80]. Pour celui-ci, un groupe « ne s'instaure qu'autour d'une action à accomplir, d'un projet à mettre en œuvre ». Le groupe doit avoir « un système de valeurs suffisamment intériorisées par ses membres pour donner au projet ses caractéristiques dynamiques ».

---

[77] Bion W.B *Recherches sur les petits groupes*, 5ème éd., Paris, Puf, 1987.
[78] Kaës R. *Les théories psychanalytiques du groupe*, Paris, Puf, 2002.
[79] Cf. chapitre 3 "les états du don".
[80] Enriquez E., *L'organisation en analyse*, Paris, Puf, 2003.

Pour y parvenir, il faut avoir des représentations communes de l'identité du groupe et de ce qui le réunit ; tout groupe doit pouvoir répondre à ces questions : « Qui sommes-nous et que voulons-nous faire ensemble ? » Tout « imaginaire social partagé » nécessite une pensée commune, affectivement ressentie.

Autrement dit, le groupe doit pouvoir conceptualiser ce qu'il veut, mais cette intellectualisation doit être éprouvée émotionnellement, affectivement, elle doit être intériorisée, intégrée à soi.

De plus, il doit prendre appui sur un dispositif symbolique qui canalise les désirs, pose un cadre, donne sens à l'action. Ce dispositif symbolique doit véhiculer aussi de l'idéalisation afin de porter le groupe et lui donner de la vigueur.

Eugène Enriquez explique que l'imaginaire social partagé débouche sur la croyance, en tant qu'elle comble les doutes et permet de rassembler toutes les énergies autour d'une cause, d'une mission à défendre. L'exemple suivant illustrera la manière dont il peut s'exprimer et dont il s'articule avec l'ensemble de la vie institutionnelle.

Dans un service d'action éducative en milieu ouvert, les membres de l'équipe arrivent un lundi matin et constatent qu'un éducateur est absent. Marc a laissé un message sur le répondeur du service pour indiquer qu'il était en arrêt-maladie pour une semaine et qu'il rappellerait dans la matinée.

D'habitude et lorsqu'elle le peut, la personne malade contacte ses collègues pour les informer des rendez-vous qui peuvent être déplacés et des points essentiels qui doivent être abordés avec les jeunes lors des entretiens.

Ce jour-là, Marc rappelle seulement en début d'après-midi, trop tardivement pour ses collègues laissés dans l'incertitude et l'impossibilité de s'organiser convenablement. Cela ne surprend malheureusement personne et semble confirmer l'attitude très ''personnelle'' dont cet éducateur a déjà fait preuve en d'autres occasions, où la défense de son seul intérêt primait sur tout autre point de vue. L'équipe exprime alors au directeur son agacement en expliquant que cet éducateur semble n'avoir jamais de considération à l'égard de ses collègues et des jeunes qu'il accompagne.

Légalement, le directeur n'a rien à dire, Marc est en droit de poster son arrêt de travail sans contacter ses collègues. Pourtant le directeur décide de le rencontrer dès son retour. Il n'a bien sûr aucun commentaire à lui faire sur son arrêt de travail, par contre il lui fait part des réactions de l'équipe.

Marc n'est pas surpris et il reconnaît qu'il existe un déséquilibre dans ses contributions à l'égard des autres membres de l'équipe. Il fait part notamment de sa trop grande retenue, il sollicite beaucoup ses collègues lorsqu'il se trouve face à des situations difficiles mais il prend peu de temps pour faire de même lorsque ceux-ci le sollicitent... ce qu'ils ne font d'ailleurs plus.

Quelques semaines après cet événement, Marc proposa de changer sa période de congés pour arranger un collègue. Ce geste inhabituel, nouveau, ne fut pas reconnu comme une contribution par ses collègues. Le directeur s'en chargea car il estimait que Marc répondait à ce moment-là aux critiques qui lui avaient été faites quelques temps plus tôt. Mais cette contribution fut trop ponctuelle et ne se confirma pas dans la durée. Quelques mois plus tard, cet éducateur quitta le service. Considéré comme déviant, en dehors de l'imaginaire social partagé de l'équipe, il n'était pas parvenu à ce que ses contributions soient à la hauteur des attentes de ses collègues.

Le don participe activement à l'enracinement de l'imaginaire social partagé dont chacun, de sa place, doit être le garant. Cette pensée est commune lorsque chacun se sent librement obligé d'y contribuer, elle est affectivement éprouvée lorsqu'elle se traduit dans les actes quotidiens et dans leurs conséquences assumées.
Le don génère des normes de groupe exigeantes, mais on sait qu'elles sont porteuses de confiance dans la relation et l'avenir, de lien dans l'échange, de paroles et d'engagements tenus.
Il se situe à l'opposé des échanges qui relèvent de l'équivalence, car on sait que le donnant-donnant affaiblit le lien et laisse place à l'égoïsme de chacun. L'exemple précédent montre d'ailleurs que l'équipe était confrontée à ce risque.

Comment imaginer que la dynamique des groupes ne puisse être influencée par les mécanismes du don ! Par exemple, un sous-groupe minoritaire qui accepte de se rallier à l'avis de la majorité au moment d'arrêter une décision, s'attendra à ce que son point de vue soit davantage pris en compte la fois suivante. La conduite d'un groupe ne peut faire l'économie de ces analyses.

La qualité de la dynamique et plus encore de la vie d'un groupe dépend pour une bonne part de l'équilibre qui sera trouvé au fil du temps entre le donner, le recevoir et le rendre ; les conséquences concrètes des gestes posés tout au long de la vie du groupe forgeront l'histoire relationnelle du groupe.

La dynamique des groupes

En revenant sur ce que l'on appelle le concept de la dynamique des groupes inventé par Kurt Lewin (1890-1947)[81] et développé par son équipe, nous allons voir comment la notion de don apporte un nouvel éclairage sur ces recherches.

---

[81] L'école de recherche dite de la « dynamique des groupes » est issue des travaux de Kurt Lewin. Sont associés à cette école des chercheurs comme Schachter, Bales, Lippit et White, Leavitt. Le lecteur intéressé se reportera à l'ouvrage de Levy André *Psychologie sociale, textes fondamentaux anglais et américains*, Paris, Dunod, 1978, tomes 1 et 2.

Kurt Lewin s'intéresse d'abord à la psychologie individuelle, puis il s'aperçoit que nos comportements peuvent aussi être influencés par le réseau des relations que nous développons avec les personnes qui nous entourent. En approfondissant cette intuition, il posera les bases de la dynamique des groupes qu'Alex Mucchielli[82] définit comme « l'ensemble des phénomènes concernant les interactions et les affects qui apparaissent dans les groupes humains ».
Selon Kurt Lewin, cette dynamique des groupes est soumise à des jeux de force antagonistes régulés par les interactions entre les membres du groupe.

Pour le montrer, il s'appuie sur une expérience menée durant la seconde guerre mondiale aux Etats-Unis. Il faut inciter les américains à manger davantage de bas morceaux de viande ; cœurs de bœuf, de tripes et de rognons.
Les chercheurs demandent à un groupe de ménagères réunies pour l'expérience de chercher des solutions qui pourraient convaincre les américains.
Nous savons peu de choses sur la teneur des échanges entre ces femmes durant l'expérience. On nous présente seulement le résultat de la recherche qui permet à Kurt Lewin de repérer qu'un changement d'attitude s'opère en trois étapes :
La première étape consiste à « décristalliser » les habitudes ; Il suffit de poser le problème, de créer les conditions d'échanges libres entre les membres du groupe afin d'obtenir une forte implication des personnes, de ne pas entraver la liberté de décision du groupe. Cette étape permet de faire baisser le seuil des résistances individuelles.
On peut ensuite passer à la deuxième étape, celle du changement : le seuil de résistances abaissé, le but est d'amener le groupe à un degré de crise, c'est-à-dire lui montrer que les anciennes normes ne tiennent plus et qu'il convient d'en trouver de nouvelles. Vient alors le temps des propositions et de la décision.
La troisième étape consiste à recomposer un nouvel équilibre en créant de nouvelles normes, d'autant plus faciles à respecter que la décision aura permis à chacun de préciser ses positions et d'adopter des comportements cohérents avec les déclarations faites.

Il est communément admis depuis cette analyse qu'un groupe est soumis à des rapports de force. Mais on en interroge insuffisamment le sens : ces rapports de force visent-ils la victoire et la domination d'une partie du groupe sur l'autre ? Expriment-ils au contraire une saine confrontation qui débouchera sur une mutualisation des ressources de chacun au service de tous et du projet partagé ? Concernent-ils la défense des intérêts de chacun ou la crainte d'être utilisé ? Ces rapports de force sont-ils structurellement présents dans tout groupe et à tout moment ? Ne signifieraient-ils pas simplement le fait que chacun exprime sa liberté de penser, de dire, de faire sans donner le sentiment d'être soumis au groupe ? Si l'on admet que ces rapports de force peuvent être l'expression du

---

[82] Mucchielli A., *La psychologie sociale* : *les fondamentaux*, Paris, Hachette supérieur, 2001.

don agonistique et à condition de ne pas les confondre avec une recherche exclusive et unilatérale de domination sur l'autre, alors l'expérience de Bavelas rapportée par Kurt Lewin peut être reçue différemment.

Dans un contexte de travail, certains cadres sont tentés d'utiliser cette dynamique favorable au changement pour servir leurs seules fins. La manipulation est proche mais elle n'est jamais reconnue comme telle dans la mesure où cela est considéré comme de la stratégie de gestion des ressources humaines : pour atteindre l'objectif préalablement fixé et pour faire tomber les résistances au changement, il convient de passer par une étape d'échanges libres et d'écoute des propositions.

Il suffira ensuite au dirigeant de montrer que le jeu des contraintes externes est tel, qu'il n'est pas possible de faire autrement que la stratégie initialement élaborée. Il devra toutefois accepter de lâcher du lest sur quelques propositions secondaires, pour finaliser la stratégie de communication et valider le changement. L'implication laissera place à une désillusion d'autant plus forte que les personnes se seront crues libres de créer de nouvelles normes, oubliant la complexité et les enjeux politiques propres à l'organisation.

Les effets sont généralement désastreux sur l'investissement du personnel qui conservera longtemps le sentiment amer d'avoir été leurré. Il ne suffit pas de faire des groupes d'expression, pour penser faire passer des changements moins douloureusement. Eviter de tels écueils relève pleinement de la responsabilité de l'encadrement qui initie un processus de changement.

Il est certain que les contraintes existent, mais dans ce cas et pour que le processus décrit par Kurt Lewin démontre sa pertinence, le cadre décisionnel doit être posé préalablement par le dirigeant et le champ des initiatives possibles délimité, afin que les échanges se développent dans un contexte clair.

L'attention que les personnes se portent les unes aux autres est au cœur du processus de changement. Elle facilite la mutualisation des ressources individuelles autour d'un projet fédérateur porté collectivement. A condition toutefois de modifier son regard et ses représentations sur la « dynamique de groupe ».

Un directeur me confiait sa surprise de voir la réaction positive de son équipe, alors qu'il avait dû apporter des modifications importantes au dispositif institutionnel. Il n'avait pas réalisé qu'il avait pris le temps d'écouter, puis de poser un diagnostic clair et convaincant. Il avait retenu une option parmi celles qui s'offraient à lui et il savait que ce n'était pas celle privilégiée par l'équipe. Il s'en était expliqué mais il assumait sa fonction de direction ; la décision lui revenait en dernier lieu. Dans ce contexte, il apparaissait utile de proposer des discussions libres entre les personnes afin d'évaluer les conséquences concrètes de cette décision sur l'ensemble du dispositif[83] et de chercher les moyens d'y répondre. La place de chacun était respectée, le cadre et ses limites étaient posés, les ressources collectives pouvaient s'exprimer et se traduire en propositions réellement prises en compte.

Dans ces conditions, il n'est pas étonnant que les échanges aient été fructueux et que les nouvelles normes et règles aient été mieux acceptées parce qu'élaborées collectivement, chacun ayant connaissance des enjeux et des conséquences des décisions qui seraient prises.

La productivité du groupe repose sur la qualité de la dynamique du don

Revenons à l'analyse menée par Kurt Lewin concernant l'expérience de Bavelas pour constater qu'une nouvelle fois, l'importance des échanges en tant que l'expression du don en action, n'est pas considérée à sa juste mesure.

Dans cette expérience, on considère comme de peu d'importance le fait que ces femmes ne réfléchissent pas pour elles mais pour d'autres. Elles doivent chercher des solutions, aider, contribuer à l'effort national. Bref, les échanges visent l'intérêt collectif et non la défense de leurs intérêts personnels.

Cet élément est fondamental car il oriente, influe sur les modalités des échanges ; dans un contexte de guerre, chacun se sent bien sûr concerné personnellement, mais on conviendra que l'idée de rendre service et d'apporter sa contribution à la nation constitue une motivation réelle pour s'impliquer.

Le consensus trouvé et l'émergence de nouvelles normes résultent de la réciprocité des échanges entre ces femmes que l'on pourrait résumer dans ce dialogue imaginaire : « Tu m'as écoutée, donc tu m'as considérée, reconnue comme digne d'intérêt et tu as pris en compte mon point de vue, j'en fais de même et je tiens compte de ce que tu dis, car nous sommes autant concernées l'une que l'autre par ce problème ».

Dans cette situation, la reconnaissance de la valeur du point de vue de l'autre importait certainement plus que dans une autre situation présentant moins d'enjeux. Leur accord pour participer à cette expérience et apporter leur contribution à la nation traduisait une finalité commune.

De plus, cette reconnaissance était facilitée par le fait que les personnes ne se connaissaient pas, ne partageaient pas une histoire relationnelle commune, elles n'avaient donc pas de passé et encore moins de passif entre elles.

---

[83] L'approche systémique nous permet de comprendre l'importance et les répercussions organisationnelles de ce type de décisions, c'est pourquoi quelques pages lui seront consacrées plus loin dans le texte.

Enfin, ce groupe qui ne se connaissait pas était tout orienté vers la résolution du problème qui lui était confié et les modes de communication tous canaux[84] facilitaient les échanges.

Ces conditions particulières d'un groupe centré sur une tâche à forte valeur symbolique dans ce contexte de guerre, valorisaient en retour les participantes. Cela favorisait l'instauration d'une confiance d'emblée et le développement d'une dynamique du don.

Ce qui conduit à considérer qu'une dynamique de groupe sera d'autant plus productive qu'elle favorisera l'expression d'une dynamique du don. De même, pour s'effectuer dans le respect des personnes, la conduite de changement inclut nécessairement le processus de don : le cycle du donner, recevoir, donner à son tour, articulé aux quatre termes liberté et obligation, attention à soi et souci de l'autre. Plus largement, toutes les règles régissant la dynamique de groupe et les processus de changement auraient donc tout intérêt à inclure cette notion de don[85].

Ce changement de regard ouvre de nouvelles perspectives sur l'analyse du fonctionnement du groupe. Il l'humanise à nouveau, parce qu'au lieu de considérer que la participation au groupe désindividualise les positions de ses membres, il met en lumière la richesse des contributions individuelles mises au service d'un projet collectif.

Trouver sa place dans un groupe

Le groupe attire car il représente un espace privilégié où se vivent les relations sociales. Mais il inquiète aussi car il oblige à tenir compte des autres, au risque de se perdre dans l'autre. Nous construisons ce que nous sommes, nous forgeons notre identité à travers les différents groupes dans lesquels nous vivons. On a coutume de distinguer d'une part, les groupes d'appartenance qui offrent une expérience sociale effective, auxquels nous appartenons de fait mais que nous n'avons pas forcément choisis comme référence pour nos valeurs ; la famille en est le meilleur exemple. Nous trouvons d'autre part les groupes de référence[86], « ce sont les groupes auxquels l'individu se rattache personnellement en tant que membre actuel ou auquel il aspire à se rattacher psychologiquement ; ou en d'autres termes ceux auxquels il s'identifie ou désire s'identifier »[87].

---

[84] Cf. chapitre 2.5 "échanger, communiquer et dialoguer".
[85] Cf. chapitre 8.1 "don et conduite de changement".
[86] On parle habituellement de groupe bien qu'il puisse s'agir simplement d'une idée de référence.
[87] Sheriff 1956, cité par Fischer G. N., in *Les concepts fondamentaux de la psychologie sociale*, Paris, Dunod, 1997.

Le groupe est le lieu privilégié où se structurent les identités personnelles, professionnelles et sociales. Pour permettre à l'identité et à l'estime de soi de s'épanouir, le groupe doit nourrir la personne autant que la personne doit nourrir le groupe. Le caractère sain d'un groupe repose sur une double exigence, d'appartenance qui lui donne sa cohérence et sa force, de différenciation qui valorise la singularité de chacun.

Certaines personnes recherchent l'appartenance et la similitude, elles y trouvent les repères et les valeurs qui leurs manquaient. Elles y renforcent leur sentiment d'identité, mais au risque de perdre leur libre arbitre et de nier ce qu'elles sont lorsqu'elles s'identifient totalement aux valeurs du groupe. Les sectes, communautarismes et autres intégrismes sollicitent particulièrement ces mécanismes. A l'inverse il existe des personnes qui utilisent le groupe tant qu'elles en ont besoin, sans rien donner. Cela se caractérise par un individualisme narcissique et une consommation des ressources des autres, parfois en toute « innocence » pour reprendre le terme de Pascal Bruckner[88].
D'un côté le groupe prend et "offre" un artifice identitaire, de l'autre la personne prend et offre un leurre en guise de contribution au groupe. Ces positions extrêmes offrent peu d'altérité, elles excluent le don en ne lui offrant aucun espace pour se déployer.

Une personne s'épanouit dans un groupe à condition qu'elle se sente pleinement reconnue dans sa singularité et qu'elle sache articuler nécessité d'intégration et de différenciation. Cette articulation dépend du contexte et de la maturité du groupe (temporalité), des valeurs ainsi que des idéologies et des croyances, des positions et statuts qui différencient les personnes entre elles, du degré d'organisation du groupe, de son caractère plus ou moins formel. Elle dépend aussi du jeu des interactions, des affects et de l'inconscient, des processus et conflits sociocognitifs[89].
Ajoutons enfin le poids du don, c'est-à-dire des conséquences des échanges sur la qualité des relations. Combien de tensions naissent d'un sentiment d'injustice, de la non reconnaissance d'efforts fournis, de gestes de confiance qui n'ont jamais eu de retour ?! Cela est particulièrement sensible dans les équipes de travail pour plusieurs raisons : les personnes n'ont pas forcément choisi de travailler ensemble, elles ont des tâches à réaliser qui les rendent interdépendantes, elles sont soumises à une organisation du travail, elles se différencient par des statuts, des fonctions, des rôles, des valeurs, des cultures... l'ensemble génère des phénomènes repérés par la psychologie sociale qui complexifient un peu plus encore la conduite d'équipe. L'enjeu du dirigeant

---

[88] Bruckner P., *La tentation de l'innocence*, Paris, Grasset, 1995.
[89] Par conflit socio-cognitif, il faut entendre le fait que les oppositions sociales de points de vue différents entraînent des confrontations et des restructurations cognitives.

consistera à orienter les échanges de telle sorte qu'ils s'inscrivent dans une dynamique de don.
Le schéma ci-dessous nous aidera à illustrer quelques notions.

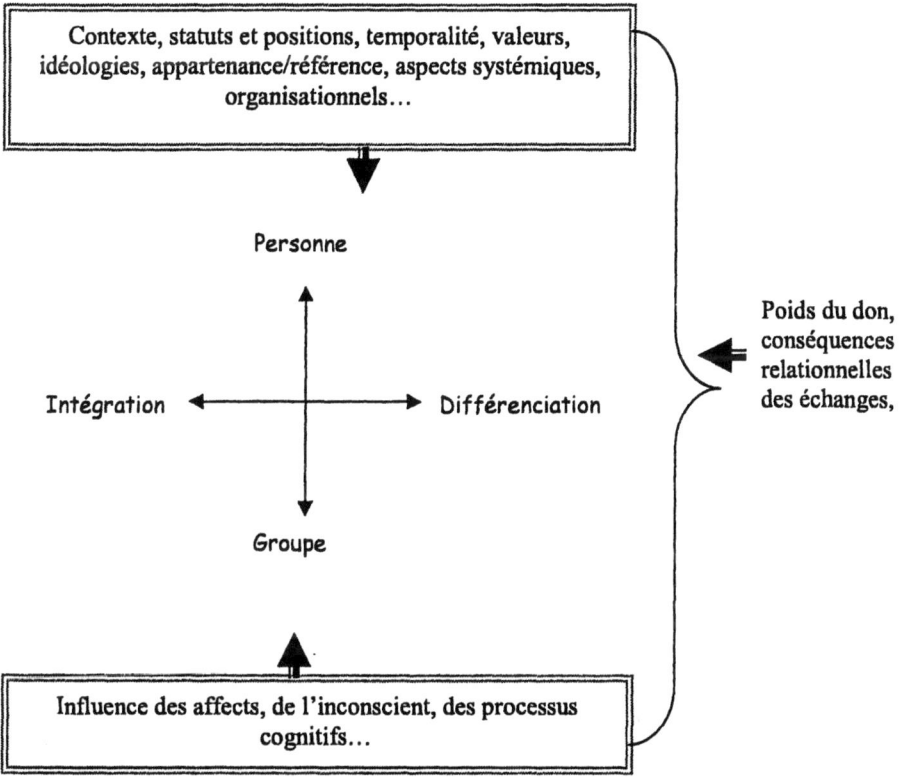

Prenons l'exemple du conformisme dont il faut faire preuve lorsque l'on intègre un groupe. La psychologie sociale distingue trois formes de conformisme – par conformisme, par identification, par intériorisation – auxquelles nous ajoutons le conformisme par le don :
- Par complaisance : la personne cède à la pression du groupe pour ne pas avoir trop de désagréments, mais cela n'affecte pas ses idées personnelles.
- Par le don : la personne prend le temps de reconnaître ce qui a déjà été fait par le groupe avant son arrivée. Elle accepte de recevoir pour mieux donner ensuite.
- Par identification : elle désire maintenir ou établir des relations positives car le groupe possède des caractéristiques et des qualités auxquelles elle adhère (groupe de référence).
- Par intériorisation : le changement est plus profond que la situation précédente, la personne est convaincue que le groupe a raison et elle adhère

à son système de valeurs. Dans ce cas il convient de différencier une restructuration cognitive et affective où la personne reste elle-même, et une intériorisation qui peut aller jusqu'à renier ses anciennes valeurs, c'est-à-dire ce qu'elle a été.

Avec le don, l'élan vers l'autre ne se fait jamais au détriment de soi, il participe au contraire à la reconnaissance de l'identité singulière de chacun. Il est impossible qu'il puisse en être autrement, une telle situation ne relèverait plus du don. Cette dernière forme de conformisme peut être une étape pour certains, à condition que le groupe sache reconnaître la part d'excès et laisse le temps et l'espace à la personne pour qu'elle puisse se retrouver.

Cet oubli de soi rappelle la phase dite « d'illusion groupale » décrite par Didier Anzieu[90]. La plupart des groupes passent par une période de fusion au cours de laquelle les personnes s'imaginent avoir trouvé une harmonie parfaite. A ce moment de son développement, le groupe est à lui-même son propre idéal, il se suffit à lui-même[91]. Ce comportement ne permet pas au don de se déployer car les échanges n'ouvrent pas à l'altérité.
Les dons ne sont alors qu'illusion d'une ouverture à l'autre, ils visent seulement à s'assurer, se rassurer que l'on est bien tous pareils, que l'on pense la même chose, que l'on ressent la même chose. Il suffit de se référer à notre schéma initial pour constater que les conditions d'expression du donner, recevoir, rendre, ne sont plus réunies : l'attention à soi et le souci de l'autre se superposent pour se confondre et la liberté semble s'être imposée totalement au point d'avoir fait disparaître la moindre obligation.
Cette phase d'illusion groupale ne dure qu'un temps. Les différences entre les personnes réapparaissent inévitablement. Lorsqu'elles s'expriment à nouveau, le groupe prend conscience parfois douloureusement que cette forme d'harmonie est impossible. Cette crise dépassée, il redécouvre l'intérêt de relations plus équilibrées qui renouent avec la différenciation et s'appuient sur des projets qui le guident. Le don, parce qu'il contribue à la reconnaissance de l'autre comme personne unique, peut à nouveau participer au développement du groupe vers sa maturité. D'ailleurs, ceux qui connaissent l'existence de cette phase d'illusion groupale peuvent en prendre conscience avant les autres et contribuer à ce qu'elle puisse être dépassée plus sereinement. Leurs contributions, leurs dons au groupe, consisteront par exemple à aider ses membres à prendre conscience qu'ils peuvent s'y sentir bien sans forcément rester toujours ensemble, qu'ils peuvent s'entendre sans forcément avoir toujours le même point de vue... cette forme de don pourra parfois ne pas être

---

[90] Anzieu D., *Le groupe et l'inconscient*, Paris, Dunod, 1984.
[91] Pour la psychanalyse, cette attitude relève du stade du miroir et correspond au moi idéal.

reçue comme telle par certains plus fragiles que d'autres ; donner ce n'est pas toujours faire plaisir.

Reprenons le dernier schéma pour en montrer son effet dynamique en y plaçant à titre d'exemple quelques-unes des notions que nous venons de présenter. La première forme de conformisme, par complaisance, se situe entre l'axe personne/intégration. Tandis que l'on trouvera le conformisme par identification entre l'axe groupe/différenciation. On peut placer le conformisme par intériorisation entre l'axe groupe/intégration. Cette lecture offre du mouvement à des notions qui doivent être appréhendées de manière dynamique si elles veulent conserver leur caractère opérationnel.
Ainsi un manque ou un refus de conformisme par complaisance se situera sur l'axe personne/différenciation. Il pourra se transformer en déviance si le groupe ne perçoit pas la personne comme étant en mesure d'intégrer ses normes, voire s'il craint que celle-ci le fragilise en questionnant trop ses règles.
Analysée sous l'angle du don, La phase de conformisme pose le cadre des premiers échanges et révèle rapidement leurs conséquences relationnelles, d'où son importance. Pour être accepté puis reconnu, le nouvel arrivant doit-il se fondre dans le fonctionnement du groupe, ou l'équipe attend-t-elle qu'il soit rapidement force de proposition ? Dans ce cas, comment seront reçues ses contributions ? On entend parfois dire à propos d'un nouveau collègue qu'il doit faire ses preuves, cela signifie-t-il qu'il est en dette à l'égard de ses collègues, parce qu'il remplace quelqu'un de très apprécié par exemple ? De la perception qu'auront les différents acteurs de la situation, dépendra le type de conformisme privilégié et son évolution.

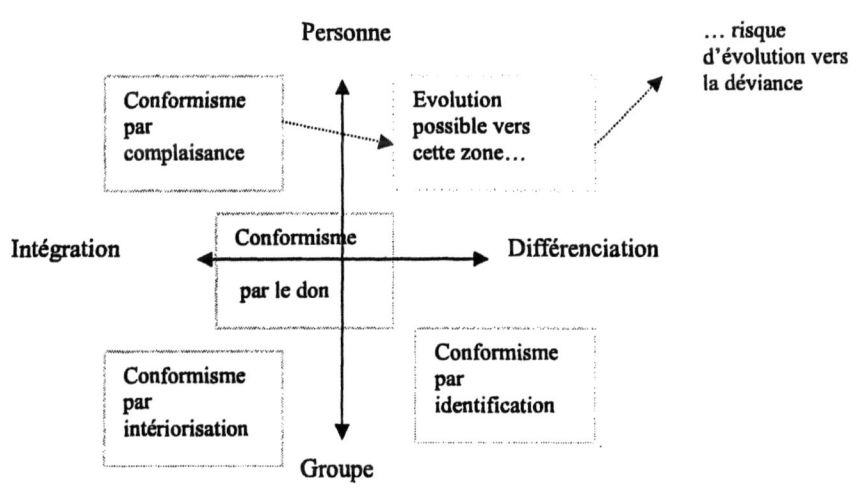

Le bouc-émissaire pourra faire preuve de volonté d'intégration, il cherchera à se placer entre l'axe personne/intégration, voire groupe/intégration. Mais le groupe le situera entre l'axe personne/différenciation.

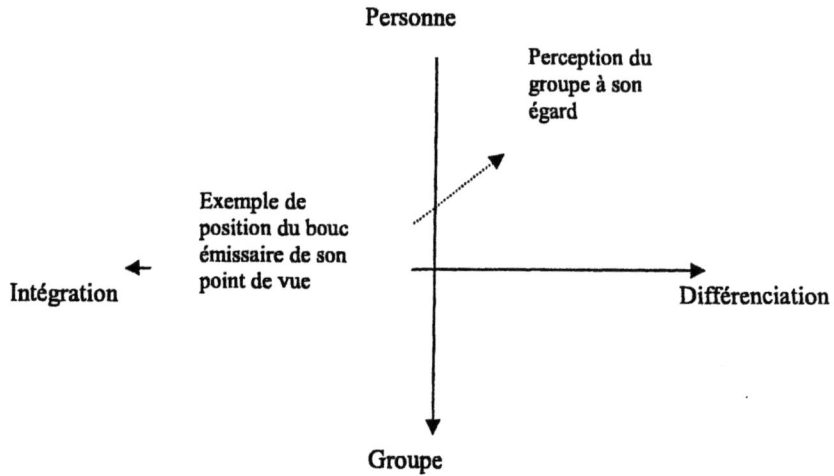

On constate à travers ces exemples qu'il s'agit de trouver le juste équilibre entre la nécessaire prise en compte de soi, de l'autre et des autres, avec lesquels nous sommes amenés à travailler quotidiennement.

On découvre alors un nouveau paradoxe du don. Pour s'ouvrir à l'autre, il faut avoir développé une confiance en soi et donc une estime de soi suffisante. Et en même temps, c'est en donnant sa confiance à l'autre que l'on construit son estime de soi. Il est donc important d'expérimenter la vie en groupe dès son plus jeune âge, à condition de trouver des adultes (parents, éducateurs, enseignants...) conscients de ces enjeux. D'où la nécessité de connaître les mécanismes complexes qui "font groupe autour du don" pour favoriser des échanges constructifs et faciliter l'expression d'une éthique relationnelle.

Une autre notion mérite notre attention, il s'agit de la « minorité active » développée par Serge Moscovici. Une personne, un sous-groupe, peut avoir une influence sur l'ensemble du groupe. Pour cela, un certain nombre de conditions doivent être réunies : alors que la personne perçue comme un opposant est rejetée et considérée comme déviante, la minorité active est reconnue comme s'investissant dans le groupe, son implication est visible ainsi que la clarté de sa démarche et des buts poursuivis.
La minorité active ne remet pas le groupe en question, mais elle exprime avec force son autonomie... et une insoumission constructive ! C'est ainsi qu'elle se sent libre de ses choix en même temps qu'elle est convaincue d'être à l'origine des idées qu'elle défend. Elle doit faire preuve d'une « consistance nuancée »,

c'est-à-dire conserver une cohérence et une stabilité dans ses prises de positions et ses actions. Mais ce comportement assuré qui marque sa différence avec la majorité du groupe ne doit pas s'extrémiser. Elle risquerait alors d'être perçue comme trop rigide.

La minorité active traduit une forme de don agonistique, elle reste liée au groupe mais elle défie la majorité pour que le groupe évolue. L'opposition ne fragilise pas le lien, le donner-recevoir fonctionne car chacun prend le temps d'intégrer les propos de l'autre. Progressivement, les échanges feront naître de nouvelles idées, normes, valeurs. Elles ne seront pas le fait de la seule minorité active, mais des conséquences des confrontations et des échanges constructifs entre les membres du groupe.

Le schéma montre bien l'évolution possible de la minorité active. Si une personne prend seule l'initiative, la minorité active qu'elle constitue se situera entre l'axe personne/intégration. Parce qu'elle aura la volonté d'apporter sa contribution au groupe. Mais elle devra veiller à ne pas être perçue comme déviante au risque d'être rejetée (axe sujet/différenciation). Dès lors qu'elle aura rallié d'autres personnes et constituera un sous-groupe, la minorité active se placera sur l'axe groupe/différenciation. Plus elle influencera le reste du groupe jusqu'à devenir majoritaire, plus elle évoluera vers l'axe groupe/intégration.

La nécessité de considérer le point de vue de l'autre, la qualité des échanges, seront fondamentales. Cela nécessite de découvrir que l'on s'enrichit par l'autre alors que l'on croit trop souvent perdre jusqu'à son identité en accueillant ce qui vient d'autrui.

3.3. Le don et le leader

L'approche de la notion d'influence mérite d'être prolongée par l'étude sur la notion de leader, en se demandant si le don peut ouvrir de nouvelles perspectives à ceux qui mènent les groupes.

Il existe toujours quelqu'un capable d'exercer une influence manifeste sur le reste du groupe et sur sa productivité. Mais d'une part, cette position n'est jamais acquise définitivement et d'autre part, elle ne dépend pas uniquement de qualités personnelles exceptionnelles que le leader aurait su développer. Le mythe du leader charismatique ne tient pas à l'analyse.

Pourtant de nombreuses études menées ont privilégié cette approche. Il en ressort que le leader doit être capable d'établir des liens avec chaque membre du groupe et de les renforcer sans cesse. Il est capable d'entraîner le groupe grâce à son dynamisme, fait d'un mélange d'émotivité et d'agressivité maîtrisées. Toutefois, il ne peut rester indifférent à la qualité des relations entre les membres du groupe et il doit donner le sentiment de rester objectif s'il veut conserver cette place de leader. Il doit percevoir avant les autres la dynamique du groupe, l'ambiance, l'état émotionnel, les sentiments, les attentes de ses membres. Ces qualités vont avec une facilité de parole, une vivacité, une persévérance qui rassurent le groupe. Sa souplesse, sa capacité d'adaptation et son humour, sont des qualités essentielles qui contribuent au maintien de la cohésion du groupe.

Une personne peut posséder toutes ces qualités sans pour autant devenir leader, elle peut l'être dans un groupe et pas dans un autre, ou durant une période seulement. Alors que j'étais éducateur en internat, j'avais profité des beaux jours du printemps pour proposer à deux enfants passionnés de pêche de m'initier. J'avais observé que l'un de ces deux adolescents trouvait difficilement une place paisible dans le groupe. Nous avions investi les douves du château, de sorte que les autres jeunes pouvaient observer notre petit manège. En quelques jours tout le monde pêchait et l'un de ces deux jeunes se retrouva en position de leader auquel les autres venaient demander conseil. Lors des repas, il était invité à la table des leaders habituels, ses compétences et sa disponibilité étant appréciées de tous. Cette position de leader dura quelques semaines seulement, mais cela lui permit d'acquérir une reconnaissance qui lui valut d'obtenir la tranquillité qu'il recherchait au sein du groupe, ce qui correspondait bien à son naturel réservé.
Bien que la personnalité du meneur ait son importance, on retiendra que les études qui isolent les traits de personnalité sont peu probantes, la question du leader étant autrement plus complexe. Cet exemple illustre une autre caractéristique propre au leader. Il doit avoir des compétences dans un domaine donné, en lien avec le projet du groupe et qui rejoignent les attentes de celui-ci.

S'il doit s'appuyer sur des compétences spécifiques utiles au groupe, d'autres recherches menées dans les organisations de travail ont montré l'importance de la maîtrise des réseaux de communication[92]. Leur contrôle affecte les comportements, influe sur l'organisation et en définitive les relations de pouvoir et d'autorité[93]. En fait, celui qui détient et sait utiliser les leviers de communication dans une situation de travail détient un pouvoir indéniable. Faut-il en conclure qu'il devient pour autant un leader ? Une nouvelle fois, une lecture unidimensionnelle s'avère bien trop réductrice face à la complexité de cette notion.

Certains auteurs ont identifié un couple de leaders, l'un socio-affectif chargé de réguler les relations, l'autre centré sur la tâche et chargé de gérer le travail du groupe. Quelques contextes spécifiques offrent peut-être les conditions pour rendre opératoire ce principe, mais il est difficile de dissocier aussi nettement

---

[92] Cf. chapitre 4 "Echanger, communiquer et dialoguer" le paragraphe : l'échange influencé par les réseaux de communication.
[93] Cf. chapitre 9.1 "Du pouvoir à l'autorité".

deux fonctions intimement liées. Cette complémentarité est d'ailleurs confirmée par Didier Anzieu et Jacques-Yves Martin[94]. Ils ont montré que la « régulation » des relations, la « production » c'est-à-dire le travail à fournir, et la « facilitation » qui fournit les moyens pour effectuer le travail demandé, étaient liés et relevaient de la fonction de celui qui détient le leadership.

Le leader ne doit pas être confondu avec le leadership, fonction importante qui contribue à faire vivre le groupe. Le leadership se situe à l'intersection de trois facteurs ; le leader que nous venons de présenter, les personnalités qui composent les membres du groupe et l'ensemble de ce qui constitue un groupe, ses caractéristiques et ce qui lui permet de se développer[95]. C'est dire sa complexité, donc la difficulté d'en dresser les contours et plus encore, d'imaginer qu'il soit possible d'élaborer la méthode miracle ; ''comment assumer son leadership en dix leçons''.

Dans un contexte professionnel, on distingue habituellement le leader formel, institué statutairement et le leader émergeant issu spontanément du groupe. Au-delà de son statut[96], il importe ici de savoir à quelles conditions le leader formel, en l'occurrence le directeur, peut assumer cette fonction de meneur et influencer le groupe en développant un sentiment de sécurité, qui facilite l'engagement et l'action. L'enjeu est de créer les conditions pour une conduite d'équipe réussie. Celle-ci repose sur « la capacité (du leader) d'exercer des influences sensibles à la fois cognitives et affectives » en sachant « développer une écoute peu commune, être attentif aux autres, tisser des liens de respect et de confiance, proposer un projet signifiant, savoir le traduire dans l'action, ce qui veut aussi dire négocier et accepter que ce projet soit transformé. Autrement dit, d'assumer sa fonction de leader »[97]. Tout ou presque dans cette citation confirme l'intérêt de croiser le don et la psychologie sociale.
Peu importe qu'il soit formel ou émergeant, l'énergie que met le leader à entraîner les autres traduit son engagement au service du groupe. Il ne serait d'ailleurs pas possible à un leader de le rester longtemps si son intérêt personnel dominait, ou alors cela se ferait au détriment de l'investissement des membres du groupe et en développant un état émotionnel peu constructif.

L'insuffisante prise en compte de la dynamique du don au sein d'un groupe ou d'une équipe de travail appauvrit la qualité des recherches sur le leader. Aucune étude à ma connaissance n'a jamais porté véritablement attention aux personnes

---

[94] Anzieu D. et Martin J.Y., *La dynamique des groupes restreints*, Paris, PUF, 1986, 8ème édition.
[95] Cf. chapitre 3.2 ''le don et le groupe''.
[96] On pense souvent au statut hiérarchique, mais on laissera à l'expert par exemple, sa place de leader formel lorsqu'on le recevra, du fait de sa fonction et de ses compétences attendues.
[97] Pelletier G. in Crozier M., Sainsaulieu R., *Le management aujourd'hui*, Paris démos ressources humaine, actes de forum, 1999, p. 70.

qui, dans un groupe, veillent à la qualité de l'état du don, favorisent les relations, sont attentives à ce que les contributions de chacun soient reconnues, que ses membres se montrent de l'attention entre eux et que les échanges reposent sur le plaisir de donner sans se soucier du retour, mais que le retour soit néanmoins effectif (l'un des paradoxes du don comme nous l'avons vu) grâce à l'effectivité de la réciprocité...

Aussi pouvons-nous poser l'hypothèse suivante basée sur des observations de terrain : les groupes qui valorisent les ressources collectives et développent des relations constructives autour de la mise en œuvre des objectifs qu'ils se sont fixés, ont un ou des leaders qui facilitent puis maintiennent une forme d'échanges référés aux principes du don. Dans ce cas, les autres qualités du leader dont nous avons parlé auparavant, telles que les qualités personnelles, les compétences, la maîtrise de la communication, la prise en compte du contexte et des personnalités du groupe, sont mises au service de cette dynamique de don.

Les apports de Bion[98] méritent que nous nous y attardions. Ils fournissent des clés au leader pour l'aider à saisir les émotions qui circulent au sein d'un groupe. On ne peut considérer les affects uniquement comme ''du ressenti'', ils sont perçus, donc reçus. Ils sont également transmis, adressés à l'autre. Autrement dit, ils sont échangés. C'est pourquoi ils doivent être pris en compte lorsque l'on tente de faire vivre une dynamique de don.
Psychanalyste, sensible aux thèses de Mélanie Klein, Bion développe un ensemble de concepts de portée spécifiquement collective concernant les émotions de groupe. La psychanalyse appliquée aux groupes considère que le fondement du lien groupal est l'expérience affective de la relation, donc la qualité de l'identification des membres entre eux d'une part, et au leader d'autre part. Ainsi pour Max Pagès, c'est avant tout la relation affective qui gouverne le groupe. Tandis que pour Freud, le fonctionnement du groupe repose sur le principe d'un chef qui aimerait d'un amour égal tous ses membres. Mais il s'agit en fait d'une illusion de la part des membres du groupe, car le vrai moteur n'est autre que l'identification.

Pour sa part, Bion considère que les personnes se regroupent spontanément et inconsciemment selon leur état émotionnel. Il constate que la vie de groupe se partage entre un niveau rationnel et un niveau inconscient. Le premier pose un cadre, des procédures, des objectifs, des tâches à réaliser. Du second émerge un état émotionnel du fait des effets des interactions et des comportements de ses membres.

---

[98] Bion W., op. cit.

Ajoutons sans crainte de dénaturer les propos de Bion, que la qualité des échanges et leurs conséquences sur la dynamique relationnelle influent sur l'état émotionnel du groupe.

Dans un contexte professionnel, les affects sont habituellement canalisés, contenus par le travail demandé. Pour autant, ils restent présents et peuvent s'exprimer, par exemple à travers les positions contributives ou disqualifiantes[99] qu'adoptent les personnes, lorsque des changements surviennent ou que des projets doivent être développés.

Une fois les deux niveaux - rationnel et inconscient - repérés, Bion peut présenter la culture du groupe qu'il définit comme « l'articulation entre des règles de fonctionnements et un état émotionnel du groupe compatibles ».

Cet état émotionnel est constitué de trois « présupposés de base » : la « dépendance, l'attaque-fuite, le couplage ».

Avec la dépendance, le groupe attend d'être protégé par son leader et il fonctionnera bien si ce dernier accepte ce rôle ainsi que les pouvoirs et devoirs que cela implique. Lorsque ce présupposé de base domine, le groupe se sent protégé et peut effectuer ses tâches sereinement. Il risque néanmoins de se reposer sur son meneur, de tout attendre de lui et de ne plus prendre d'initiatives.

Mais si le meneur refuse d'entrer dans la demande de dépendance du groupe, ou à l'inverse si le groupe conteste l'autorité du meneur, l'émotion dominante devient l'attaque-fuite. Le groupe se maintient alors dans une position conflictuelle alternant les positions de domination/soumission. Combattre ou fuir permet de maintenir l'unité et la solidarité dans le groupe ; il se conduit comme s'il ne pouvait subsister qu'en luttant ou en fuyant un danger diffus que cristalliserait le meneur (ou parfois aussi, un sous-groupe). L'attaque-fuite est destructrice dans la mesure où elle empêche le groupe de fonctionner. Passivité ou critique plus ou moins voilées, colère et haine, évitement ou agressivité à l'égard du chef alternent et envahissent les relations au détriment du travail.

L'attitude d'attaque-fuite peut conduire à des alliances nouvelles, à la formation de couples et/ou de sous-groupes qui recherchent des relations plus intimes et moins agressives. C'est ainsi qu'à l'attaque-fuite dominée par des pulsions agressives, le couplage répond par des émotions relevant de l'espoir, de l'attente de quelqu'un qui sauverait le groupe en l'arrachant au désespoir et à la destruction. Mais alors le groupe risque de devenir son propre spectateur et de laisser à d'autres le soin de le guider.

Bion considère qu'un travail d'élucidation permet au groupe de retrouver la rationalité et la tension vers le travail. Même s'ils restent toujours potentiellement présents, les présupposés de base ne constituent pas le

---

[99] Cf. chapitre 8.4 "Etre disqualifiant ou contributif".

fondement ultime de la vie d'un groupe. Car un groupe se réunit toujours autour d'une action, en permettant la participation de chacun selon ses possibilités.

Un directeur cherchait à partager avec un de ses trois chefs de service les évolutions qu'il envisageait pour l'institution. Il souhaitait notamment élargir le niveau de délégation de ce chef de service et valider en même temps les compétences qu'il avait acquises à ce poste. Ce directeur avait pensé (trop vite) que son chef de service apprécierait son intention et qu'il la recevrait comme une reconnaissance de la qualité de ses contributions. Sauf que celui-ci ne l'entendait pas ainsi. Il estimait qu'il n'était pas le directeur, il refusait de prendre officiellement ces nouvelles responsabilités qu'il ne se sentait pas capable d'assumer. Cela l'insécurisait et l'émotion dominante jusqu'alors, la « dépendance », céda la place à une nouvelle émotion qui l'envahissait ; « je le voyais fuir, désinvestir le service ou au contraire réagir agressivement, notamment en réunion institutionnelle, ma manière de rendre était maladroite » me rapporta le directeur. Par voie de conséquences le climat commença à se détériorer au sein de son équipe. Le fait que le directeur s'aperçoive que l'état émotionnel que le chef de service diffusait à son équipe relevait de « l'attaque-fuite » lui permit de réajuster sa position. L'anxiété risquait de déclencher un cycle destructeur fait d'alternance entre des arrêts de travail et des retours de plus en plus difficiles à négocier, ce qui était tout à fait inhabituel chez ce chef de service. Certes, son attitude n'était pas sans ambiguïté, il attendait de son directeur qu'il assume son rôle de ''chef'', mais il n'acceptait pas de se voir dicter sa conduite. Il l'estimait légitime du fait de son expérience professionnelle et de son passé dans cette fonction. L'injonction paradoxale semblait dominer, il demandait un chef tout en le refusant ! Le chef lui donnait des responsabilités qu'il refusait !
Le directeur sut faire valoir avec fermeté sa position hiérarchique, ce qui eut pour effet de calmer le chef de service et de le ramener vers une émotion plus proche de la « dépendance ». Il fallut ensuite quelques temps pour poser à plat l'ensemble d'un problème plus complexe que ne l'avait imaginé le directeur au départ. Quant au chef de service, il se sentit rassuré en même temps qu'écouté. Car chacun dans ce conflit, avait eu le souci de reconnaître les qualités professionnelles de l'autre pour chercher une solution. Celles qui furent trouvées étaient classiques mais néanmoins singulières, parce qu'elles étaient articulées à une volonté commune de se rencontrer. Elles étaient incarnées, traversées par une dimension affective et par la reconnaissance réciproque des contributions de chacun. Les fonctions différentes étaient repérées, prises en compte dans la discussion et surtout au moment des décisions. Personne ne cherchait plus à s'imposer ou à montrer qu'il ne se soumettrait pas, seul restait l'objectif d'améliorer le dispositif.

Des décisions ou des actes apparemment identiques auront un sens différent selon ce par quoi ils sont portés, selon ce qui les fonde, selon le sens qu'on leur aura donné.
Aucune méthode ni technique ne masquera notre posture et n'évitera que nous ne construisions des représentations de l'autre. Ainsi le chef de service pourra-t-il imaginer que le directeur a surtout envie de le dominer et de lui montrer qu'il détient le pouvoir d'agir sur lui. Mais si ce directeur maintient sa volonté de créer les conditions d'un échange constructif, s'il ose la confiance, la réitère dès que l'occasion lui en est fournie, qu'il maintient cette position sur la durée, il a des chances que le message soit reçu et au-delà, que le dialogue gage d'un échange constructif, s'instaure.

Sachons sans naïveté, trouver une posture répondant aux exigences du travail, dictée par le don et tendue vers une éthique de l'engagement et de la considération. Certains auront plus de patience que d'autres, les leviers de changements sollicités seront différents d'une personne à une autre. Les méthodes et les techniques seules n'y feront rien.
L'apprentissage du métier de cadre se fait par la mise à l'épreuve du terrain, en apprenant à articuler au mieux connaissances théoriques, techniques et posture. Au mieux, c'est-à-dire au plus près de ce que l'on ressent, de ce que l'on perçoit de ce que l'on ressent, de ce que l'on exprime de ce que l'on ressent ; cela s'appelle la congruence et l'on devine que celle-ci est toujours perfectible.
Les directeur et autour de lui l'encadrement, n'auront cesse d'orienter les échanges au sein d'une équipe de travail de telle sorte que le don puisse s'y déployer. A condition de maîtriser les notions de base qui contribuent à "faire groupe".

4. ECHANGER, COMMUNIQUER ET DIALOGUER

A force de pensée unique, il ne nous reste plus qu'une "pensée eunuque". Nous ne savons plus et nous ne nous imaginons plus capables de penser, nous en sommes empêchés à tel point que cela s'apparente à une castration. Cette pensée eunuque nous assène par exemple que nous sommes entrés dans l'ère de la société de l'information et de la communication. Les hommes sont enfin reliés entre eux et il n'est plus possible de revenir en arrière, les évolutions technologiques en sont la preuve. Mais quelles conséquences ces nouvelles technologies ont-elles sur notre manière d'échanger et de nous rencontrer ? Quelle place occupe le don dans ce contexte et que peut-il nous apprendre si nous le confrontons aux principes qui fondent la communication ?

4.1. Des échanges de paroles, des paroles au cœur de l'échange

Nous attendons de la communication qu'elle nous fournisse des outils nous permettant d'énoncer une parole et de recevoir celle de l'autre, sans déformation. Elle doit faciliter le dialogue entre des personnes qui "échangent entre elles", pour reprendre une formule d'usage courant.
Car l'objet de l'échange, ce sont les paroles elles-mêmes et le lot de significations qui les accompagnent. Communiquer devrait donc consister à mobiliser des outils pour faciliter la compréhension de l'information que nous transmettons et que nous recevons. Ces outils devraient servir à ce que l'information que nous transmettons et le point de vue que nous défendons soient reçus avec justesse de part et d'autre, contribuant ainsi à la qualité de l'échange.

Or, il convient de dissocier l'échange de paroles et l'échange contenant nos paroles. Le premier cas met l'accent sur la transmission de paroles de l'un vers l'autre, tandis que le second place la parole au cœur de l'échange entre les personnes. L'un limite la communication au traitement et à la transmission de l'information afin qu'elle soit reçue, l'autre inclut cette dimension pour favoriser l'échange, laissant l'ouverture possible à une dynamique du don. Les outils restent les mêmes mais ils prendront un sens différent selon le but que l'on poursuit.
Nous connaissons le nôtre, la communication devrait servir le lien entre les hommes, or elle sert essentiellement à... communiquer. Elle ne sert qu'à optimiser le traitement optimum de l'information afin d'atteindre une cible,

c'est-à-dire influencer l'autre au point de le convaincre de la justesse du propos, de la valeur du produit...

Cette évolution est compréhensible, il suffit de se rappeler que chacun étant "libre" de sortir de la relation quand il le souhaite, il est aussi libre de recevoir ou non l'information, d'écouter ou non, de "zapper" quand il le décide. Telles sont les règles du jeu aujourd'hui ; il faut apprendre à communiquer pour atteindre l'autre et non plus pour nourrir le lien, la relation, la parole, la rencontre. C'est ainsi que de nombreux ouvrages décryptent les mécanismes de la communication puis posent les règles qui permettent d'utiliser au mieux les outils pour faire passer les messages. Le développement technologique renforce ce phénomène et nous aboutissons aux flux d'informations qui nous assaillent quotidiennement.

Dès lors, il faut de véritables stratégies de communication pour se faire entendre. Les hommes politiques l'ont compris, ils sont devenus maîtres en ce domaine et ils utilisent à merveille les "plans médias". Mais cela se traduit par une simplification extrême des messages, alors que leur action est autrement plus complexe et respectable.

L'explosion de l'offre de chaînes de télévision fournit un exemple instructif[100]. La logique des chaînes thématiques consiste à trier, catégoriser, hiérarchiser le flux d'informations et d'images pour aider les personnes à s'y retrouver et pour cibler le consommateur susceptible d'acheter. On aboutit à un intérêt collectif résultant de la somme d'intérêts individuels que la logique marchande aura permis de révéler.

Si la recherche de nouveaux marchés est fondée d'un point de vue économique, ses conséquences sur le délitement du lien social et sa toute puissance devraient nous inquiéter davantage. Or, c'est l'inverse qui se produit. La critique paraît iconoclaste, quelle idée pourrait pousser quelqu'un à critiquer l'émergence d'un nouveau besoin dont tout le monde peut profiter et qui peut être créateur d'emplois. Personne n'oblige personne à regarder ces chaînes thématiques, alors où est le problème ? La critique frise l'ubuesque, au pire elle ne peut être émise que par des personnes nostalgiques refusant le progrès, donc - et l'affaire est entendue - inaudibles.

Au-delà de l'exemple, ce modèle domine et tend à organiser de plus en plus nos relations sociales, ce qui donne lieu à des regroupements par affinités, par tribus, par communautés... malheureusement au risque de l'entre-soi.

On ne désire plus communiquer pour s'enrichir réciproquement. Portés par le seul souci de soi, on ne recherche plus l'alliance faite de rencontres et de confrontation des différences, on se suffit de l'alias, du même, de l'identique qui rassure chacun sur ce qu'il croit être et veut devenir.

---

[100] L'exemple vaut tout autant pour les radios de la bande FM, les journaux et peut être plus que tout, internet.

Ce renforcement identitaire n'est que de façade, qu'un pâle miroir qui reflète notre difficulté à parcourir le chemin pour "devenir qui nous sommes". Cette recherche du même favorise, sinon génère, le repli sur soi.

Les propos nuancés intégrant le complexe ne sont plus entendus. Pris dans un système fermé, nous nous appauvrissons, nous nous asséchons. En lieu et place d'un Tu est recherché un autre Je, l'estime de soi ne se développe plus qu'à la condition de rester dans un circuit fermé relationnel.

Ce mouvement a pour effet de réduire l'ouverture à l'autre différent de soi, de renforcer les stéréotypes voire les préjugés et plus grave, d'ouvrir la porte au totalitarisme sécuritaire, symptôme de ces peurs qui nous poussent à la protection, l'incompréhension, le refus de l'autre.

Pourtant, parce qu'il remet l'autre au cœur de soi, le don met en lumière les limites de ce modèle individualiste et utilitariste. En même temps, il dérange car il oblige parfois à aller à contre-courant en refusant de se replier sur sa seule sphère privée.

Deux choix s'offrent à nous. Soit la recherche de l'intérêt individuel prime, dans ce cas on s'allie avec ceux qui partagent ce même intérêt. Tous tirent profit de cette alliance tant qu'ils y trouvent un certain bénéfice : l'obligation à l'égard de l'autre ne vaut qu'en fonction de l'utilité que je trouve à m'allier avec lui et comme il en fait autant avec moi, chacun y trouve son compte. Je reste libre, seul mon projet et ce qu'il peut me rapporter m'importe. Les relations sont claires, la mutualisation des ressources collectives est mise au service de l'intérêt individuel de chacun et le meilleur sera celui qui aura su tirer le plus grand parti de cette mise en commun.

Soit le souci de l'autre et la sollicitude sont la condition de mon humanité et de mon engagement, dans ce cas l'enrichissement passe par la redevabilité, en tant que libre obligation mutuelle des uns à l'égard des autres où chacun est débiteur sans être en dette[101]. De telle sorte que le lien entretenu et développé nourrit en retour l'estime de soi et l'identité.

Cette deuxième option ne doit pas être perçue comme une position de principe naïve, elle doit être un horizon, elle offre un positionnement éthique qui engage chacun dans ses choix et dans ses prises de position. Elle doit s'adapter aux environnements ; impossible en certains lieux, initiée en d'autres, valeur de référence ailleurs, la démarche de don sera d'autant plus pertinente qu'elle sera portée par des personnes qui en percevront les enjeux et qui sauront la doser selon le contexte.

La bonne réponse ne réside pas dans l'une ou l'autre option, mais dans l'articulation des deux en gardant le don comme horizon. Le dosage des quatre composantes du don au sein du cycle du donner, recevoir, donner à nouveau sera différent sinon toujours singulier, en fonction du contexte et des buts

---

[101] Cf. supra chapitre 5.1 "Libérer le don de la dette".

poursuivis. Si tel n'était pas le cas, le don risquerait de s'ériger en dogme et il se perdrait lui-même puisqu'il ne peut être que librement choisi.
Il convient donc de repérer l'usage que l'on souhaite faire de la communication. La présentation de quelques notions de base nous permettra d'approcher la complexité de ses outils, pour apprendre à communiquer afin de se rencontrer.

4.2. Une question technique

Il serait bon d'appeler un chat un chat, de dire sans artifice et sans prendre de gants ce que l'on a sur le cœur, de défendre son point de vue, ses arguments, sans retenue. Nous devrions pouvoir énoncer logiquement et rationnellement ce que l'on a à se dire, être entendu par l'autre pour ce que l'on dit et simplement pour cela ! Nous souhaiterions tous vivre des relations simples, sans malentendus (mal entendu), sans jugements hâtifs, sans vexations... mais nous savons que cela n'est pas aussi simple. Prendre l'habitude de décrypter la complexité de la communication consiste à se doter d'outils pour mieux énoncer, argumenter, faire passer un point de vue, mais aussi pour mieux écouter, comprendre, rencontrer, échanger. Ainsi par exemple, selon qu'ils seront mis au service du couple liberté/attention à soi, ou bien du couple liberté/souci de l'autre naturellement plus proche d'une démarche de don, ces outils de communication produiront des effets différents. Pour le comprendre, commençons par présenter les principes de base de ce que l'on entend communément par communication.

En 1949 Shanon, ingénieur en télécommunications, identifie un émetteur qui transmet un message. L'information est diffusée via un canal (parole, image, écrit, technique...), dans un langage commun (on ne peut transmettre en morse sans l'avoir appris) et sans les parasites qui risqueraient de le déformer. Il est reçu par un récepteur censé le comprendre sans déformation. Wiener à la même époque ajoute une boucle de rétroaction, le feed-back (nous reviendrons plus loin sur cette notion) : l'émetteur est censé ajuster la transmission du message, par l'information reçue en retour du récepteur.

Cette première conception de la communication est représentée par le schéma classique de la page suivante :

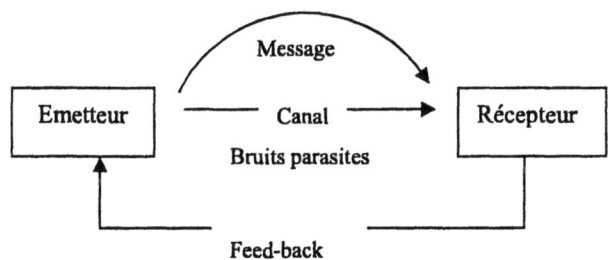

Poursuivons avec Georges Amado et André Guittet[102] : « Il y a communication à chaque fois qu'un organisme peut affecter un autre organisme en le modifiant ou en modifiant son action à partir de la transmission d'une information ». Pour pertinente qu'elle soit, cette définition de la communication ne considère que le seul point de vue de l'émetteur ou du récepteur, mais jamais les deux ensemble. La communication se présente ensuite comme un outil susceptible d'influencer l'autre grâce à un bon usage du traitement et de la transmission de l'information. Cette vision nous paraît trop limitative, elle ne tient pas suffisamment compte de la complexité humaine présente dans les processus de communication.

4.3. Appréhender la complexité humaine

Didier Anzieu et Jacques-Yves Martin[103] vont nous aider à clarifier ce point. Ils distinguent l'information « à la fois contenu (ce qui informe) et l'opération (l'action d'informer) », et la communication en tant que « l'ensemble des processus physiques et psychologiques par lesquels s'effectue la mise en relation d'une (ou plusieurs) personne(s) avec une (ou plusieurs) personne(s) en vue d'atteindre certains objectifs ». Ils enrichissent l'approche rationnelle technique de la communication pour la relier à « deux ou plusieurs personnalités engagées dans une situation commune et qui se débattent avec des significations ».

Cela veut dire que l'étude des phénomènes communicationnels doit considérer chaque personne dans son contexte et dans sa complexité. Par exemple, selon que l'on se trouve en vacances avec des amis ou en situation de travail avec des collègues, notre manière de communiquer et la qualité de notre communication seront différentes.

---

[102] Amado G. et Guittet A., *La dynamique des communications dans les groupes*, Paris, Armand Colin, 1975.
[103] Anzieu D. et Martin J.Y., op. cit., p. 189.

Les processus inconscients liés à la personnalité, le poids des aspects affectifs et émotionnels que nous communiquons à notre insu par nos attitudes et nos réactions, les représentations que nous avons de l'autre et l'idée que nous nous faisons de ce qu'il pourrait penser de nous, les statuts, fonctions et rôles que nous tenons dans un groupe, les valeurs, la culture ou encore les enjeux de pouvoir, mais aussi la résonance particulière que peuvent produire certains mots, le poids du groupe dans lequel nous évoluons... influent sur ce que l'on dit et sur ce que l'on retient de ce que nous dit l'autre. On comprend mieux pourquoi la fluidité de la communication est parfois si difficile à atteindre et si facile à éprouver à d'autres moments.

Dans le schéma suivant, le cercle et les flèches symbolisent ce mouvement complexe entre soi et soi et entre soi et le groupe.

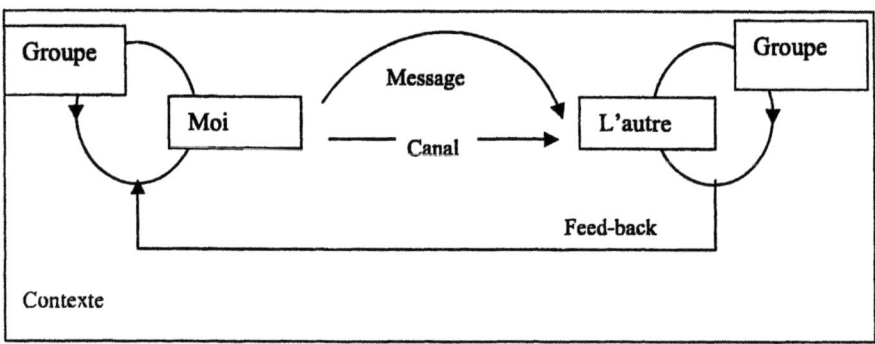

Mais les personnes ne se débattent pas seulement avec des significations, la communication porte avec elle le poids des histoires relationnelles et l'état des relations, autrement dit "l'état du don". La communication participe pleinement de la dynamique relationnelle, elle est au cœur des échanges et contribue à les clarifier, à les fluidifier, ou au contraire à les instrumentaliser, à les opacifier.

Elle peut donc contribuer à la qualité des échanges au sein d'un groupe ou entre plusieurs personnes, elle est nécessaire à celui qui veut développer ou maintenir une dynamique du don. Une amie me faisait part de son étonnement après avoir salué une nouvelle femme de ménage dans son entreprise. Celle-ci était restée quelques instants sans voix avant de se reprendre et d'expliquer que personne ne lui avait dit bonjour depuis deux semaines qu'elle avait pris ce poste.

4.4. Communiquer, un outil pour se rencontrer

En dehors de la perspective utilitaire, il y a peu d'intérêt à envisager la communication pour elle-même. Par contre, elle devient un outil essentiel à la rencontre de l'autre lorsqu'elle est bien utilisée. Dans ce cas, son articulation avec le don devient pertinente, elle se met au service de l'échange : tout message est porteur d'un geste de don et dit quelque chose de l'état du don entre les personnes, qu'il soit une intention, une attitude, un objet, un acte, une information, ou encore un refus. Lorsque nous communiquons, nous échangeons des perceptions sur nos intentions réciproques, nous ajustons nos réponses et notre posture en fonction de celles de notre interlocuteur. Nous mettons en commun une part de ce que nous avons et de ce que nous sommes, nous construisons et partageons une histoire commune.

Comment imaginer qu'il soit possible de communiquer sans considérer cette histoire relationnelle commune, c'est-à-dire les effets, la trace laissée en chacun de nous par les précédents échanges ? Dès lors que nous communiquons, nous ouvrons ce que Boszormenyi-Nagy appelle le « livre des comptes ». Non qu'il faille entendre par là un livre des "comptes à régler", mais le principe que notre vie est constituée d'autant de livres que de relations initiées, sur lesquels viennent s'écrire les faits et les effets de nos échanges.

Nous n'avons pas toujours conscience de l'importance et de la force agissante en nous de cette mémoire indélébile, essentiellement pour deux raisons : tout d'abord, lorsque nous cherchons à en dénouer les fils, nous n'appréhendons la communication que du point de vue de chaque personne alternativement. Ensuite, nous cherchons trop peu à la relier à l'histoire relationnelle des personnes et du (ou des) contexte dans lequel cette histoire s'est construite, nous ne considérons pas les conséquences des gestes posés et échangés sur la qualité de la relation ; que ces gestes soient des paroles, des actes, et même en certaines circonstances seulement des intentions.

Nous donnons tellement d'importance à la communication en tant que telle, que nous oublions qu'elle ne devrait être qu'un outil pour mieux nous rencontrer. La volonté de se faire entendre et de convaincre devient une finalité. Pour se rencontrer il suffirait de bien communiquer, donc de s'arranger pour que le message soit bien transmis et bien reçu. On risque alors de passer à côté de l'essentiel ; le contenu et les effets de ce qui est échangé et partagé.

4.5. Une attention portée au message

La rencontre n'est plus qu'une communication aboutie, c'est-à-dire un message bien passé. L'attention se porte sur le message en lui-même ; le canal par lequel il est transmis, les effets de halo[104], l'ensemble des éléments que nous venons d'aborder et qui influent sur la qualité d'émission et de réception du message. Or, ce message est aussi porteur des conséquences relationnelles de ce qui aura été donné et reçu lors des échanges précédents. La situation suivante tirée d'un ouvrage de Jacques Salomé[105] nous aidera à illustrer cette idée.

L'auteur prend l'exemple d'un reproche fait par son conjoint de retour de voyage : « Tu ne m'as pas téléphoné ». Le commentaire et l'éclairage clinique de Jacques Salomé sont centrés exclusivement sur la personne qui fait le reproche. Selon lui, nous devrions entendre derrière ce reproche « les peurs, les représentations (les images) de soi » comme : « Je n'en ai pas fait assez, c'est l'image de moi que je reçois... et elle ne me satisfait pas ».

Cette analyse pour juste qu'elle puisse être, focalise l'attention sur la personne sans l'articuler explicitement avec l'objet de l'échange et sans ouvrir une perspective relationnelle. Elle laisse la personne avec elle-même et ses fragilités. Elle ne laisse pas d'espace au conjoint pour lui apporter l'appui et la reconnaissance qui contribueraient au renforcement de l'estime de soi.

Imaginons une suite possible, « tu ne m'as pas téléphoné » peut signifier aussi : « Pendant ton absence je me suis occupé seul de la maison et des enfants, je me suis rendu compte que cela était plus facile quand nous partagions cela à deux, le geste de téléphoner aurait montré ton attention à mon égard et cela m'aurait redonné du courage ». Si nous poursuivions nos investigations, nous apprendrions peut-être que les déplacements professionnels du conjoint se multipliaient sans qu'il se rende compte des contributions de l'autre pour maintenir l'équilibre familial... Au-delà des mots, le reproche dit quelque chose de l'état de la relation du donner, recevoir, donner à nouveau, c'est-à-dire de l'équilibre des contributions réciproques qui permettent de maintenir et enrichir la relation.

L'interrogation « je n'en ai pas fait assez » est pertinente si elle met en perspective la dynamique de la relation, elle est contre-productive si elle se réduit à un seul questionnement (voire une remise en cause) intrapersonnel. Si nous nous référons à notre schéma initial, la réflexion que la personne se fait à elle-même est à porter à son crédit, elle se préoccupe de ce qu'elle pourrait mieux faire pour que son conjoint lui porte davantage attention. Mais si l'on suit la logique de ce raisonnement, cela revient à faire porter au conjoint la responsabilité de son bien-être ou de son mal-être. Derrière l'intérêt qu'elle porte à son conjoint en lui exprimant son souhait qu'il lui téléphone durant son absence, se dessine sa culpabilité : « Je ne fais pas ce qu'il faut pour que tu penses à moi » ; sous-entendu, je n'en vaux pas la peine. L'attention à soi et le souci de l'autre, son conjoint, se confondent au risque d'assujettir ce dernier à soi. Car elle ne lui laisse plus l'espace de liberté qui lui permettrait de se sentir

---

[104] La charge symbolique des mots crée des associations de sens, provoque des résonances parfois inconscientes qui peuvent altérer la signification du message.
[105] Salomé J., *Relation d'aide et formation à l'entretien*, PUF de Lille, 1993, p 45 et suiv.

librement obligé, il ne reste plus au conjoint que l'obligation contraignante de l'appeler, sans autre possibilité, s'il veut que leur relation perdure.

C'est pourquoi l'estime de soi se développera moins en questionnant uniquement ses manques comme le laisse entendre Jacques Salomé, qu'en étayant la dynamique relationnelle du couple autour de l'équilibre des contributions mutuelles.

Ainsi, il est possible que la remarque « tu ne m'as pas téléphoné » ait été formulée à un mauvais moment et qu'elle ait été perçue comme un reproche par le conjoint, alors que le couple était à priori heureux de se retrouver. Peut-être convenait-il de la part de celui-ci d'entendre la remarque, de la recevoir, mais de différer l'échange sur ce point pour profiter des retrouvailles. Ce qui est déjà par le geste posé, une manière de répondre ; j'entends ton insatisfaction, notre histoire relationnelle permet de savoir que le message est reçu et que nous en reparlerons, pour l'heure, ne gâchons pas le plaisir de nous retrouver...

4.6. Communiquer pour échanger

Ainsi, communiquer consiste à se doter d'outils permettant de repérer ce qui se joue et ce qui se noue au cours d'un échange. Opération de mise en relation, la communication libère une parole qui initie un processus relationnel propice à l'expression d'une rencontre singulière, occasion de gagner en humanité. Nous appréhendons souvent, mais indirectement, cet aspect au travers des effets produits par l'échange. N'avons-nous jamais été surpris à la suite d'une discussion par un sentiment de bien-être parce que nous avons eu l'impression, non pas seulement d'être compris, mais surtout d'avoir vécu une vraie rencontre ? A l'inverse, ne nous est-il jamais arrivé de sentir un malaise profond dans d'autres occasions, moins du fait de ne pas être parvenus à nous entendre mais parce que nous sentions que quelque chose s'était cassé et que nos relations en seraient altérées à l'avenir ?

La complexité des phénomènes communicationnels explique qu'un message puisse être brouillé, incompris, déformé. Comme le don est véhiculé à travers le message, il est normal qu'il puisse être lui aussi mal perçu, non reconnu. Comme tout phénomène relationnel, le don peut se vivre avec une simplicité étonnante en certaines circonstances et participer de ce ''lâcher-prise'' nécessaire à la rencontre. Il peut s'avérer particulièrement complexe à d'autres moments, il peut être instrumentalisé, perverti, utilisé comme technique de contrôle des phénomènes relationnels dans un monde trop enclin à la recherche continuelle de maîtrise sur les choses, les événements et malheureusement les êtres. Dans ce cas, il conserve l'apparence du don mais n'a plus rien à voir avec ; il ne s'agit plus de recevoir mais de prendre son dû, l'intérêt personnel pousse à prendre et à ne considérer que son droit avant tout autre perspective...

Le don n'échappe pas à la complexité humaine, une même personne sera en mesure de faire preuve de relations constructives dans un contexte particulier, elle développera en d'autres circonstances une légitimité destructrice, droit de vengeance d'un don non reconnu ou utilisé par l'autre pour nous exploiter. C'est pourquoi il est nécessaire de confronter et de croiser les mécanismes du don avec la complexité des processus relationnels présents dans la communication. Cette connaissance facilitera l'adoption d'une posture volontairement orientée vers le don.

Le processus communicationnel doit prendre en compte les conséquences relationnelles des échanges. Lorsqu'ils relèvent d'une dynamique du don et non d'une logique du donnant-donnant, il est possible de mettre les outils de communication au service du développement du don. Dans ce cas, communiquer relève d'un processus plus large d'échanges résumé dans le schéma suivant.

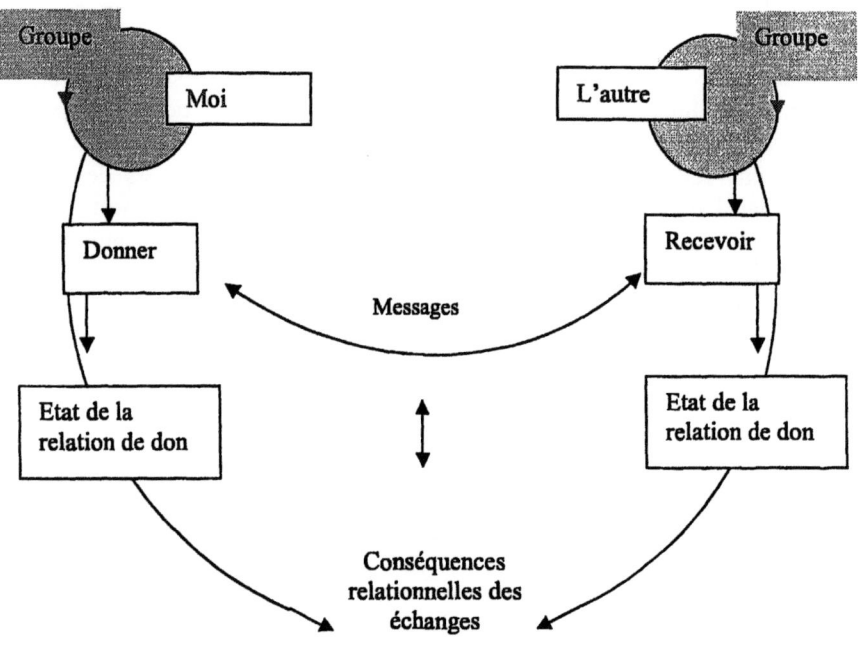

Le don apporte au processus de communication le sens qui lui manquait. Communiquer pour communiquer et/ou communiquer pour soi rend fou : on espère rencontrer l'autre (sans en avoir forcément conscience), on ne rencontre que le vide et l'entre-soi. Le don ouvre des perspectives non pas seulement communicationnelles, mais relationnelles. Il oblige à repérer les conséquences des actes posés et des paroles prononcées. Il s'appuie sur les contributions de chacun à l'égard de l'autre. Il reconnaît l'effort de celui qui a tenté un geste vers l'autre. Il encourage chacun à mettre ses ressources au service de l'autre, du groupe, de l'équipe. Parce qu'avec le don, le principe de la réciprocité des gestes et la primauté des liens sur l'instrumentalisation de l'autre sont posés, les outils de communication deviennent des facilitateurs d'échange.

4.7. L'échange influencé par les réseaux de communication

Prolongeons cette réflexion en prenant l'exemple des réseaux de communication. Ils nous aident à repérer et mieux comprendre les types d'échanges que l'organisation encourage.
Considérons le réseau centralisé, celui-ci se définit par une centralisation de l'information et donc des décisions.

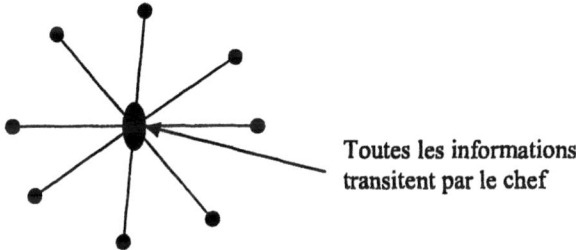

Toutes les informations transitent par le chef

Il a habituellement pour conséquences de renforcer le leadership de la personne en position de centralité et en même temps de la voir crouler sous le nombre d'informations à traiter et de décisions à prendre. Le résultat est souvent une grande dépendance des salariés à son égard. Ceux-ci ne prennent plus d'initiatives en attendant la décision du chef ! Décision qui tarde parfois à venir puisque le chef est submergé...

Ce type de réseau est adapté lorsque les tâches nécessitent une parfaite coordination. Un pompier saura qu'il doit écouter l'ordre de son supérieur lors d'une intervention, c'est-à-dire accepter une communication descendante. La communication verticale est la plus efficace dans les situations où les décisions doivent être rapides et centralisées. La reconnaissance des personnes s'exprime à travers le sentiment d'un travail bien fait, où chacun aura suivi à la lettre les ordres du chef.

Il faut savoir changer de modalités de communication selon le contexte. C'est ce qu'avait parfaitement compris un directeur lors d'une situation exceptionnelle vécue dans son établissement ; l'incendie d'une unité de vie.

Pour éviter tout dérapage médiatique, il avait demandé à ce que l'ensemble des informations remontent à lui et à ce qu'aucune initiative ne soit prise sans son accord. Les salariés avaient été rassurés, se sentaient dirigés et trouvaient en la personne du directeur quelqu'un sur qui se reposer.

A l'inverse, je me souviens d'une institution éducative dans laquelle les salariés, à force de n'avoir aucune marge de manœuvre, avaient pris l'habitude de s'en remettre totalement au directeur. Quant à celui-ci, il se plaignait du manque d'initiative de son équipe, qu'il voulait « remobiliser » selon ses propres termes. J'avais été sollicité pour accompagner une réflexion collective en vue de l'élaboration du projet d'établissement.

Avant toute chose, j'avais cherché à repérer les ressources collectives afin de m'appuyer dessus. Puisqu'il souhaitait ouvrir une réflexion collective, il fallait reconnaître la volonté d'ouverture du directeur et l'accompagner pour qu'il la conserve. Mais les discussions avec l'équipe autour des pratiques montraient qu'elle avait su développer parallèlement au réseau centralisé imposé par le directeur, un réseau de communications informelles « tous canaux ». Les échanges entre collègues et la confiance qui dominait donnaient des résultats positifs auprès des enfants.

Ce fonctionnement aurait pu être compris comme la protection de leur « zone d'incertitude »[106], car cette solidarité permettait de conserver des marges de liberté et de pouvoir. Mais elle pouvait aussi exprimer une volonté de conserver le sens de leur pratique, ainsi qu'une capacité collective d'initiative et de créativité que leur reconnaissait insuffisamment leur chef. Dans un contexte non dénué de tensions, et compte-tenu du poids de l'histoire relationnelle entre le directeur et son équipe, il était plus facile à une personne extérieure de reconnaître les contributions de chacun et d'initier une spirale relationnelle différente.

Dans le réseau linéaire, les informations doivent suivre une chaîne de personnes, comme le montre le jeu bien connu du "téléphone arabe". La qualité des échanges et la possibilité d'une réciprocité entre les deux personnes se trouvant aux extrémités de la chaîne sont structurellement réduites à leur plus simple expression. L'information a été relayée, déformée et arrive en bout de chaîne vidée de sa charge "relationnelle". Déshumanisée, l'information sera traitée sans engagement. Ce mécanisme était à une époque l'apanage des institutions dites bureaucratiques.

---

[106] Crozier M., Friedberg E., *L'acteur et le système*, Paris, Seuil, 1977.

Dernier exemple, le réseau appelé « tous canaux » signifie que chacun peut communiquer avec tous les autres. De ce fait, la réciprocité des échanges est largement facilitée. Elle est, par contre, moins efficace lorsqu'il s'agit de transmettre une information à tous et d'évaluer si elle a bien été reçue et comprise.

4.8. Echanger, engager une parole

On peut considérer l'échange sur le mode de l'équivalence ; tu me donnes, je te rends, nous sommes quittes et nous ne nous devons plus rien ! Dans ce cas, la relation s'équilibre par la fin de la transaction. Ce type d'échanges protège d'un engagement trop coûteux en lien, ou tout simplement d'un lien non souhaité.

Dans le cadre de notre réflexion il est plus intéressant de mettre à contribution les outils de communication pour échanger, en tant que la possibilité d'engager une parole et d'initier le processus relationnel du don.
Si l'échange est réel à travers l'objet qui circule, il est aussi symbolique avec le lien qu'il produit. C'est ainsi qu'il contribue à la qualité du lien social dans la mesure où il génère un maillage des relations interindividuelles en les reliant les unes aux autres par le jeu des contributions multiples de chacun.
En somme, l'échange crée du lien et la recherche de lien justifie l'échange, il est donc à la fois l'origine et la conséquence du lien. C'est pourquoi il est aussi au cœur du processus communicationnel et qu'il est véhiculé, non seulement par les objets et les actes posés, mais aussi par la parole.

La parole, nous explique Philippe Breton[107], intervient non pas pour faciliter les rapports humains mais pour les constituer. La parole est affirmation de la personne, elle est source essentielle de son épanouissement et de citer le philosophe Gusdorf : « L'homme serait contenu dans sa parole ».
La parole permet aussi de s'entendre pour coordonner l'action et surtout, elle est la seule véritable alternative à la violence. Intention humaine de rencontre qui informe (partage d'un fait), ordonne (pour maîtriser, contenir, convaincre) ou fait état d'un ressenti (émotion, impression) dans le cadre d'une relation intersubjective, la parole véhicule l'échange, nourrit la rencontre et enrichit l'action.

Toute rencontre est porteuse de singularité du fait de l'histoire des échanges, du contexte dans lequel ceux-ci se déroulent, des expériences significatives qui traduisent la manière de s'investir. Cette singularité s'exprime aussi à travers la culture, les valeurs, les désirs, les intentions de chacun. Plus l'on est au fait de

---

[107] Breton Ph., *Eloge de la parole*, Paris, La découverte, 2003.

ces dimensions pour soi et pour l'autre, plus on est à même d'utiliser les leviers adéquats pour se rencontrer. Une meilleure connaissance des processus communicationnels nous y aide, mais cela ne suffit pas.

L'opération de mise en relation doit fonctionner pour que la parole soit reçue de part et d'autre et qu'elle fasse vivre l'échange. Pour que le don se développe dans les meilleures conditions, nous devons être attentifs à ce que nos raisonnements, nos pensées quotidiennes apparemment évidentes, la manière dont nous expliquons ce qui nous arrive, ne nous conduisent pas à "savoir l'autre" au lieu de le rencontrer dans sa différence et sa singularité. Ce biais est normal, inévitable, à condition de le considérer comme un point de départ pour aller à la rencontre de l'autre et non comme un jugement de valeur définitif. Quelques nouveaux repères théoriques nous permettront de ne pas rester piégés par ce premier niveau d'appréhension de l'échange.

Les théories implicites de la personnalité désignent « l'existence d'un certain nombre de croyances à partir desquelles nous expliquons la façon dont les gens se comportent. Chacun de nous fait appel à des savoirs qui nous permettent d'accéder à une compréhension d'autrui » nous explique Gustave-Nicolas Fischer[108]. Nous cherchons à percevoir autrui en simplifiant les informations dont nous disposons. Pour cela nous faisons appel à la catégorisation. Les théories implicites de la personnalité « définissent ainsi toutes les formes de catégorisation qui nous permettent d'appréhender les caractéristiques d'autrui, de saisir notre réaction sans trop de risques et de déterminer nos conduites à venir en fonction des idées préconçues qui se seront formées entre-temps »[109].

L'étude de la manière dont nous construisons nos perceptions d'autrui est également instructive ; le fait d'avoir une idée sur quelqu'un se traduit par une tendance à rechercher dans son comportement des informations qui valideront nos croyances à son sujet. Autrement dit : « Dans nos relations aux autres nous cherchons à repérer ce que nous pensons d'eux »[110]. Cela vaut aussi pour nous-mêmes, celui qui croit en lui et en ses compétences aura plus de chances de réussir que les autres. On peut même induire chez l'autre ce que l'on perçoit de lui ; une étude a montré qu'une femme perçue comme jolie adoptait un comportement plus sympathique et chaleureux au contraire de celle perçue comme moins jolie[111].

Nous devons apprendre à repérer ce qui contribue à la formation de nos impressions, pour agir dessus et gagner en qualité relationnelle. Nos attributions tout d'abord, c'est-à-dire les raisons que l'on (se) donne pour expliquer les

---

[108] Fischer G. N., op. cit., p. 193-194.
[109] Fischer G. N., *Les concepts fondamentaux de la psychologie sociale*, Dunod, Paris, 1997 p 95.
[110] Fischer G. N., *psychologie sociale*, op. cit.
[111] Ibid., p 196.

événements. Nos catégorisations ensuite, qui nous permettent d'organiser notre environnement en un ensemble clair et cohérent. Nos stéréotypes enfin, idées préconçues, toutes faites de l'autre qui simplifient, schématisent les analyses et débouchent souvent sur des jugements de valeur hâtifs. Ils deviennent des préjugés lorsqu'ils ont un caractère négatif et que celui-ci sert par exemple, à justifier le rejet de personnes ou de groupes ayant une autre appartenance sociale.

La formation de nos impressions mobilise les sphères émotionnelle et cognitive, donc les dimensions affectives, inconscientes ainsi que notre raisonnement logique et tous ses biais. S'il convient d'apprendre à décrypter ce qui nous agit, ces aspects affectifs et cognitifs ont tout à gagner à être traversés par un engagement éthique. Nos connaissances doivent contribuer au développement d'une rationalité du don, l'échange en ce qu'il est le vecteur du don peut être pensé et choisi rationnellement pour servir une perspective éthique.

La communication devient un moyen de faire entendre sa parole et de recevoir celle de l'autre, elle offre des outils pour échanger et s'engager à travers sa parole. Le hau de chacun contenu dans la parole donnée est une invitation à une réponse librement obligée de celui qui la reçoit. La communication est alors au service d'une parole au travail, verbe qui nourrit l'échange. Cela s'appelle dialoguer.

4.9. Pour faciliter le dialogue

L'écoute

Tout échange est caractérisé par des faits objectivables : des objets concrets, des actes posés, des paroles entendues, des actions réalisées, des constats observés. Ils sont habituellement accompagnés des sentiments que nous éprouvons vis-à-vis de ces faits. Ces sentiments traduisent nos réactions émotionnelles et affectives qui nous renvoient du même coup à nos valeurs ; ce en quoi nous croyons et qui nous pousse à agir... Il faut y ajouter la résonance, c'est-à-dire l'écho que cela produit en nous. Cet écho est la résultante de nos apprentissages relationnels, d'éléments liés à notre histoire, ce que nous ressentons et dont nous n'avons pas conscience mais qui agit à notre insu. La résonance est aussi constituée de ce que nous sommes et que la dynamique des échanges traduit, à travers les effets de ce que nous avons donné et reçu et leurs conséquences relationnelles.

Tout cela oriente nos attitudes cognitives ; représentations, stéréotypes, habitudes de raisonnement. Etre ouvert à l'autre nécessite de s'ouvrir à soi-même, il faut apprendre à décrypter, écouter et reconnaître nos réactions émotionnelles et affectives ainsi que nos fonctionnements cognitifs.

Lorsque nous dialoguons, il nous arrive fréquemment de confondre le niveau des faits avec celui des sentiments ou encore de la résonance. Ainsi, nous croyons énoncer un fait et nous constatons que l'autre le reçoit comme un jugement de valeur à son encontre. Le schéma suivant nous aide à visualiser ce principe.

De nombreux cas de figure sont possibles, nous ne transcrivons ci-dessous qu'un exemple : des faits énoncés par la personne A et reçus par la personne B au niveau des sentiments.

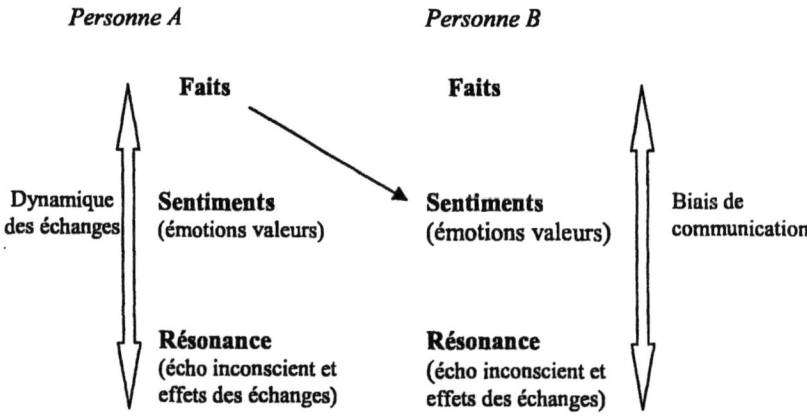

Prenons l'exemple de ce groupe de jeunes préparant un projet de solidarité à l'étranger dans un cadre associatif[112]. Le projet piétinait et j'avais été convié à l'une de leurs réunions pour aider ces jeunes adultes à avancer. Ils s'étaient investis dans ce projet depuis près d'une année. Pour que leur budget puisse être bouclé et qu'ils achètent les billets d'avion, Damien s'était engagé à faire des demandes de subvention à la Mairie.

Dès le début de la réunion Elise prend la parole, s'adresse à Damien et au reste du groupe : « Les contacts que tu as pris pour trouver une subvention n'ont pas abouti comme nous l'espérions et en l'état nous n'avons pas le budget pour partir ». Damien prend très mal la remarque, il se sent agressé par les propos d'Elise qui s'était contentée d'énoncer les faits. Les propos d'Elise résonnent encore autrement chez Bénédicte, elle saisit cette occasion pour dire à Damien : « Ce n'est pas en passant ton temps à fumer qu'on fera avancer les choses. Christophe réagit à son tour, il en profite pour renvoyer à Bénédicte : « Tu es

---

[112] Scouts et Guides de France.

vraiment trop sérieuse, tu devrais te lâcher et fumer un petit pétard de temps en temps pour être plus cool ».
En quelques échanges, la réunion, voire tout leur projet se trouve fragilisé. A partir d'une réflexion en apparence banale, on assiste à une succession de malentendus. Il y a bien un niveau objectif, celui des faits (les subventions n'arrivent pas). Mais il pèse de peu de poids au regard des sentiments qui s'expriment tant dans la réaction de Damien que dans les propos de Bénédicte. Christophe tente de défendre son copain en attaquant Bénédicte. En répondant ainsi, il met le doigt sur une fragilité de la personnalité de Bénédicte. Sauf que Christophe ne lui fait pas cette remarque dans une perspective constructive, il répond par une remarque agressive à ce qu'il a perçu comme une attaque contre Damien...
Si on repère une dominante dans chaque réplique (faits, sentiments, résonance), on voit bien en même temps que les différents niveaux opèrent dans chacune des réponses. Ce croisement crée une complexité qui pourra être utilisée pour permettre à chacun de camper sur ses positions. Par exemple Bénédicte peut s'arc-bouter sur le fait que Damien fume, ce qui explique qu'il ne parvienne pas à se mobiliser comme il le devrait. Ce fait relève aussi du registre des valeurs ; Elise fournit des faits mais le ton qu'elle emploie tend à provoquer Damien sur le registre de ses valeurs et de son engagement dans le projet. Christophe soutient Damien en répondant au même niveau, mais Bénédicte s'en trouve fragilisée du fait de la résonance que cela produit en elle. Elle risque alors de se fermer au dialogue pour se protéger... ce qui risque de renforcer Christophe dans l'idée qu'il se fait d'elle. Quoi qu'il en soit les sentiments sont exacerbés et fragilisent la qualité du dialogue. Les contributions des uns et des autres ne sont plus perçues et nous sommes proches d'un ''état de sortie du don''[113].

Cette grille de lecture nous fournit des clés de compréhension : si chacun tente de repérer le plus honnêtement possible (ne pas oublier la part qui nous échappe) le niveau où il s'exprime et que l'échange avec les autres permet de le clarifier, nous nous comprenons mieux et le dialogue ne peut que s'enrichir. Elle permet aussi de saisir pourquoi les personnes ne parviennent plus à se comprendre alors qu'elles se parlent, communiquent, partagent des buts communs, agissent ensemble. D'où l'intérêt de faire appel à cet outil d'analyse, pour aider à la qualité du dialogue et l'inscrire dans une perspective éthique faite d'engagements réciproques autour de contributions mutuelles.
Mieux que toute autre considération, l'expérience nous montre le caractère opératoire du don. Reprenons l'exemple de cette équipe de jeunes : quelles sont les conséquences relationnelles des actes et gestes posés dans ce contexte d'un projet à bâtir ensemble ? Quelles ont été les contributions de chacun ? Les efforts de ceux qui se sont particulièrement investis sont-ils reconnus par les

---

[113] Cf. chapitre 5.2 ''L'état de don altéré et de sortie du don''.

autres ? A l'inverse, comment éviter de sombrer dans le donnant-donnant en établissant une comptabilité qui viserait l'égalité impossible des contributions de chacun ? Mais en même temps, comment mettre chacun face à ses responsabilités ? Jusqu'où Damien est-il prêt à s'engager concrètement et en toute liberté dans un projet qui l'intéresse, mais qui l'oblige à l'égard des autres ?

Mettre chacun fasse à ses responsabilités ce n'est pas porter un jugement moral, c'est l'aider à prendre la mesure des conséquences concrètes et relationnelles de ce qu'il donne, reçoit, rend. C'est lui apprendre à repérer comment s'articule sa posture avec les composantes du don ; l'attention à soi, le souci de l'autre, la liberté, l'obligation, mis en mouvement par la sollicitude et l'estime de soi. C'est aider chacun à dissocier dans les propos des autres les différents niveaux d'expression. C'est retrouver les faits en permettant à l'émotion de s'exprimer, s'appuyer sur ce qui réunit, aider celui qui "utilise" les autres à s'engager à son tour ou à quitter le projet si cela est trop difficile pour lui. Cela aurait pu se terminer ainsi avec Damien, mais les propos de Bénédicte ouvrirent des perspectives à ce dernier dont il sut se saisir dans les semaines qui suivirent la réunion.
Bénédicte avait reconnu dans la suite de l'échange, qu'elle était parfois trop sérieuse. Elle avait pu nommer les contributions de Damien et Christophe à son égard, notamment leur bonne humeur et le fait qu'elle avait pu compter sur eux en d'autres circonstances : « C'est justement pour ça que j'aime être avec vous » avait-elle conclu. Puis elle avait ajouté : « Mais ce n'est pas parce que l'on se marre bien que ça justifie que vous ne fassiez rien pour le projet ». S'adressant enfin à Damien elle avait précisé : «Que tu fumes ça te regarde mais ça nous concerne tous quand ça a des conséquences sur l'avancée du projet». Son ton n'était plus agressif, elle ne parlait plus seulement d'elle mais de ce qui les réunissait tous, elle offrait des perspectives à Damien, elle était avenante et elle lui offrait la possibilité de faire un geste en retour. Il fallait laisser un peu de temps pour que ce dialogue fructifie et permette à chacun de répondre par des gestes concrets, signes de leur engagement réciproque pour faire aboutir ce projet.

Cet exemple nous apprend aussi comment appréhender la quotidienneté du vivre ensemble au sein d'un groupe ou d'une équipe, lorsque chacun prête attention à l'autre. Mais les conditions du vivre ensemble deviennent plus difficiles à réunir lorsque nous touchons à la sphère publique. Une des raisons du délitement du lien social vient de ce que la sphère publique n'est plus qu'un espace où s'entrechoquent des intérêts individuels. Le bien commun ne tient plus que par la force publique chargée de contenir les élans individualistes justifiés par la sacro-sainte défense de sa liberté. La sphère publique, espace s'il en est du vivre ensemble, est de plus en plus régulée par la logique utilitaire. Or, elle ne pourra fructifier que dans une spirale constructive de reconnaissance de soi par l'autre et de reconnaissance de l'autre par soi. On en est loin.

La sphère professionnelle constitue un espace d'entre-deux où il reste possible de déployer le don. Le secteur social et médico-social est particulièrement concerné dans la mesure où il fait du dialogue un de ses principaux outils de travail ; souhaitons que les acteurs de l'intervention sociale ne l'oublient pas.

Le feed-back

Nous l'avons vu, la communication ne se limite pas à l'utilisation d'outils permettant de transmettre une information, une idée, dans le seul but de convaincre l'autre. Lorsque nous communiquons, nous utilisons des outils pour initier, renouer ou prolonger un échange. De cet échange émergent des paroles de part et d'autre. Ces paroles sont porteuses de gestes de don en ce qu'elles sont offertes, confrontées, opposées tout en restant vecteurs de lien. Autrement dit, la communication sert les intentions de dialogue en tant que l'occasion de donner, recevoir, rendre, par et à travers l'échange de paroles.

Un outil de communication dont nous n'avons pas encore parlé contribue particulièrement à la qualité du dialogue et du déploiement du don, il mérite d'être présenté. Trois opérations décrivent le processus de communication :
- la mise en parole d'une pensée,
- le décryptage et l'intériorisation de la pensée reçue,
- les réajustements continuels entre les personnes pour vérifier, prendre en compte, ajuster les mauvaises compréhensions.

Les réajustements sont permis grâce au feed-back qui signifie littéralement et non sans une certaine poésie « nourrir en retour ». Il s'intéresse au fait qu'il peut y avoir des malentendus, ce qui se traduit par des questions comme : « Il est certain que je n'ai pas tout compris, voire rien compris... et je voudrais que vous soyez convaincu que je cherche à comprendre (...) j'ai reçu ce que vous m'avez dit et en retour je vous exprime où j'en suis de ce que j'ai compris ». En d'autres termes, le feed-back est une posture qui se termine par un questionnement en forme d'ouverture à l'autre et de volonté de rencontre.
Il est une attention à l'autre qui appelle un retour. Ses limites viennent justement du refus de l'autre de répondre à ce geste de confiance. Le feed-back n'est donc pas une astuce technique qui consiste à répéter le propos de son interlocuteur comme cela s'observe parfois.

Pour bien utiliser le feed-back et augmenter les chances de se rencontrer, il faut s'appuyer sur toutes les observations, signes, interactions susceptibles de nous fournir des clés de compréhension. Les notions de communication que nous avons présentées au long de ces pages doivent être sollicitées, comme tout ce qui peut nous aider à sortir du seul champ de nos représentations.

Le feed-back est une posture de curiosité, d'intérêt porté à l'autre. Des expressions comme : « Explique-moi, aide-moi à comprendre ce que tu veux me dire » signifient le désir de sortir de ses seuls schémas pour entrer dans ceux de l'autre. De ce fait le feed-back ouvre aussi à un questionnement sur soi-même pour clarifier son positionnement : « Est-ce bien cela que je pense ».

Rappelons-nous ce que nous disions de la congruence, nous sommes capables à notre insu d'énoncer une parole en exprimant l'inverse à travers notre attitude. Il faut alors parfois faire silence, remettre à plus tard certaines de nos réponses pour nous libérer un espace de respiration et dénouer nos représentations de l'autre. Il faut apprendre à recevoir un peu de la différence de l'autre. Plus on sera en harmonie avec soi-même et plus il sera facile de développer cette posture.
A l'inverse, quelqu'un qui se cherche ou qui aura été abusé, lésé, trahi, aura plus de difficultés à s'ouvrir à l'autre. Le feed-back, parce qu'il contribue à vérifier l'authenticité de la parole, gage d'un échange initié par une intention éthique, facilite la restauration de la confiance et la mobilisation de ressources personnelles non exploitées ou laissées en jachère par les aléas de la vie.

Mais plus encore, le feed-back permet de s'apercevoir que pour être ouvert à l'autre il faut être à l'écoute de soi-même, de ses émotions, de ses représentations, de ses fonctionnements cognitifs, de ses attitudes, de sa culture. Et l'écoute de soi-même est facilitée par l'écho que produit en nous la confrontation à la différence de l'autre. La qualité de la rencontre, ou plutôt des rencontres, se mesurera aux conséquences concrètes, aux effets que produiront les échanges sur la relation, donc sur la qualité du lien. Didier Anzieu et Jacques-Yves Martin[114] ne s'y trompent pas, ils écrivent : « Le feed-back est une identification progressive avec l'interlocuteur et un échange personnel enrichissant avec celui-ci (...) un auditeur compréhensif provoque chez celui qui se sent écouté et compris une diminution de la volonté de durcir sa position ».

Par la posture qu'il suscite, le feed-back contribue activement à la qualité du dialogue dès lors que la volonté existe de part et d'autre (ou du moins qu'une ouverture reste possible si la personne réticente perçoit le souci de l'autre à son égard). Il contribue à ce que la parole adressée, donnée, soit effectivement reçue

---

[114] Anzieu D. et Martin J.Y., op.cit., p 200.

pour ce qu'elle est, sans trop de déformation. Afin que celui qui la reçoive se l'approprie, la fasse fructifier pour donner à son tour.

5. LES ETATS DU DON

5.1. Libérer le don de la dette

L'accent a été mis sur la part agonistique du don par les successeurs de Marcel Mauss. Peut-être était-il nécessaire de le dissocier de l'image naïve d'un don gratuit ? Pourtant, il est des situations dans lesquelles l'élan du don relève avant tout de la sollicitude et de l'attention à l'autre. La rivalité se trouve en quelque sorte désactivée, parce qu'inutile à cet instant. L'invitation à la réplique se dissout alors dans l'invitation à l'alliance, le don agonistique se fond dans le don partage. Ce qui apparaît comme deux formes de don apparemment antinomiques n'est en fait que l'expression d'états différents d'un seul et même don. Seule l'entrée privilégiée diffère et l'on peut imaginer sans difficulté des passages de l'une à l'autre forme en y intégrant toutes les nuances imaginables. La recherche de confiance et de lien dans le défi, mais aussi la recherche de lien sans défi, contribuent chacun à leur manière à initier cette spirale sur laquelle s'ancrent les relations et s'enracinent la confiance au fur et à mesure que le cycle du "donner, recevoir, rendre" se développe. Dans ce contexte, la dette devient anachronique, elle empêche même de saisir les nuances et la complexité du don.

Il est communément admis que le fait d'accepter de recevoir crée un état de dette à l'égard du donateur. Jacques T. Godbout[115] décrit trois états ; la dette mutuelle négative, l'alternance et la dette mutuelle positive. Il illustre son propos en s'appuyant sur l'exemple simple d'un couple devant partager la vaisselle du repas :
La dette mutuelle positive constitue un état où l'on estime recevoir davantage que l'on ne donne. De ce fait, le désir de donner prime sur toute obligation de rendre, d'où le dialogue suivant : « - Laisse, je vais la faire la vaisselle, tu l'as déjà faite hier. - Pas question c'est toujours toi qui la fait et puis tu fais tellement de choses, laisse-moi au moins faire cela ».
L'alternance des positions correspond à une relation faite de contributions équilibrées. L'équilibre relationnel est maintenu parce que chacun estime donner autant que l'autre. Cette alternance « fonctionne plutôt à l'implicite » nous précise l'auteur avant de proposer le dialogue fictif suivant : « - Je crois que c'est à toi de faire la vaisselle. - Oui tu as raison ».
La dette mutuelle négative correspond à un état relationnel dont il faut se libérer. Un sentiment d'injustice domine, l'autre est perçu comme ne donnant

---
[115] Godbout J. T., op. cit., p. 54.

pas suffisamment en retour par rapport à ce que l'on est en droit d'attendre : « - C'est à toi de faire la vaisselle. - Pas du tout c'est toujours moi qui la fais ; encore hier, justement... ». Jacques T. Godbout ouvre une piste intéressante, mais il reste prisonnier de la dette. D'ailleurs, pourquoi parler de dette lorsqu'elle est « mutuelle et positive » ? Dissocier le don de la dette permettra de mieux saisir la complexité des dynamiques relationnelles et d'envisager plus clairement l'intérêt que présentent les états du don lorsque l'on vit dans un groupe ou lorsque l'on conduit une équipe de travail. Je m'y emploierai en m'intéressant au terme de ''débiteur''.

Le débiteur nous dit Puisque le dictionnaire nous confirme que le débiteur « doit quelque chose » [116], l'association avec la dette devient naturelle dès lors que nous nous retrouvons en situation de débiteur après avoir reçu un don. Mais ainsi employés, ces deux termes renvoient au vocabulaire marchand et créent de la confusion. De surcroît, cette conception met l'accent sur le fait de ''devoir'', ce qui favorise un glissement de l'obligation vers la contrainte. Pourtant nous savons maintenant que le don engage à rendre en tant que donner à son tour. Il oblige à la réponse sans pour autant l'y contraindre, auquel cas il n'y aurait plus de liberté dans le geste.

Avec la dette, nous nous sentons redevables et qu'on le veuille ou non, nous devons nous en acquitter. Le glissement de la dette à la culpabilité est alors aisé. Or, la psychanalyse nous a appris que nous devions nous libérer des sentiments de culpabilité, ces traumas inconscients qui nous empêchent de vivre.
Associé à la dette, le don se transforme en contrainte et culpabilité. L'inverse en somme de ce que l'on attend du don, lorsqu'il est envisagé dans ses dimensions relationnelles. Car comment imaginer que le don puisse être le moteur des relations s'il nous place continuellement en situation de dette à l'égard de l'autre ! Comment croire que la recherche de lien puisse être au cœur du don si nous passons notre temps à rendre parce que nous devons. Nous risquons de nous épuiser à devoir à tous ceux avec lesquels nous entretenons des liens, sauf à nous replier vers le cocon protecteur de notre sphère privée (amis proches, famille...).

Au 19ème siècle, débiteur signifiait « produire d'une manière continue (...) spécialement en parlant d'un fluide »[117]. Reconnaissons-nous débiteur par principe, parce qu'un lien avec soi-même et les autres ne peut être comblé, parce que le désir ne connaît pas le trop-plein. Telle une source au renouvellement perpétuel, acceptons d'être entraînés dans le courant que représente la spirale du don. L'analogie concernant le fluide convient

---

[116] Dictionnaire de la langue Française Robert en 10 volumes.
[117] Ibid.

parfaitement au don agonistique, puisque des « rivaux » sont étymologiquement, des « riverains face à face qui tirent leur eau du même cours d'eau »[118].

Les deux définitions se complètent et nous permettent de comprendre que nous pouvons être débiteurs sans nous sentir en dette. Car être débiteur et redevable, ce n'est pas devoir pour régler une dette, c'est être en devoir de réponse, en devoir d'entretenir ou de relancer le cycle du don pour en maintenir le débit. Les deux exemples qui suivent sollicitent le don. Je les ai retenus parce qu'ils auraient pu être envisagés sous l'angle de la dette, ce qui aurait été un non-sens. Par contre la redevabilité est bien présente, elle est attente de réponse du débiteur pour qu'il puisse à son tour relancer tel un flux, le cycle du don.

Je souhaitais prendre contact avec les parents d'un jeune homme de 19 ans que j'accompagnais depuis quelques mois et qui avait rompu tout contact avec sa famille peu de temps avant sa majorité. Lorsque je lui fis part de ce projet, il s'en étonna et se demanda à quoi cela pouvait servir puis il précisa : « Je ne leur dois rien ». Autrement dit, il estimait n'avoir aucune dette à l'égard de ses parents et encore moins de raisons de leur donner de ses nouvelles après ce qu'ils lui avaient fait endurer. Je n'avais pas encore le support de l'approche contextuelle à l'époque, mais je cherchais souvent à ce que les membres d'une famille puissent se dire ce qu'ils se reprochaient, tout en validant les efforts non reconnus des uns vis-à-vis des autres. Ce qui avait souvent pour effet de renouer des liens ou d'apaiser les relations. Ce jeune avait raison, il ne devait rien à ses parents. Pourtant, avec ses parents ils se devaient mutuellement des réponses !

Je me souviens d'une mère qui se plaignait de son fils à peu près en ces termes : « -Après tout ce que j'ai fait, je me suis sacrifiée pour lui et voyez ce qu'il devient ». A l'entendre, son fils était en dette à son égard, il ''devait'' réussir parce qu'elle s'était sacrifiée pour lui. Or, il était en échec scolaire et commettait des délits. La situation paraissait bloquée : protéger le fils des propos de sa mère renforçait le ressentiment de celle-ci et culpabilisait encore plus le fils ; accepter la position de la mère fragilisait le fils et renforçait son sentiment d'échec et son opposition à sa mère. Fort heureusement, un événement débloqua la situation. La mère se cassa la jambe et resta immobilisée plusieurs semaines. Son fils commença alors discrètement à s'occuper de la maison puis peu à peu de sa mère. Lors d'une visite à domicile, je fis remarquer que le café préparé par le jeune était fort bon. Sa mère se saisit de cette remarque pour reconnaître les contributions de son fils. Ils avaient tellement de difficultés à se parler que ma présence et mes propos avaient libéré une parole. Un véritable échange devenait possible pour la première fois depuis que je les

---

[118] Boilleau J. L., op. cit., note de bas de page p. 86.

connaissais. L'intensité que je perçus à cet instant venait de ce que la mère avait reconnu les efforts de son fils et validé ses engagements à son égard. Comme ma venue concernait initialement l'avenir du fils, je profitai de ce contexte exceptionnel pour poser les bases d'une formation que le jeune entama quelques temps plus tard avec le soutien de sa mère.

J'aurais pu privilégier le fait que le fils, s'occupant de sa mère, prenait une place qui n'était pas la sienne du fait de l'absence de père. Mais en quoi cette analyse aurait-elle permis de valider la mise en mouvement de leur relation sur un mode de reconnaissance mutuelle ? Il est possible que des aspects œdipiens aient été à l'œuvre dans les tensions entre la mère et le fils. Pourtant le fait de valoriser et valider les efforts du fils contribuait à le reconnaître et permettait de valider un projet pour lui, symbole de différenciation.

Au même titre que l'exemple précédent, considérer cette situation sous l'angle d'une dette dont ce jeune aurait dû s'acquitter auprès de sa mère n'aurait eu aucun sens, sinon celui de renforcer un sentiment de culpabilité inutile et de masquer les enjeux essentiels que le don permet de traiter ; la reconnaissance et l'estime de soi.

La culpabilité à laquelle il a été fait référence jusqu'à présent ne doit pas être confondue avec une culpabilité que l'on pourrait définir d'existentielle. Cette dernière prend appui sur des faits avérés qu'il faut reconnaître, voire affronter. Illustrons notre propos avec deux exemples. Le premier cas de figure, facile à comprendre, concerne les conséquences de nos propres "gestes" que nous devons reconnaître. Nous devons apprendre à nous confronter à nos limites, nos erreurs, nos incomplétudes si nous voulons développer le "lâcher-prise" qui nous ouvre à l'autre[119].

Le deuxième exemple présente une situation extrême apparemment insoluble. Comment un enfant ayant un père meurtrier doit-il s'y prendre pour construire sa vie ? Il n'est pour rien dans le geste de son père, il n'en demeure pas moins le fils d'un criminel. La psychanalyse nous a libérés de nos culpabilités paralysantes héritées de nos histoires, aussi cet enfant peut-il tenter de s'extirper de sa honte et de son sentiment de culpabilité en essayant de se convaincre qu'il n'a rien à se reprocher car il n'aurait pu empêcher son père de passer à l'acte. Cela ne lui enlèvera pas le poids de savoir comment faire avec les conséquences de cet acte. Concrètement, cela signifie qu'il doit chercher comment rester loyal à sa filiation et trouver ce qu'il transmettra à ses enfants de leur grand-père, sans que cela ne se transforme en un secret de famille trop lourd à porter. Il est évident que ce père meurtrier a une dette envers son enfant qui risque de lui gâcher sa vie. Ce fils ne peut attendre que son père s'acquitte de sa dette à son

---

[119] En somme, tout ce que le modèle de notre société nous demande de masquer ; nous devons au contraire montrer que nous sommes les meilleurs, les plus forts et que nous saurons mieux réussir que le voisin. Le résultat est une perte du lien et un renforcement de la pensée individualiste.

égard. Parce qu'elle est insolvable, le père ne pourra jamais réparer les conséquences de son acte. N'y a-t-il alors aucun espoir de voir la vie reprendre le dessus, de relancer une dynamique du don malgré tout ?

Une nouvelle fois, il est plus approprié de dire que le père, débiteur, est en devoir de réponse à l'égard de son fils, confronté à un fait d'injustice qu'il risque de porter comme un fardeau toute sa vie. Soit le père peut lui fournir cette réponse, soit comme c'est plus probable, le fils devra-t-il aller la chercher lui-même et en lui-même.

Cette réponse n'est autre que la parole qu'il sera capable de poser sur l'acte de son père. Sans elle, sans la possibilité de s'assumer comme un être de langage, en "s'empêchant de verbe", il laisse tarir en lui la vie. Alors la source du don se tarit également, le cycle se bloque logiquement et ce fils risque de ne plus pouvoir "donner bien à son tour".

Il a pourtant le devoir de transmettre l'au-delà du chaos éducatif qu'il a traversé, ce qui peut justifier qu'il s'engage par exemple, dans une démarche thérapeutique. Il cherchera des éléments de compréhension dans « l'histoire de vie » de son père, pour trouver un sens à ce geste. Non pour l'excuser, mais pour conserver le patrimoine familial et qu'en dépit de cet acte, il reste fier de sa filiation. La compréhension des traumatismes familiaux, des dons empêchés, non reconnus, l'aidera à retrouver l'humanité de son père. En le comprenant mieux, il pourra retrouver ce qu'il aura reçu de lui, faire la part des choses et entamer ce travail « d'exonération[120] » qui lui permettra à nouveau de transmettre à ses enfants la vie plutôt que « des fantômes »[121]. Il leur évitera ainsi de « payer la faute de leur ancêtre »[122]. Ce fils peut aussi décider d'agir pour réparer la faute de son père, c'est ainsi qu'un jeune que j'accompagnais dont le père avait commis des exactions, voulait s'engager comme casque bleu afin d'aller secourir les populations victimes de la guerre. A l'inverse et en creux, on comprend mieux ce qui peut pousser dans "l'affaire Seznec", un petit-fils à faire de la réhabilitation de son grand-père un objectif majeur de sa vie. L'honneur retrouvé n'a pas de prix.

Nous devons franchir un pas supplémentaire. La distinction entre la « dette de réplique » et la « dette de dépendance » décrites par Marcel Henaff nous fournira les arguments pour dissocier définitivement le don de la dette.

---

[120] Terme emprunté à l'approche contextuelle.
[121] En référence à l'ouvrage de Dumas D., *La bible et ses fantômes*, Paris, Desclée de Brouwer, 2001.
[122] Cf. l'ouvrage de Canoult N., Paris, *Comment paye-t-on la faute de ses ancêtres*, Desclée de Brouwer, 1998.

La dette de réplique

On pourrait admettre que la dette de réplique s'intègre parfaitement dans la spirale du premier schéma, puisqu'elle « naît et s'annule dans la rotation des échanges »[123]. Elle semble participer du cycle du donner, recevoir, donner à son tour qu'elle sert à relancer puisqu'elle « naît » de la dynamique des échanges, avant de « s'annuler » pour laisser place à une nouvelle dette issue de la poursuite des échanges.

Or, qu'il soit perçu ou non comme une dette, un échange ne s'annule jamais. Lorsque les relations humaines privilégient le lien, lorsqu'elles ne limitent pas la relation à un simple échange marchand, elles sont faites de contributions des uns et des autres. Ces contributions ne s'annulent pas lorsque l'autre répond et donne à son tour, elles s'accumulent, augmentant ainsi le "débit". Elles contribuent à enraciner le lien, fortifient la relation ou à l'inverse la fragilisent. Avec le don nous ne sommes jamais quittes, sauf lorsque nous décidons de mettre un terme à la relation[124].

Enfin, parler de dette alors que nous sommes invités après avoir reçu à donner à notre tour, est source de confusion. Cela reviendrait à prendre le risque de ne retenir qu'une lecture économique de l'échange, qui s'appuie sur le principe de l'équivalence et consiste à annuler au plus vite toute dette. Le risque serait d'autant plus grand que nous sommes envahis, débordés et ramenés continuellement à une lecture marchande des relations.

Nous sommes donc débiteurs en tant qu'invités à entretenir le flux de l'échange sans pour autant créer de situation de dette. « On a noté combien le don garantit en général un avantage social au donneur ; mais cela veut d'abord simplement dire que le donneur a joué son tour ; il a provoqué son partenaire ; "dette" – si l'on tient à ce terme – signifie alors simplement que la balle est dans l'autre camp »[125], nous dit Marcel Henaff sans aller jusqu'à abandonner le terme.

Plutôt que de parler de dette de réplique, il serait plus juste de parler de don de réplique. Voire seulement de réplique, dans la mesure où le terme seul est suffisamment évocateur et montre le caractère agonistique de la réponse. La réplique est d'abord affirmation de soi pour empêcher l'emprise de l'autre tout en montrant sa volonté de se lier. La réplique contribue à initier une alliance encore fragile dans une situation de don agonistique. Progressivement, elle peut se fondre dans l'alliance, n'exprimant plus que le plaisir de la réponse.

---

[123] Henaff M., op. cit., p 278.
[124] En ce qui concerne les situations familiales, la relation peut être rompue mais le lien demeure malgré nous ; qu'il s'exprime par de la colère, du rejet, de la tristesse, une volonté d'oublier...
[125] Ibid., p.276

La dette de dépendance

La situation de dette existe lorsque la recherche de lien de la part de celui qui a reçu est parasitée, détournée, empêchée au moment de sa concrétisation et que le donataire est privé de son droit de réponse. La dette n'est alors que la conséquence d'un don empêché, elle doit donc être dissociée du don.

La dette de « dépendance » exprime bien cet état. Elle s'observe lorsque la « rotation des échanges (…) s'accumule au profit des uns et au détriment des autres ». Certaines sociétés en font même un principe organisateur des relations sociales. Ainsi en est-il de celles décrites par Condominas[126] en Birmanie et au Vietnam où le don n'a pour fonction que de placer l'autre en situation de dette au point de mettre en situation d'esclavage celui qui ne peut se désendetter. L'échange n'est mû ici que par la seule volonté de domination sur l'autre. Rappelons-nous que l'on ne peut parler de don que si l'ensemble des termes de notre premier schéma est sollicité. Ce qui n'est pas le cas avec la dette de dépendance. Il n'y a plus qu'un seul ''rival'' qui détourne le débit à son seul avantage.

Les situations familiales pourraient laisser penser que la dette de dépendance relève quand même du don. Des parents heureux des progrès de leur enfant et qui le félicitent permettent à celui-ci de les rendre heureux. Mais à l'inverse, des parents qui donnent à leur enfant sans reconnaître les contributions de celui-ci, sans lui laisser la possibilité de donner à son tour créent, sans forcément le vouloir, une dette de dépendance au sens entendu par Marcel Henaff. Il en est de même avec des parents qui ne reconnaissent pas les efforts de leur enfant et plus largement aucun de ses gestes envers eux ; l'enfant non reconnu dans son droit de donner accumule alors les dettes. Dans les situations extrêmes, le don non reconnu de l'enfant se retourne en un poids de plus en plus lourd à porter, cette non-reconnaissance - puisque c'est de cela qu'il s'agit - conduit parfois au suicide. Il est heureusement plus fréquent de constater que des relations déséquilibrées entre parents et enfants se rééquilibrent à la génération suivante. Les enfants devenus parents tentent de mieux ''donner à leur tour'' ce qu'ils ont mal reçu. Ils étaient en recherche d'une réponse qu'ils trouvent en réparant eux-mêmes ; ce qu'ils n'ont pas reçu de leurs parents, ils le donnent quand même à leurs enfants. Mais alors, on retrouve la question de la redevabilité, de l'espace nécessaire laissé pour la réponse de l'enfant, afin que puisse être relancé le ''débit du don''. Une nouvelle fois, il serait préférable de parler de dépendance, uniquement lorsque le mouvement de la réponse n'a pas été enclenché, bloquant ainsi le cycle du don.

---

[126] Condominas G., *Nous avons mangé la forêt de Pierre-Génie Gôos*, chap. 5, cité par Henaff M. op.cit.

La dépendance reflète plus justement des situations dans lesquelles, malgré notre souhait, nous ne parvenons pas à bien donner ou à bien recevoir, où donner, recevoir et rendre est au-dessus de nos forces. Ainsi, lorsque cette petite fille de cinq ans se tue accidentellement, rien au monde ne peut apaiser la souffrance des parents, pas même les tentatives de soutien de leur petit garçon de trois ans. Ses contributions n'étaient pas repérables et encore moins reconnaissables par ses parents ni même par les personnes de leur entourage. Cela a encore des répercussions sur les relations souvent tendues qu'ils entretiennent avec leur fils aujourd'hui majeur. Quels qu'aient été les efforts de l'enfant, l'injustice subie par ses parents était trop grande pour qu'ils reçoivent et reconnaissent son aide. Au fil des années, ces efforts non reconnus se sont retournés en agressivité, envenimant les relations. L'affection est pourtant là, mais empêchée d'expression par ce « fait d'injustice »[127] dramatique qui a influencé lourdement la dynamique des échanges au sein de cette famille. Une spirale ''d'état de don altéré'' s'est trop souvent développée pour que l'intention du don qui était bien présente et recherchée ne puisse éclore. On ne peut pas objectivement reprocher aux parents de ne pas avoir perçu le soutien de leur fils au moment du drame, on ne peut pas non plus reprocher à l'enfant de ressentir (sans en avoir conscience) une injustice en même temps qu'une culpabilité de ne pas avoir été à la hauteur pour soulager ses parents. La situation en elle-même a brouillé la dynamique des échanges jusqu'à aujourd'hui. La dépendance est à l'œuvre en lieu et place du don par manque de parole. Personne n'est débiteur de l'autre, chacun garde en lui une souffrance légitime. Tous sont pris par ce don bloqué, telle une dépendance dont ils ne parviennent pas à se libérer.

Cette dépendance pousse paradoxalement à se détruire un peu plus encore en entraînant nos proches dans notre sillage. Nous cherchons auprès d'eux ce que nous n'avons pas eu, nous voudrions réparer les préjudices d'actes dont nous n'avons pas conscience par déficit de parole et comme nous n'y parvenons pas, nous leur faisons payer. Porteurs de l'incapacité de nos parents à reconnaître notre droit et notre capacité à donner, nous projetons cette incapacité sur nos enfants, par exemple, en leur interdisant à leur tour de donner, de nous donner.

Il faut un travail de distanciation et de prise de conscience pour repérer cette dynamique de la dépendance à l'œuvre et s'en dégager. Donner à son tour n'est possible que par un travail de compréhension des propres efforts non reconnus de nos parents. Ce travail de reconnaissance de leurs efforts malgré ou au-delà de leurs incomplétudes ouvre à « l'exonération » dont j'ai parlé à propos de ce père meurtrier. L'exonération n'est pas le pardon, c'est être libéré de cette incompréhension de n'avoir pas bien reçu pour pouvoir ''mieux'' donner. Nous sommes tous concernés à des degrés différents par cette question, tout

---

[127] Expression empruntée à l'approche contextuelle.

simplement parce qu'elle fait partie intégrante de l'incomplétude constitutive de la vie.

La dette n'a plus de raison d'être avec le don. Elle n'a plus de raison d'être le signe et le moteur de l'alternance des gestes de don.

Nous pouvons maintenant présenter les états du don qui permettent de hiérarchiser qualitativement et sur la durée, la dynamique du don dans une situation d'échanges entre plusieurs personnes ou au sein d'un groupe. Ces états du don fournissent des indications sur la qualité des relations, ils permettent d'agir et d'adapter son attitude en fonction de ce que l'on recherche. Ils nous aident à qualifier la dynamique relationnelle à l'œuvre en référence à l'action du don. Ils ouvrent la voie à l'analyse de la perception que chacun peut avoir de l'autre du fait de ce qui est échangé, partagé, perçu comme offert ou à l'inverse, ressenti comme pris, volé...
Nous ne cessons de découvrir que le don est une dynamique, structurellement en mouvement. Chaque geste du don laisse des traces dont la qualité s'évalue aux conséquences positives d'une relation : ce que l'on donne et la manière dont on le donne, ce que l'on reçoit et la manière dont on le reçoit, tout autant que ce que l'on rend et ce que l'on exprime dans le geste, marquent inévitablement les relations. Apprendre à décrypter les effets de cette dynamique aide à mieux saisir les climats relationnels, que ce soit entre deux personnes, au sein d'un groupe ou d'une équipe de travail. La présentation de ces états du don, en tant que déclinaisons possibles allant du défi à des situations exceptionnelles de don mutuel positif dans un jeu de relations complexes, nous aidera à délimiter ensuite ce "vivre ensemble professionnel" et à mieux comprendre certains climats de travail.

5.2. L'état de don altéré et de sortie du don

Prenons une situation concrète ; je m'aperçois que je ne cesse de répondre aux provocations agressives d'un proche sur le même mode pour lui montrer que je n'ai pas l'intention de me laisser faire. Du fait de cette escalade symétrique, il est probable que la relation atteigne un point de non retour, que la rupture viendra signifier. La durée au cours de laquelle la relation se sera dégradée importe peu, le fait est que la spirale de reproches mutuels aura fini par détruire tout désir de lien.
Il est des situations qui servent de prétexte pour prendre ses distances ou tout simplement pour rompre une relation. Dans ce cas le souci d'autrui ne fonctionne plus, nous sortons d'une relation de don. Les relations peuvent au mieux rester « polies », justifiées par leur « utilité », mais le lien n'est plus recherché, la relation est dans un état de sortie du don.

Il arrive aussi que nous nous retrouvions dans des situations qui ne nous conviennent pas, des relations tendues que nous aimerions voir se débloquer, des reproches mutuels qui, au fond, ne nous satisfont pas, des injustices subies que nous souhaiterions voir reconnues. Toutes ces situations empêchent l'expression du don. Pourtant, malgré les maladresses et les difficultés relationnelles, il est encore souhaité. Parfois sans que l'on en soit encore conscient et alors même que la colère, l'amertume et la déception dominent.

Les coups de vent provoqués par le don altéré peuvent conduire à un avis de tempête, dans ce cas la violence n'est pas loin. Chacun réclame son dû, convaincu d'avoir raison. Plus rien ne tient sinon la perspective de faire entendre justice, s'il le faut par soi-même. Les réactions seront d'autant plus fortes que la confiance aura été trahie, que le sentiment d'impuissance et de ne pas être entendu domineront.

Bien que ces termes soient peu usités de nos jours, il est souvent question d'atteinte à la dignité, en ce qu'elle est exigence de reconnaissance, signe que mon humanité et celle de l'autre sont d'égale valeur. L'honneur est également en jeu, « symbole de l'identité et de la différence qui permet à la fois de reconnaître l'autre et d'exiger qu'il vous respecte »[128]. Ces vieilles notions véhiculées par le don et pétries d'agôn sont présentes au cœur de nos relations privées autant que professionnelles. Elles ne se quantifient pas mais se qualifient. Elles ne sont donc pas toujours faciles à reconnaître, ce qui conduit certains à dénier leur rôle et leur influence. Or, c'est souvent lorsqu'elles ont été atteintes que les personnes, meurtries, peuvent réagir parfois violemment.

Lorsque les blessures restent vives, elles influencent les relations dans leur ensemble : « C'est fini, je ne pourrai plus jamais faire confiance à personne ». Le don maltraité est rejeté, accusé d'être à l'origine des difficultés rencontrées ! On assiste alors à un renversement d'attitude qui prend la forme d'une légitimité destructrice, droit acquis de faire payer à d'autres les injustices subies par le passé. Se venger, réclamer son dû, "prendre" sans se préoccuper des conséquences sont autant de gestes qui relèvent de cette logique. L'individualisme dominant de nos sociétés renforce cette tendance et contribue au repli sur soi. Alors qu'il faudrait chercher les "ressources relationnelles" susceptibles d'inverser la spirale destructrice, lorsque celle-ci se met en route. L'état de sortie du don conduit chacun à rigidifier ses positions et à s'appauvrir, au risque de déclencher des crises à l'issue souvent douloureuse.

---

[128] Verdier R. (ed), *La vengeance*, 4 vol., Paris, Cujas, 1980-1986, tome I, p. 19, cité par Henaff M. op.cit.

5.3. L'état d'alternance du don

L'état d'alternance du don peut également dominer les échanges. Le mouvement de balancier continuel des positions est caractéristique de cet état. Le donateur met le donataire en position de pouvoir et de devoir donner à son tour, à condition que cette demande ne devienne pas explicite. Liberté et obligation, attention à soi et souci de l'autre alternent dans une recherche continuelle d'équilibre. Le calcul, la stratégie peuvent être sollicités pour maintenir ou rétablir cet équilibre.
Si le retour comme marque de l'alternance peut être attendu, il ne doit pas être nommé. Trop explicite, il dénaturerait la dynamique du don pour la faire basculer vers une relation d'utilité et d'équivalence. C'est un peu comme si nous disions : « J'ai fait un geste envers toi, je t'ai aidé, maintenant j'attends un retour de ta part ». Agir ainsi revient à transformer la libre obligation en contrainte. A l'inverse, s'il convient de faire confiance, d'oser le défi et la réplique pour permettre et maintenir le lien, on ne doit pas pour autant se laisser utiliser et instrumentaliser. « L'inconditionnalité conditionnelle »[129] dont parle Alain Caillé trouve ici sa plus juste expression.

Réciprocité d'intérêt, réciprocité d'engagement

L'état d'alternance met en relief l'importance de la réciprocité pour créer le mouvement du don. Nous distinguons une réciprocité d'intérêt et une réciprocité d'engagement.
La première est emblématique d'une relation marchande. Elle est portée par la recherche et/ou la défense de ses intérêts, elle est centrée sur soi et sur ce que cela peut ''rapporter''. Elle convient à des relations de type utilitaire et relève d'une logique d'équivalence, gage de notre liberté et de notre indépendance.
Elle ne doit pas être confondue avec la réciprocité d'engagement, signe de l'alternance des positions de donateur et de donataire lors d'échanges portés par le don. Cette réciprocité est réponse offerte au lien en attente, au geste de don qui la précède. Elle est appel à une relation équilibrée grâce au jeu du donner, recevoir, donner à son tour.

Au début des échanges, les deux formes de réciprocité, bien que différentes, ne se distinguent pas toujours facilement. Elles peuvent même coexister, voire ne pas être dissociées ni dissociables durant un temps. Lorsque nos intérêts convergent, la réciprocité ''coule de source'', elle entretient le débit. Mais comment savoir si la réponse de l'autre n'est pas seulement portée par son intérêt, par la seule attention à soi et à sa liberté ?

---

[129] Caillé A., op. cit., chapitre IV « De l'idée d'inconditionnalité conditionnelle ».

Rien ne peut nous prémunir d'une réciprocité d'intérêt se présentant sous les formes d'une réciprocité d'engagement. Le pari de la confiance sans naïveté, tenant compte du contexte de l'échange est notre seule garantie.
A la différence du don agonistique (défier pour lier) et du don d'alliance (lier sans défier), les deux formes de réciprocité doivent absolument être dissociées. Seule la réciprocité d'engagement relève du don bien qu'il lui arrive parfois d'être confondue avec la réciprocité d'intérêt, parce qu'elle intègre une part d'attention à soi.
La réciprocité d'intérêt ne s'embarrasse pas de sollicitude, elle n'est pas non plus préoccupée par le souci de l'autre. Cet autre qu'elle renvoie à lui-même, à sa responsabilité, sa liberté, son autonomie. Elle porte peu de crédit au temps du recevoir, elle considère le fait de répondre, de rendre, comme une contrainte nécessaire à l'obtention de ce qu'elle cherche. Pour que le mouvement du don se développe et se consolide, elle doit disparaître au profit de la réciprocité d'engagement.

Pour autant, nous pouvons initier un échange sur la base d'une réciprocité d'intérêt sans que cela ne nous empêche d'évoluer progressivement vers une réciprocité d'engagement. Il arrive aussi, notamment lorsque l'état du don se dégrade, qu'une réciprocité d'engagement cède la place à une réciprocité d'intérêt. Parfois, la réciprocité d'engagement est souhaitée mais elle est brouillée par la réciprocité d'intérêt. Cela s'observe lorsque, par exemple, les qualités et/ou les biens que possède l'autre nous rendent envieux à son égard. Non qu'il soit ici question d'un donateur qui aurait trop donné ou qui refuserait de recevoir en retour, le déséquilibre est ressenti par un des deux protagonistes qui s'estime moins bien loti que l'autre... parce que l'avoir et l'être se confondent. Alors qu'il est recherché, le don est altéré par la réciprocité d'intérêt. Combien de liens se sont distendus parce que certaines personnes éprouvaient le besoin de rééquilibrer la relation à leur avantage en marquant de la condescendance, parce qu'elles étaient "bien nées" ou parce qu'elles pouvaient afficher leur promotion sociale.
La publicité est souvent instructive, elle met en scène des exemples emblématiques et les tendances du moment. L'une d'elles pour une voiture me revient en mémoire, elle débute par une scène au cours de laquelle un couple dénigre ses invités que l'on imagine être des amis. Le temps de la soirée, les sourires et la convivialité cèdent la place aux propos acides qui avaient précédés. Mais en regardant leurs amis regagner leur magnifique voiture, les remarques acerbes reprennent de plus belle. Comme il est difficile à ce couple de reconnaître que leurs amis ont une plus belle voiture que la leur, ils s'efforcent de chercher tous les signes possibles de faiblesse chez ces derniers. C'est ainsi qu'ils croient rééquilibrer la relation. Il y a de l'agôn dans cette situation, la rivalité est présente, malheureusement elle ne se situe pas au niveau des échanges, elle concerne seulement ce que possède l'autre. La relation

d'amitié qui aurait pu s'enrichir au cours de la soirée s'en trouve appauvrie, parce que la réciprocité d'intérêt envahit la relation.

Cet exemple appelle une autre question. Combien de temps encore allons-nous vivre en croyant que la maîtrise technique constitue la condition sans laquelle nul progrès social, capable de générer les conditions d'un mieux vivre ensemble, ne serait imaginable ? Cette confusion entre progrès technique et progrès social a entre autre conséquence, de favoriser une pathologie du lien social dont la peur de l'autre (dans sa forme extrême la xénophobie), le repli communautariste et la judiciarisation des rapports sociaux ne sont que des symptômes.

Chaque société appréhende la question de la réciprocité selon sa culture et son histoire, par exemple certaines sollicitent l'Etat tandis que d'autres laissent les individus s'autoréguler. Quels que soient les modes de régulation choisis, une pathologie du lien social se développe lorsque le fil de la réciprocité d'engagement est rompu. Cela peut expliquer en partie la crise actuelle que nous vivons. Traiter du don consiste alors à rappeler les enjeux et les principes qui permettent de renouer avec le chacun et l'autrui dont nous parlait Paul Ricœur Lorsque le don reste en nous comme une intention prête à se concrétiser par un geste dès que le contexte le permet, nous contribuons au maintien du lien social. Le don s'adapte aux situations et même quand il ne peut se déployer, il reste un horizon.

Un dernier aspect mérite d'être souligné, la réciprocité d'engagement prend en considération les « faits d'injustices ». Des personnes présentant un handicap par exemple, ou affectées par la mort prématurée d'un parent, la perte de leur logement dans un incendie... gagnent une légitimité qui leur donne le droit de recevoir plus que ce qu'elles n'auraient reçu dans une situation normale. A condition toutefois qu'elles inscrivent cette légitimité dans un processus d'échanges régulés par le don, en ne le réduisant pas à un dû.

En définitive, la relation souhaitée, l'intensité de l'engagement, le contexte, les conséquences des gestes posés et l'évolution de la relation dans le temps permettent de repérer le type de réciprocité sollicitée dans les échanges. Cela nous oblige à clarifier et assumer notre posture, que nos modalités d'échanges utilitaires ou inspirés par le don traduisent de fait.

L'alternance

L'alternance du don met en évidence une dernière composante importante. A l'opposé du principe de transparence basé sur les stratégies de communication, le don s'efface dans le non-dit pour laisser au geste le soin d'énoncer lui-même la parole. Etonnant paradoxe du don ayant besoin de flou sinon d'implicite pour s'énoncer. Surprenante force du don s'exprimant dans le geste et l'action, à laquelle répond en écho sa fragilité lorsqu'il tombe dans le piège de l'explicite du dire.

Un étudiant me confiait qu'il avait cessé d'aider un de ses collègues de travail parce que celui-ci s'empressait de préciser à chaque fois, qu'il lui « revaudrait ça dès qu'il le pourrait ». Il joignait la parole aux actes le plus rapidement possible, tout en faisant remarquer qu'il s'agissait-là de sa réponse. Cette situation aurait pu s'étudier comme un "problème de communication". En fait ce collègue empêchait le don de s'exprimer (donc le lien de se développer) en le nommant trop explicitement, au moment de le recevoir et lorsqu'il le rendait. De surcroît, il cherchait la première occasion pour répondre, refusant ainsi le temps du recevoir. Il n'est pas étonnant qu'il ait eu de sérieux problèmes d'intégration dans son équipe. L'équipe travaillait de manière cohérente et avec cohésion, il n'y avait pas de tensions particulières au sein de l'institution qui auraient pu justifier l'émergence d'un bouc-émissaire et les nouveaux collègues étaient à chaque fois bien accueillis. Au bout de six mois de présence, les difficultés d'intégration perduraient sans que l'équipe ne saisisse d'où provenait la source des difficultés. Les gens s'épuisaient et ne voulaient plus faire d'efforts, ce qui se traduisait par un rejet de plus en plus marqué et par des réflexions comme « il est pénible, tout est toujours compliqué avec lui ». Nous n'avons pas à connaître les raisons certainement complexes pour lesquelles ce collègue avait autant de difficultés à recevoir. Il en est de même avec le fait qu'il se sentait redevable - en dette - ce qui le poussait à annuler le don dès qu'il le pouvait, plutôt que de le renouveler en donnant à son tour. Cette personne ne refusait pas une relation de don, mais ses maladresses relationnelles accumulées étaient le signe d'une mauvaise perception du temps du don et de son fonctionnement. Il percevait le don sur le registre de l'équivalence, comme le simple paiement d'une dette, il devait donc être nommé, explicité, transparent... c'est-à-dire annulé au plus vite.

L'état d'alternance du don nécessite donc que soient respectés les principes constitutifs du don ; respect des trois moments, présence des quatre composantes, dynamisme fourni par le double mouvement de sollicitude et d'estime de soi exprimés à travers la réciprocité d'engagement.

5.4. Le don mutuel positif

Avec l'état de don mutuel positif, nous franchissons une nouvelle étape. Sans pour autant disparaître totalement, la rivalité, le défi, la réplique se dissolvent dans le désir et le plaisir du lien.
Le don mutuel positif est le lieu par excellence de la sollicitude et du souci de l'autre. Le sentiment de liberté mû par le désir absorbe l'obligation (ce qui ne signifie pas que celle-ci disparaisse), l'estime de soi, presque d'évidence, prend

le pas sur l'attention à soi, pendant que la réciprocité d'engagement annule toute velléité de la part de la réciprocité d'intérêt.

Paradoxe que cet état, lieu par excellence de la rencontre avec l'autre justement parce que la différence est pleinement reconnue pour être mise au service du lien et de la rencontre. Chacun s'enrichit de l'autre tout en renforçant sa singularité. Si une part de calcul et de stratégie pouvaient encore être présents avec l'alternance du don, ce n'est plus le cas avec le don mutuel positif.

Le don mutuel positif donne accès à ces instants fugaces, moments magiques où le donné et le reçu ne font plus qu'un pour laisser s'exprimer la plénitude et la joie. Joie qu'il faut distinguer de la « grâce » telle que présentée par les écrits de la tradition religieuse. Celle-ci s'origine dans un don qui s'apparenterait à la gratuité mais qui serait, en fait, effectué dans l'attente de recevoir de Dieu. La lecture classique de la Bible laisse entendre que Dieu s'étant fait Homme, le don doit être fait à un autre être humain. Mais puisque le destinataire final de ce don est Dieu, l'autre n'est qu'un prétexte ; point de gratuité donc. Alors, comment reconnaître l'altérité, la différence de l'autre s'il est seulement un instrument, un faire-valoir, un intermédiaire pour rencontrer Dieu ? Nous nous trouvons dans une impasse, l'autre utilisé à ses fins personnelles, l'autre comme courroie de transmission de sa relation à Dieu. Où est l'altérité si, comme le dit Eugène Enriquez les humains sont « invités à accepter les injonctions de Dieu (...). Le mauvais serviteur, dans la parabole des talents, est celui qui se contente d'enterrer les biens confiés par le Maître au lieu de les faire fructifier. L'homme se doit de faire croître les biens de la terre, de faire taire en lui ses passions, d'accepter les lois »[130]. Autrement dit, l'homme n'a d'autre choix pour s'épanouir que de suivre le dessein et les injonctions d'un Dieu en dehors duquel il n'est point de salut possible. Ce qui conduit Eugène Enriquez à affirmer qu'avec le « monothéisme commence l'histoire de l'aliénation ».

Comme ce dernier, Marie Balmary, psychanalyste dont nous avons déjà parlé, s'intéresse à l'évangile des talents[131]. Son analyse est une nouvelle fois toute

---

[130] Enriquez E., op. cit. p. 292.
[131] Balmary M., *Abel ou la traversée du désert*, op.cit., p 64 à 105. Pour plus de clarté, voici des extraits de ce texte d'évangile : « C'est comme un homme qui part au loin : il appelle ses propres serviteurs et il leur remet ses biens. A l'un il donne cinq talents, à un autre deux, à un autre un : à chacun selon sa propre force. Et il part au loin. Aussitôt qu'il a reçu les cinq talents va œuvrer avec : il gagne cinq autres. De même celui des deux, il gagne deux autres. Celui qui a reçu un seul s'en va, fore la terre et cache l'argent de son maître. Longtemps après le Maître revient. S'approche celui qui a reçu les cinq talents, il présente cinq autres talents en disant "maître, cinq talents tu m'as remis, vois cinq talents j'ai gagnés". "Bien, serviteur bon et fiable, sur peu tu as été fiable, sur beaucoup je t'établirai. Entre dans la joie de ton maître". (...) celui qui a reçu un unique talent dit : "Maître je te connais, toi que tu es un homme dur : moissonnant où tu n'as pas semé, rassemblant d'où tu n'as pas dispersé. J'ai craint : je suis allé cacher ton talent dans la terre, vois : tu as ce qui est tien". Son maître répond "malheureux serviteur et hésitant ! Tu savais que je moissonne là où je n'ai pas semé, que je rassemble d'où je n'ai pas dispersé. Tu devais donc

autre et nous permet de comprendre la force du don, particulièrement le don mutuel positif. Elle nous apprend que le maître en partant, ne confie pas seulement ses biens à ses serviteurs, il leur transmet les pleins pouvoirs dessus, « il transmet la capacité de faire ce qu'il a fait lui-même : s'approprier ce qu'on possède, le mettre à son nom, en être le répondant, le souverain ». Chaque serviteur est invité à s'approprier, faire sien, développer les biens donnés par le maître, reçus du maître.

Dans sa distribution, le maître est inégal mais juste, il transmet à chacun selon sa propre force qui n'est autre que sa « capacité à recevoir ». Car dans le don, le plus difficile est certainement de recevoir et tous les serviteurs n'ont pas cette même aptitude. La capacité à recevoir s'acquiert en même temps que le droit de donner est reconnu.

L'absence du maître symbolise la liberté laissée à chacun de faire fructifier ce qu'il a reçu. Les deux premiers serviteurs le font avec la même force, montrent la même capacité et doublent ce qu'ils ont reçu. Les biens ne sont pas identiques bien sûr, mais « ils sont de même valeur (...) celui qui a moins ne vaut pas moins »[132]. Ainsi le don reçu, fructifié et rendu unique permet de valoriser l'être sur l'avoir.

Le dernier serviteur au contraire ne reçoit pas comme un don les biens du maître, aussi va-t-il les enterrer[133]. Quand le maître vient à nouveau, ce serviteur pense qu'il vient régler ses comptes, ce que disent d'ailleurs les traductions officielles. Or, la lecture attentive de Marie Balmary montre que les propos du maître permettent de passer « d'une lecture du surmoi » représentée par le troisième serviteur, à « une lecture du sujet » symbolisée par les deux premiers serviteurs, « d'une lecture du sans nous et contre nous à une lecture pour nous et avec nous »[134].

Cette lecture du sujet s'observe avec les deux premiers serviteurs : « Ils lèvent ensemble, rassemblent avec le maître la parole »[135]. Le plus étonnant est peut-être ce qui suit. Le premier serviteur apporte au maître les talents qu'il a fait fructifier « non pour les lui donner mais pour qu'il les voie (...) nous sommes ici dans un récit de reconnaissance. Le maître vient à point pour reconnaître le serviteur dans une réussite qui ne serait pas complète sans ce moment-là ».

Nous l'avons vu avec le troisième serviteur, recevoir ne signifie pas seulement acquiescer, prendre et n'en rien faire. Le récit ne nous apprend rien des raisons

---

placer mon argent chez les banquiers. Et à ma venue, moi, j'aurais recouvré ce qui est mien, avec un intérêt. Prenez lui donc le talent et donnez à celui qui a les dix talents. Oui à qui a, il est donné et il surabonde. Mais a qui n'a pas, même ce qu'il a lui est pris. Ce serviteur inutile, jetez le dehors dans la ténèbre extérieure, là où sont les pleurs et le grincement de dents ''. Matthieu 25 14-30.

[132] Ibid., p. 71.
[133] L'auteur nous explique que dans cette culture le fait d'enterrer signifie que l'on n'est pas responsable de ce qu'il adviendra des biens. P. 74.
[134] Ibid., p. 84.
[135] Ibid., p. 83.

qui auraient pu expliquer le refus de recevoir de ce troisième serviteur[136]. Nous pouvons seulement dire qu'en refusant de voir le maître comme donateur, il se refuse lui-même comme capable de recevoir[137]. La conséquence est la pauvreté de l'échange qui suit : pauvreté de la rencontre, donc du dialogue, qui rend l'alliance impossible. Celle-ci est caractérisée par la réponse du serviteur, le seul des trois à dire au maître : « Je te connais », ce qui ne permet plus au maître de se faire entendre dans sa différence. Point d'altérité dans cet échange, point d'échange dans cette confrontation : « C'est lorsque je ne sais pas l'autre que je peux le croire (...) mais si je connais l'autre je ne vois en lui que ce que j'imagine »[138]. Ainsi, le maître « ne peut plus rien lui dire qui n'alimente chez l'autre la preuve de cette tyrannie et ne retarde son propre avènement »[139]. Le regard de clinicienne de Marie Balmary, soucieuse de faire émerger le sujet, lui permet de comprendre le geste du maître qui fait passer ce serviteur de sa ténèbre intérieure à la ténèbre extérieure en l'excluant, car au moins « la colère interne qui l'empêchait de se croire digne du don va maintenant pouvoir sortir dehors (...) il passe d'une exclusion de soi par soi à une exclusion par l'autre. Là il y a un avenir »[140]. Là il y a possibilité de défi, donc de rencontre, d'accès à la parole et de lien possible.

On reçoit pour s'approprier, pour traduire avec ce que l'on est le don reçu. Le fruit de cette appropriation, de cette traduction du don est une plus-value d'être et non d'avoir. Elle ouvre au désir de rencontre mêlée d'un besoin de reconnaissance. Encore faut-il trouver quelqu'un qui puisse recevoir ce ''donner à son tour''. Le maître en venant à nouveau permet aux serviteurs de ''donner à voir'' leur valeur d'être, de renforcer leur estime d'eux-mêmes et pourquoi pas, de vouloir à leur tour transmettre à d'autres.

Si l'on en restait là, on pourrait penser qu'en permettant aux serviteurs d'être reconnus dans leur valeur, le maître donne une nouvelle fois et demeure dans une position asymétrique de supériorité. Au contraire, il lui fallait venir à nouveau pour que les serviteurs accèdent à leur propre vie. Certes, ils avaient su faire fructifier le don du maître avec leurs propres richesses, mais les serviteurs avaient besoin que le maître les reconnaisse pour que le don opère complètement et participe au renforcement de l'estime de soi et de l'identité. Quant au maître, ce nouveau geste lui permettait de recevoir tout autant que ses serviteurs. Ils pouvaient ainsi accéder ensemble à une joie qui leur aurait été inaccessible seuls. Joie qui les place tous à égalité « car c'est dans l'avènement

---

[136] Dumas D. op. cit., montre que les fautes sont portées sur trois ou quatre générations.
[137] Cela donne à réfléchir sur la difficulté de l'acte éducatif ; comment amener certains jeunes à croire, à faire confiance à nouveau en l'adulte en tant que donateur possible. D'autant que cet adulte/professionnel- qui donne n'est pas celui qui devrait le faire, il donne à la place de... mes parents. A l'échelle de la société, on retrouve la même analogie ; puisque la société ne m'offre que de l'avoir, je prends comme un dû ce qu'elle me propose.
[138] Balmary M., op. cit., p. 97.
[139] Ibid., p. 105.
[140] Ibid., p. 103.

de l'autre à la souveraineté et à la joie que le maître a mis sa propre joie et le sens de sa maîtrise »[141]. La liberté du don ouvre à l'égalité et naturellement à la fraternité, en tant que s'entre-reconnaître d'une même lignée en se sentant responsable les uns des autres. Le don mutuel positif nous ramène par des détours surprenants à la devise républicaine...

5.5. Le don virtuel

Le don virtuel évoque un état dans lequel le geste du don est bien présent mais sans qu'il n'y ait d'échange direct entre donataire et donateur. Il est nécessaire de s'en faire une représentation. A chaque fois, que l'on donne ou que l'on reçoive, il faut se construire une idée du geste fait par l'autre, puis le considérer comme une contribution au lien. Ce lien est virtuel mais il nous rappelle notre humanité. Aussi devra-t-il se concrétiser par la poursuite du cycle avec d'autres personnes bien réelles.

<u>Donner sans que le donataire soit connu.</u>
Lorsque nous déposons le surplus de nos courses dans un caddie placé à la sortie du supermarché à l'attention des associations caritatives, nous savons que nous ne connaissons pas le bénéficiaire et nous ne souhaitons pas forcément le connaître. Mais le geste du don nous aide à en construire une représentation, nous le rend moins abstrait et nous permet ainsi de nous sentir plus solidaire.

Le Téléthon constitue un exemple intermédiaire intéressant. Les individus se retrouvent pour réaliser des défis, pour rivaliser entre eux. L'objectif de ce lien par le défi est de donner à une cause, pour des personnes que l'on ne connaît pas personnellement. Le succès du Téléthon vient de ce que des personnes ont libéré du temps pour partager pleinement une soirée, un week-end. Ils sont heureux de se défier pour l'honneur de pouvoir contribuer au développement de la recherche. La représentation du don est médiatisée par l'occasion de vivre un temps de don agonistique. Les reportages et interviews retransmis par la télévision nous rendent plus proches les personnes handicapées[142].
Le fait même d'avoir donné procure au donateur le sentiment de participer à la grande chaîne humaine, c'est cela qu'il reçoit en retour. Cet autre inconnu est la condition pour que celui qui donne se sente reconnu dans son humanité, dans son lien possible à l'autre.

---

[141] Ibid., p. 105.
[142] Les mauvaises langues préciseront que les personnes trop lourdement handicapées ne sont jamais filmées de crainte de heurter le quidam.

Recevoir sans que le donateur soit connu et ne le sache lui-même
Le cas de figure du « don à l'étranger » décrit par Jacques T. Godbout[143] à propos du don d'organe offre un autre cas de figure particulier. Le donataire ne connaîtra jamais le donateur, il ne pourra jamais lui rendre. Il est dégagé de toute attente de retour de la part du donateur puisque celui-ci est mort. Le donataire peut recevoir sans souci de rendre, d'autant qu'il ne connaîtra jamais l'identité du donateur. Seul le concept, le geste, le principe du don demeurent. Cette forme extrême de don, une personne décédée donne une partie d'elle-même pour qu'un autre vive, n'est pas sans conséquence sur l'identité du donataire, comme le souligne Jacques T. Godbout.

Le don en germe
Le donateur connaît le donataire mais ne veut pas être démasqué. D'ailleurs le donataire peut ne pas avoir conscience du don. Il en voit le résultat, mais le donateur s'est débrouillé pour que son geste ne soit pas reconnu. Tout simplement parce que le droit de donner participe du sentiment de liberté et donne goût à la vie. Le donateur reçoit de ce qu'il donne, l'autre - le donataire - ne sert que de miroir reflétant les effets du don à travers ses réactions.
Cette attitude du donateur peut venir de son manque de confiance et d'estime de soi. Les raisons sont toujours constituées d'un faisceau complexe d'indicateurs qui appartiennent à la personne et à son histoire relationnelle. Elles tiennent parfois du donataire qui s'est avéré par le passé incapable de reconnaître les contributions du donateur. Le contexte social de repli individualiste et du développement des relations virtuelles via internet, la peur du face à face réel, peuvent avoir leur part d'influence dans la crainte du donateur de s'engager dans une relation. En restant caché, le don semble s'exclure d'une recherche de lien. On voit mal dans ce cas, comment le cycle du donner, recevoir, donner à son tour pourrait encore fonctionner.
Or, bien souvent on s'aperçoit qu'il s'agit moins d'un refus de la part du donateur que d'une difficulté à recevoir, ouvertement, de peur de perdre sa liberté de donner quand il le veut et comme il le veut, de peur de perdre sa maîtrise sur les événements, par crainte de sa maladresse dans sa manière de rendre...

Parfois aussi le lien n'est pas explicitement recherché, du fait même d'avoir été effectué, le don suffit à aider le donateur à reconnaître sa propre humanité. Se faire connaître reviendrait à utiliser l'autre, le détour de l'engagement dans le lien s'avère inutile, car l'objectif ici est de donner pour s'éprouver dans son humanité. Le film « Amélie Poulain » nous en fournit un exemple ; l'aide qu'apporte l'héroïne autour d'elle ne lui permet-elle pas de croire davantage en elle ? Le don reste paradoxalement caché, au risque dans le cas contraire,

---

[143] Godbout J. T., op. cit.

d'instrumentaliser les autres qui seraient seulement "utiles" à Amélie dans sa recherche de confiance en elle. L'allégorie du nain de jardin mêle ensuite l'humour (qui aide à la prise de distance) au geste caché... jusqu'à ce que le geste final dévoile sans qu'il soit besoin de le dire, l'affection mutuelle entre le père et sa fille[144].

De multiples formes intermédiaires
Certaines personnes présentant des difficultés relationnelles peuvent se replier sur ce donner virtuel. Je me souviens d'un homme qui vivait seul dans un petit village où je passais régulièrement mes vacances. Il était très réservé, fuyait le contact et ne répondait jamais lorsque nous lui adressions la parole pour lui dire bonjour. Il avait entendu dire que nous voulions redonner vie à un four à pain et profiter de cette occasion pour organiser une petite fête. Alors que nous nous préparions à aller chercher du bois pour faire chauffer le four, nous le vîmes arriver avec son tracteur et sa remorque chargée de bois. Il bougonna quelques mots pour que nous l'aidions à décharger puis s'éloigna. Qu'attendait-il en retour, peut-être seulement le fait qu'on ne l'oublie pas et qu'il sente que sa personnalité ne laissait pas indifférent ? Peut-être était-ce trop difficile pour lui d'accepter de recevoir trop explicitement, préférant se limiter à donner sans rien vouloir attendre en retour ? Certains verront dans cette attitude la maladresse de quelqu'un qui ne sait pas comment s'y prendre pour entrer en relation avec l'autre, d'autres y percevront pudeur et retenue. Peut-être y a-t-il un peu de tout cela, il est certain que cette façon d'être ne datait pas d'hier, cet homme semblait avoir trouvé un certain équilibre dans cet état du don mêlant donner virtuel et alternance du don.

Le don est présent dans tous ces exemples, quelle que soit la forme qu'il prend ou le nom qu'on lui donne. Il est présent en ce qu'il est tentative de lien, recherche d'altérité malgré tout. Malgré nos limites, nos difficultés, nos histoires personnelles... qui viennent complexifier encore notre schéma initial.

---

[144] Le nain disparaît du domicile familial, puis envoie des photos de ses voyages aux quatre coins du monde (rendu possible par une amie d'Amélie, hôtesse de l'air) avant de revenir avec un billet d'avion pour le père d'Amélie pour qu'il profite lui aussi d'un voyage.

6. LES ETATS DU DON DANS UN CONTEXTE PROFESSIONNEL

6.1. Don et climat de travail

Le climat est la résultante d'un ensemble de facteurs liés au fonctionnement de l'institution et à la qualité des échanges entre les professionnels. Cela en fait un sujet complexe à appréhender et on ne s'y intéresse généralement que lorsqu'il est... mauvais. En nous permettant de fixer, telle une photographie, les dynamiques relationnelles au sein d'un groupe ou d'une équipe de travail, les états du don nous éclairent sur le climat et nous fournissent des indications pour arrêter la meilleure stratégie d'intervention.

Les états du don sont par essence toujours instables, leurs frontières sont mouvantes et leur équilibre structurellement fluctuant, particulièrement en situation professionnelle.
Lorsque nous cherchons à repérer un état du don nous pouvons, soit délimiter une période significative marquée par des échanges symptomatiques et/ou des événements déclencheurs, soit arrêter une période de référence qui facilitera les comparaisons dans le temps. Tout choix contient une part de subjectivité qui nous oblige paradoxalement à beaucoup de "mesure" si nous voulons qu'il soit pertinent. Ainsi, nous pourrions être aveuglés par une mauvaise humeur passagère due à la fatigue, à un accroissement imprévu d'activité qui désorganise l'institution et génère des tensions passagères, ou encore à un incident entre salariés sans conséquences... de la qualité de ce repérage dépendra pour partie la capacité d'ajuster l'intervention. Lorsque nous distinguons un état ponctuel d'une tendance lourde, ou lorsque nous intervenons pour relancer une dynamique d'échanges afin qu'elle soit mieux adaptée au contexte institutionnel, nous agissons sur l'état du don et contribuons à infléchir le climat de travail.

Dans le schéma suivant, la zone de la violence-vengeance, de sortie du don est à éviter, au risque de provoquer une situation de crise dont l'institution pourrait ne jamais se remettre.
A l'opposé, la zone hachurée accolée au don mutuel positif représente des échanges marqués par une intensité et une qualité rares. Mais il s'agit de situations hors normes qui ne peuvent durer. Je me souviens d'une période de solidarité et de reconnaissance mutuelles exceptionnelle entre collègues, due en partie au fait que nous découvrions les ravages du sida auprès d'une jeune que

nous connaissions bien et qu'il fallut accompagner jusqu'à son décès. Il ne faut cependant pas confondre de telles périodes avec la phase d'illusion groupale dont nous avons déjà parlé.
Les zones blanches sont des zones à risque : un excès de don mutuel positif pourrait faire oublier qu'il s'agit de relations professionnelles. De même, trop de don altéré génère des ambiances de travail destructrices.

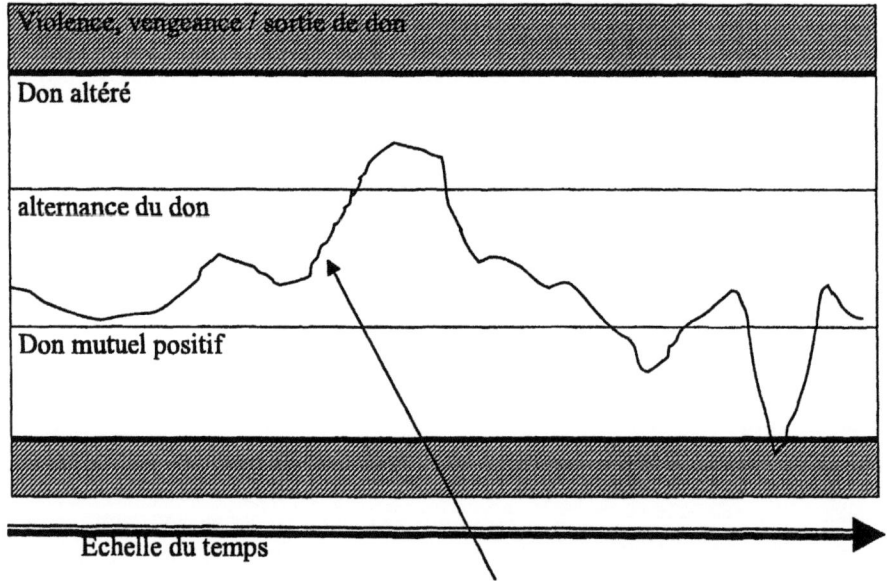

La courbe donne un exemple de relations professionnelles saines dans le temps

Il relève de la responsabilité de la direction plus que de tout autre acteur, de créer les conditions pour que les échanges se stabilisent dans un espace se situant idéalement entre l'alternance et le don mutuel positif.

Les négociations qui accompagnèrent le passage aux 35 heures constituèrent un bon révélateur du climat social. Beaucoup d'institutions durent modifier les horaires de travail, donc les équilibres antérieurs. Les nouvelles règles devaient traduire dans le fonctionnement effectif, le rééquilibrage entre les intérêts individuels des salariés et la qualité de l'engagement collectif garantissant la continuité et la qualité de la mission.
La pose des congés est parfois source de tensions, particulièrement lorsqu'il faut couvrir les 365 jours de l'année. Leur organisation est au cœur de l'équilibre entre la nécessité d'offrir une prestation de qualité aux personnes accueillies, la prise en compte des besoins individuels des salariés, la reconnaissance par chacun des besoins de ses collègues. Ce moment constitue souvent un bon

indicateur de l'équilibre des contributions qui permettent à la dynamique des échanges de demeurer dans la zone d'alternance du don.

Dans cet établissement le chef de service avait auparavant l'habitude d'organiser les plannings de congés des éducateurs. La mise en place des 35 heures modifia cet équilibre. Ce fut l'occasion de mener une réflexion conjointe de l'équipe avec la direction qui permit de réaffirmer quelques principes concernant la qualité de l'accueil. Il fut décidé de maintenir l'amplitude d'ouverture du service. Puis le directeur rappela les règles incontournables comme le nombre minimum de personnes devant être présentes pour maintenir la qualité de cet accueil. Dans le même esprit, il demanda que soient pensées les règles concernant la prise de RTT (réduction du temps de travail). Des propositions furent acceptées facilement dans la mesure où tout le monde se sentait concerné par la recherche d'un bon équilibre entre mission du service et bénéfice des 35 heures. Les conditions étaient réunies pour que les membres de l'équipe se mettent d'accord entre eux et proposent au directeur un planning de congés.

On repère l'effet normatif du don dans cet exemple. Les principes d'alternance et de réciprocité entre les membres de l'équipe sont fortement sollicités. Si quelqu'un a besoin d'une période précise de congés par exemple, il sollicitera la bienveillance de ses collègues. Sans que cela ait besoin d'être nommé, il saura qu'il devra donner à son tour à un autre moment.

Dans cet autre exemple, une équipe était sujette à des tensions importantes et donc à une démotivation croissante. On m'avait rapporté qu'il existait des problèmes de communication. Effectivement, les communications non verbales (soupirs d'ennui, passivité) étaient suffisamment expressives pour déterminer rapidement la présence de deux clans s'opposant. Le manque d'affinités personnelles ne suffit pas à expliquer (et encore moins à justifier) que des salariés aient des difficultés à travailler ensemble ; la mission, les fonctions de chacun, la régulation de la direction, le projet d'établissement, les contraintes de l'environnement etc. sont autant d'éléments qui régulent de fait les relations de travail. Une institution ne peut supporter longtemps de telles tensions et un état du don altéré.

Les difficultés de communication pouvaient être perçues comme un symptôme signifiant le point d'équilibre que le système ne parvenait plus à maintenir ; les communications verbales étaient réduites à leur plus simple expression, ce qui fournissait à chacun un prétexte pour conforter son point de vue. En poussant mon investigation, il apparaissait que les deux parties tenaient le même discours inverse. Les premiers que nous appellerons les anciens estimaient qu'ils faisaient tout le travail, qu'ils « ne pouvaient rien confier aux autres qui voulaient en faire le moins possible ». Quant aux nouveaux, ils pensaient que les autres les prenaient pour des incapables, ils leur confiaient le minimum de tâches et ne leur laissaient aucune initiative, ils se sentaient « inutiles ».

Cette institution n'était pas très ancienne, elle avait vu le jour sous l'impulsion d'une directrice – fondatrice très active. Elle était toujours à son poste mais elle dirigeait en plus une autre institution. Comme elle était moins présente auprès de son équipe, elle en avait confié l'animation à un directeur adjoint. Mais il ne savait plus comment résoudre les tensions entre les membres de son équipe.

Il fut d'abord nécessaire de reconnaître le bien fondé du point de vue de chacun, permettre que soient exposés les griefs à l'encontre des autres, mais aussi reconnaître leurs contributions, leurs efforts, leurs tentatives, leurs intentions pour qu'un fonctionnement convenable se développe. Bref, il fallait repérer les ressources collectives encore présentes malgré les avis différents et les tensions. Par exemple, il apparut que les anciens tenaient à ce que les valeurs dans lesquelles ils se reconnaissaient et qui faisaient la richesse de l'institution ne soient pas remises en question par les nouveaux. Ce que leurs propos maladroits en même temps que provocateurs (défi) pouvaient laisser penser. Malheureusement cela n'avait jamais été évoqué, laissant la rumeur enfler. Dans ce cas, comment savoir s'il s'agissait bien de propos maladroits, mal interprétés, liés à un contexte particulier... ?

Il apparaissait que le clan des anciens s'estimait être le seul en mesure de donner et de transmettre les pratiques éducatives, ne laissant d'autre possibilité aux nouveaux que de répliquer à l'identique ce qui leur était transmis. De sorte que les nouveaux n'avaient le choix qu'entre l'imitation ou la trahison. En agissant ainsi et malgré leur bonne intention de protéger les acquis de l'institution, les anciens donnaient l'illusion de donner. Mais ils contraignaient les nouveaux à rendre sans espace de liberté, sans initiative possible. Les anciens n'appréhendaient les situations qu'en fonction de leurs attentes, ils ne voyaient que leur vision. Ils ne laissaient pas l'espace de liberté nécessaire aux nouveaux qui n'avaient de ce fait, aucune marge d'expression véritable. Liberté qui leur aurait permis de traduire les anciens et non de les trahir comme ces derniers le pensaient.

La réflexion menée avec l'équipe permit de construire des représentations communes sur le sens que l'institution souhaitait donner à son action. Les apports des nouveaux furent pris en considération sans que cela ne remette plus en cause les valeurs fondatrices auxquelles tenaient les anciens. L'engagement de la directrice dans cette démarche fut essentiel pour lever les dernières réticences de quelques anciens. Il fallut ensuite laisser le temps faire son œuvre, une bonne année fut nécessaire pour consolider un état du don relevant de l'alternance. Cet accompagnement fut confié au directeur adjoint.

Enfin, l'état du don d'un groupe ne peut faire l'impasse sur l'histoire des échanges interpersonnels et leurs conséquences relationnelles. D'autant que toute relation humaine, donc tout échange avec un autre renvoie chacun à sa propre expérience. Nous sommes faits de l'histoire de nos échanges, dont les effets se font sentir souvent bien malgré nous et à notre insu. Ce dernier aspect

est le plus difficile à appréhender dans un contexte professionnel, particulièrement pour ceux chargés d'animer une équipe. Le directeur n'a pas à soigner les pathologies du lien d'un collègue, d'autant plus quand on sait que le secteur associatif est trop souvent tombé dans ce travers par le passé.
La réalité est toutefois plus complexe, les théories managériales importées de l'entreprise marchande, censées rationaliser les relations de travail se heurtent à de sérieuses difficultés auxquelles elles n'étaient pas préparées. Car les métiers de l'éducation spécialisée puisent une part non négligeable de leur action dans l'immatériel, la pensée et la parole au travail, l'engagement relationnel, la bonne distance éducative. Or cette posture passe inévitablement par un apprentissage de soi engagé dans une relation d'aide. Chaque professionnel doit apprendre à faire avec ses propres apprentissages relationnels, voire son histoire personnelle, pour en tirer des ressources qu'il mettra au service de son action auprès des personnes qu'il accompagne. Le travail d'analyse et les hypothèses d'intervention se font avec le soutien de l'équipe. Sa fonction de tiers aide chacun à trouver la bonne distance éducative, ainsi que les actions et les engagements les plus appropriés. Le questionnement sur soi au travail fait partie de la pratique éducative, tout professionnel aguerri sait également qu'il arrive quotidiennement que les personnes accompagnées projettent sur les équipes des éléments de leur propre histoire ; certaines sont très fortes pour trouver les failles institutionnelles ou celles de certains membres de l'équipe. L'analyse collective est nécessaire pour repérer et répondre à ces difficultés. Rappeler cette part du travail quotidien des équipes éducatives, c'est aussi mettre en évidence la complexité de la régulation d'équipe. Comment dissocier ce qui relève d'une interrogation légitime visant à adapter l'intervention éducative, de ce qui relève d'une incompétence ou d'un débordement de la sphère privée sur la sphère professionnelle ?
A moins de considérer que cette posture éducative relève d'une autre époque, tout directeur doit intégrer cet aspect à sa pratique. S'il n'a pas d'expérience antérieure dans le secteur social et médico-social, il devra impérativement acquérir cette compétence, souvent étrangère à la culture managériale traditionnelle.
Comme tout directeur, j'ai été confronté à cette question, je m'appuyais alors sur mes expériences éducatives et ma sensibilité psychosociologique que je plaçais sous le regard du don pour trouver ma posture singulière. Avant d'être perçues comme des problèmes de personnes, les difficultés rencontrées doivent être analysées d'un point de vue institutionnel, de préférence avec les outils de la psychologie sociale, et en référence au projet d'établissement. Tout professionnel quelle que soit son expérience, peut être pris et dépassé par une situation éducative, cela n'a rien d'exceptionnel. Il doit seulement, mais c'est incontournable, en tirer des enseignements pour progresser. Dans le cas contraire, il se verra interpellé par sa hiérarchie sur le principe suivant : l'institution est prête à accompagner un travail de professionnalisation en

soutenant les efforts et l'engagement de chacun. Les contributions demandées en retour au professionnel - car nous nous situons dans le cadre d'un contrat de travail - consistent à faire fructifier ce qu'il reçoit, pour entretenir le débit des échanges et contribuer ainsi à l'enrichissement des pratiques collectives. En insistant sur la nécessité de considérer la part personnelle présente dans tout travail d'accompagnement social et/ou dans toute relation d'aide, apparaît en creux la difficulté d'intervenir à bon escient.

6.2. Appréhender les états du don avec l'analyse systémique

La mobilisation des ressources individuelles ne dépend pas uniquement de la personne

Pour piloter son équipe, le directeur doit anticiper et conserver une vision d'ensemble de l'institution. On sait à quel point il doit veiller à développer et maintenir un climat relationnel propice au travail. Repérer et évaluer l'état du don dominant et ses évolutions fournit des indications essentielles sur la qualité de l'engagement des professionnels, ou au contraire sur l'intensité des blocages relationnels avec leurs conséquences destructrices à terme. Le travail d'analyse des états du don apporte de l'objectivité aux dynamiques relationnelles, favorise la prise de distance qu'implique la fonction de direction et facilite le travail de régulation nécessaire.

Sous la conduite de son directeur, une organisation saine maintient la capacité de confiance réciproque au sein de l'équipe. Dans ce cas, un espace d'échange existe qui évite de stigmatiser les difficultés et de les transformer en échecs dont on garderait les traces inutilement. Car les tensions tues parasitent les relations de travail, elles ne s'oublient pas, elles s'accumulent et ressortent dans les moments de fragilité (comme un changement de direction, un projet de restructuration ou de développement...).

Mais le directeur ne fait pas tout, chaque professionnel doit se préoccuper de la qualité de l'accompagnement que l'institution doit offrir aux personnes accueillies. De ce fait, nous sommes obligés, tenus, de compter les uns sur les autres et d'en faire le choix explicite. Il faut y veiller avec beaucoup d'attention, car nos non-contributions au collectif peuvent avoir des effets destructeurs insoupçonnés. Il n'est pas acceptable de laisser agir des personnes ou des sous-groupes qui invalident et disqualifient les propos constructifs, empêchent que soient mobilisées les ressources collectives, bloquant ainsi les perspectives et asséchant le dynamisme des autres collègues. Les effets de ces attitudes individuelles ou de ces dynamiques de groupe ne sont pas toujours visibles facilement. Si elles ne déclenchent pas de crise immédiate, elles rongent pourtant en profondeur la confiance. La maltraitance ressentie peut conduire à des attaques contre l'institution et à des prises de position destructrices. Personne ne sort gagnant de telles confrontations, aussi n'avons-nous d'autre choix que d'être ressource pour nos collègues autant que les collègues doivent l'être pour nous. Nous avons une obligation de solidarité collective. C'est pourquoi il faut porter une attention toute particulière aux états du don.

L'analyse des conséquences relationnelles des échanges dans la durée permet de repérer et comme nous l'avons dit, d'évaluer l'état du don dominant de l'institution. Les échanges doivent être appréhendés, non pas seulement au niveau de ce qui se passe entre deux personnes, mais aussi au niveau du système relationnel global de l'institution. Il ne sert à rien d'isoler une situation et de vouloir l'étudier, sans tenir compte du contexte plus large que constitue la dynamique des échanges entre les différents membres et sous-groupes.

Dès lors l'approche systémique fournit une méthodologie d'intervention appropriée. Car elle permet de considérer un « ensemble d'éléments en interaction dynamique (évoluant dans le temps) organisés en fonction du contexte et de ses finalités »[145]. Pour comprendre l'opérationnalité de cette définition, commentons-là.

Les caractéristiques du système

L'analyse des interdépendances montre que la modification d'un élément, une nouvelle tâche confiée à une personne par exemple, agit sur l'ensemble du système. De même, le système n'est jamais réductible à la somme de ses parties, c'est-à-dire que le tout est plus que la somme des parties. Aussi, devons-nous être attentifs aux effets et aux conséquences d'un échange ou d'une série d'échanges entre deux ou plusieurs personnes, entre deux ou plusieurs sous-groupes (sous-systèmes), sur l'ensemble de l'institution.
Dans un service éducatif en milieu ouvert, deux éducateurs ne s'appréciaient pas et s'évitaient, au point qu'ils parvenaient à ne jamais se rencontrer. Cette situation dura quelques mois sans qu'ils en soient gênés. Sauf que cela avait des répercussions sur la manière de travailler des autres collègues qui, pour maintenir le statut quo, avaient pris progressivement de nouvelles habitudes de travail sans s'en apercevoir.

Les membres d'un système sont également en interaction. Cela signifie que les relations ne sont pas linéaires mais circulaires. Si l'analyse des interactions nous fournit des indications intéressantes sur l'état du don, elles doivent cependant être maniées avec prudence. Par exemple, en cas de conflit entre deux

---
[145] De Rosnay J., *Le macroscope*, Paris, Seuil, 1975.

personnes, chacun aura tendance à penser que l'autre est au commencement du problème. La vision linéaire protège en quelque sorte de sa propre responsabilité.
Ainsi cet éducateur d'internat interpellant sa collègue : « Tu pourrais intervenir auprès des enfants, tu ne le fais jamais », se voit rétorquer : « Si tu n'intervenais pas autant, j'aurais un espace pour le faire ». Chacun pense seulement répondre au premier message adressé par l'autre et rythme les séquences communicationnelles selon son seul point de vue, alors que la circularité est bien à l'œuvre. Comme nous pouvons espérer que d'autres domaines de leur relation professionnelle équilibrent les échanges et permettent une meilleure réciprocité, se pose alors la question de la focale privilégiée pour appréhender la qualité des relations. Se focaliser sur les reproches formulés sans considérer d'autres aspects plus sereins de leur relation professionnelle peut avoir des effets désastreux. Cela vaut pour cet exemple entre deux personnes, mais aussi pour l'ensemble des relations institutionnelles. Le directeur doit donc rester attentif à ne pas porter de jugements trop hâtifs, qui le pousseraient à prendre des orientations inadéquates et déstabiliseraient les équilibres relationnels, donc l'état du don.

Une autre caractéristique du système est qu'il est toujours en mouvement s'il ne veut pas mourir, mais il n'en recherche pas moins son équilibre. C'est le principe d'homéostasie. La qualité des échanges entre les personnes au sein du système influe considérablement sur la sérénité avec laquelle il sera possible d'affronter les déséquilibres, inhérents à tout système vivant.
Si le directeur doit veiller à la cohérence d'ensemble en maintenant l'homéostasie, cela ne l'empêche nullement d'initier des changements. Il veillera seulement à ce que ces changements ne déstabilisent pas l'institution au point de risquer une crise majeure. Mais il revient aussi à chaque salarié d'être attentif à ce que ses réactions et son engagement soient des contributions, même critiques[146], et non une disqualification destructrice qui ne serait pas acceptable.

Le temps est une composante essentielle du système, il ouvre à la mémoire sans laquelle la compréhension du présent pour construire l'avenir est impossible. Une nouvelle fois, le temps du recevoir et de l'alternance des gestes est mieux appréhendé lorsque les échanges sont de qualité.

S'il veut rester vivant, un système doit apprécier les influences externes pour, soit se réguler et maintenir son équilibre, soit intégrer les attentes nouvelles de l'environnement. Tout système vivant s'adapte aux évolutions de son environnement et complexifie son organisation au fur et à mesure qu'il se

---

[146] Cf. chapitre 8.4 "Etre disqualifiant ou contributif".

développe, notamment par une meilleure différenciation des places et des fonctions[147].

On sait à quel point les périodes de transition remettent en question les équilibres antérieurs et peuvent provoquer une détérioration des états du don. De la finesse de perception des dynamiques relationnelles dépendra la capacité d'agir pour maintenir un état du don propice à des échanges constructifs.

Le système développe un dispositif cohérent qui lui permet de fonctionner pour répondre à sa finalité[148]. Ce faisant, il développe des activités qui suscitent de nouveaux besoins. Par exemple, l'apport du matériel adapté en temps et en heures sur les lieux d'intervention d'une O.N.G. nécessitait un besoin d'organisation logistique, d'où la création d'une fonction logistique. L'ensemble des fonctions a besoin d'un système de pilotage, de normes et de règles, bref d'un dispositif organisationnel.

De même, un système ne peut fonctionner s'il ne prend pas en compte son environnement, externe et interne. Repérer les frontières internes et externes nous renseigne sur les niveaux nécessaires de protection du système, donc sa souplesse et son adaptabilité dans le temps, mais aussi sur les butées qu'il convient de fixer.
Une institution insuffisamment réactive aux évolutions sociales, juridiques, technologiques, aux attentes des financeurs, serait vouée à disparaître. A l'inverse une institution trop réactive perdrait tous ses repères et risquerait l'anomie et l'implosion.

Les frontières internes préservent les positions de ses membres, c'est-à-dire ce qui différencie chacun au sein du système ; places, fonctions, champs de responsabilités, compétences. Plus le pilotage du système est clair et fluide, plus la dynamique des échanges a des chances d'être saine.

Les états du don sont le réceptacle privilégié de ces mouvements institutionnels incessants, inhérents à tout système. Seul le recoupement de faisceaux d'indicateurs permet d'en percevoir, repérer, évaluer les effets potentiels sur la qualité des échanges et leurs répercussions sur l'institution.

---

[147] Par exemple, qu'y a-t-il de commun entre les premiers camions des « restos du cœur » et l'organisation actuelle, entre les premières missions des « french doctors » et l'entreprise d'aujourd'hui ? Celui qui ne tire pas des leçons de ses expériences pour s'améliorer, s'adapter est voué à disparaître, celui qui veut fonctionner en circuit fermé meurt. C'est souvent ce qui se passe dans certaines sectes. Confrontées aux sollicitations extérieures, elles ont le choix entre deux solutions ; soit elles excluent ceux qui apportent la contradiction, soit elles se replient sur elles-mêmes en rejetant tout ce qui pourrait venir parasiter leur fonctionnement. Sans renouvellement, la vie s'éteint progressivement et ces sectes sont vouées à disparaître. Plus dangereuses sont celles qui savent utiliser l'environnement pour nourrir leurs propres fins.
[148] La changer revient à changer de système.

Le symptôme

Il nous reste à présenter le point d'appui que constitue le symptôme. Comme pour le don, la lecture systémique des dynamiques institutionnelles s'enrichit par l'expérimentation. Ainsi en est-il du repérage de "ce qui fait symptôme" en tant que la solution que le système (l'institution, l'entreprise) a trouvée pour maintenir son équilibre face aux évolutions.

La méthode systémique consiste à établir des rapprochements en dehors de toute logique linéaire. Repérer des faits, les relier entre eux, identifier un symptôme et s'interroger sur sa fonction ; à quoi sert-il, à quels besoins répond-il. Ce symptôme peut à son tour apparaître comme un fait qui, relié à d'autres, fait émerger un nouveau symptôme et un nouveau mode de fonctionnement du système. C'est ainsi que l'on peut remonter du particulier au général pour offrir une lecture complexe du fonctionnement du système. Le principe d'équifinalité, qui considère qu'une cause peut produire plusieurs effets et qu'un effet peut avoir plusieurs causes, prend ici toute son importance.

Cette démarche permet de construire une intervention en considérant les ressources du système et non ses limites... comme le don, avec le don, l'approche systémique privilégie et mobilise les ressources. Dans un service d'accompagnement de jeunes majeurs en grande précarité, le dispositif d'admission se déroulait ainsi : le jeune téléphonait ou se présentait physiquement pour demander à être aidé. Quelques questions simples permettaient de vérifier si le jeune relevait bien de la mission du service et s'il comprenait l'objet de l'aide qui lui était proposée. Ce premier accueil était effectué par les éducateurs et dès le lendemain le jeune était reçu par le chef de service ou le directeur. A l'issue de cet entretien, un contrat d'objectifs était fixé entre le jeune et l'institution. Puis un premier rendez-vous avec un éducateur signifiait le démarrage effectif de l'accompagnement. Il fallait 3 à 5 jours entre le premier coup de fil et le premier entretien de suivi.

La fusion de deux associations eut pour conséquences de regrouper plusieurs structures et d'en confier la direction à ce même directeur. Rapidement, la charge de travail de ce dernier ne lui permit plus de partager les entretiens d'admission avec le chef de service comme cela se pratiquait auparavant. Progressivement et sans prendre conscience immédiatement des répercussions en chaîne que sa décision allait provoquer, il laissa la responsabilité des admissions au chef de service. A son tour, celui-ci ne parvint plus à assurer le travail de soutien et de régulation des éducateurs comme il le souhaitait, car il passait beaucoup trop de temps à effectuer les admissions. Jusqu'au jour où la diminution des admissions et la perception d'une baisse de qualité des suivis éducatifs le firent réagir vivement. Cette tension avec le directeur risquait de déstabiliser et d'insécuriser un peu plus l'équipe éducative qui ne comprenait pas cette dégradation alors que tout fonctionnait bien jusque-là.

Il aurait été facile à ce moment-là de personnaliser les tensions, de faire porter la faute sur le directeur qui avait abandonné une part de son travail, sur le chef de service qui "résistait" au changement, sur l'équipe éducative qui ne se prenait pas en charge etc. Il importait plutôt de s'appuyer sur les ressources collectives, de favoriser les contributions de chacun pour aider à la compréhension de la situation et la recherche de solutions. Sous l'autorité du directeur, les échanges collectifs permirent de ramener l'état du don dans la zone d'alternance ; condition *sine qua non* pour éviter de sombrer dans une crise dont il aurait été beaucoup plus difficile de sortir.

La fusion des associations avait eu pour effet de complexifier le fonctionnement de ce service, déséquilibrant un système stable depuis des années. Le déséquilibre se traduisit par des réactions en chaîne comme nous l'avons vu. Une lecture systémique contribua à appréhender le problème dans sa globalité et à élaborer des réponses appropriées.

Une fois le diagnostic posé et validé, il revenait au directeur de choisir entre plusieurs solutions. Au-delà de celle qui fut retenue, elle engageait le service dans des changements importants concernant le dispositif. La compréhension par tous de cette étape fut primordiale ; soit le service tentait de maintenir l'homéostasie) en revenant à l'équilibre antérieur, soit il intégrait les changements et retrouvait sa stabilité par un « équilibre majorant ». Dans ce cas, l'institution progressait dans le temps, se complexifiait et s'adaptait par des boucles rétroactives qui prenaient en compte les nouvelles données. Ce qui avait pour effet de rétablir l'équilibre et donc la stabilité du système. Cela revenait aussi à accepter les conséquences du changement et les évolutions inévitables du dispositif ; de nouveaux fonctionnements, de nouvelles pratiques et habitudes de travail. Encore une fois, seule une volonté commune d'aboutir, seule une culture institutionnelle basée sur une dynamique d'échanges régulés par le don permettait d'avancer.

Comme nous le verrons[149], tout le monde n'a pas la même motivation face au changement. Toutefois, si le directeur privilégie l'intégrité relationnelle au pouvoir, la confiance à la défiance, s'il réfère les échanges au projet institutionnel et donc à la mission, il crée un cadre propice au déploiement d'une éthique de l'engagement et de la considération.

---

[149] Cf. chapitre 9.1 "Don, pouvoir et autorité".

7. LE DON POUR DEPASSER LA REFERENCE UTILITARISTE

7.1. Le don contre l'instrumentalisation de l'homme au travail

Un modèle de management qui semble s'imposer

Les techniques de « gestion des ressources humaines » issues de la sphère marchande semblent imposer leur logique aux organisations à but non lucratif, notamment celles du secteur social et médico-social. Ce phénomène s'accélère et il faut reconnaître l'efficacité voire la pertinence d'un certain nombre de ces techniques. A ceci près que leur cadre de référence utilitariste ne convient pas à des métiers dont l'objet est de créer les conditions d'une rencontre structurante avec des personnes fragiles.

L'évaluation de l'action socio-éducative cherche ses lettres de noblesse, mais lorsqu'elle peine à se différencier de la démarche qualité, elle se voit réduite à des questions organisationnelles et à des procédures. Le fossé se creuse entre les dirigeants et leurs équipes. Le malaise croît et provoque désenchantement et désengagement, impuissance et repli individualiste. En lieu et place de la qualité attendue, se créent des spirales destructrices dont les « usagers » sont les premiers à pâtir.

L'alternative proposée ici ne vise pas à supplanter le management traditionnel, mais à le "limiter". L'utilitarisme exclut le don en lui niant sa validité. Le don au contraire reconnaît sans difficulté la part d'utilité inhérente à tout cadre professionnel. Rappelons que l'attention à soi fait structurellement partie du don, à condition bien sûr d'être reliée au souci de l'autre. C'est pourquoi je défends l'hypothèse que les outils de management et la gestion des ressources humaines peuvent être assujettis à des échanges relevant du don, dans un secteur ne "produisant" que du lien social et de la reconnaissance. Lorsque ce travail d'acculturation s'effectue, la conduite d'équipe des institutions sociales et médico-sociales génère une "efficace singularité". Le don n'empêche pas de rationaliser les pratiques, de gérer les institutions, de se doter d'indicateurs, de tableaux de bord, ces outils de management sont utiles au dirigeant qui veut développer de bonnes pratiques professionnelles. Le don permet juste à la dimension humaine de retrouver sa place, il favorise par là-même la créativité dont tout système vivant a besoin. Les entreprises pourraient s'en inspirer, qui « vivent une sorte de déficit de modèles d'avenir pertinents comme caractéristique d'une époque de transition comme la nôtre... », comme l'affirmait Renaud Sainsaulieu[150].

L'utilitarisme a servi l'homme, aujourd'hui il l'asservit

L'utilitarisme[151] repose sur un principe simple : « La somme des intérêts individuels contribue au bonheur du plus grand nombre ». Chacun est donc invité à rechercher son intérêt personnel en faisant appel à la raison (qu'il faut entendre ici dans le sens de calcul logique). L'agrégation des intérêts personnels contribue ensuite à l'amélioration de la vie du plus grand nombre.

Le suffrage universel en fournit un exemple ; j'ai intérêt à ce que mon point de vue soit pris en considération et chacun individuellement souhaite la même chose. Ainsi par le vote, tout le monde exprime son point de vue et contribue au développement de la démocratie et de la liberté individuelle.

Un autre exemple tiré du secteur marchand finira de nous éclairer : une chaîne de magasins de sport propose deux fois dans l'année de troquer vélos, skis et autres articles dont nous souhaitons nous séparer. Tout le monde est gagnant : je me débarrasse de mon rameur que je n'ai jamais utilisé, je permets à quelqu'un d'en acheter un à un prix imbattable et je récupère l'argent sous forme de bon d'achat dans le magasin.

Lorsque l'on veut appliquer ce modèle utilitariste aux relations humaines, on transforme le citoyen en client-roi (du moins le croit-il), tel un enfant capricieux qui ne tolère pas qu'on lui résiste et qui veut jouir tout de suite, tout le temps et toujours plus en tirant profit de toute situation. Les conditions du vivre ensemble ne se font plus guère qu'à travers ce prisme, au prix d'un appauvrissement du lien social. Certes, l'expansion qu'ont connue les sociétés occidentales au cours du 20ème siècle a servi l'homme, aujourd'hui malheureusement l'utilitarisme l'asservit.

La quête du bonheur associée à la recherche du plaisir, notamment à travers l'accumulation de biens, s'appuie sur un égoïsme rationnellement pensé, voire stratégiquement élaboré. L'agrégat de ces égoïsmes crée une synergie créatrice de nouveaux besoins que les entreprises traduiront par des innovations. Mais l'efficacité de cette force collective sensée ouvrir au bonheur du plus grand nombre nécessite d'accepter le principe du sacrifice de ceux qui ne parviennent pas à suivre. Il n'y a qu'un pas pour croire que ce sont des incapables, qui n'ont pas su faire les bons choix au bon moment pour protéger leurs intérêts. Nous nous trouvons en pleine injonction paradoxale ; la recherche du vivre ensemble s'appuie sur une logique d'exclusion de l'autre.

---

[150] Laville J. L. et Sainsaulieu R. (sous la dir. de), *Sociologie de l'association, des organisations à l'épreuve du changement social*, Paris, Desclée de Brouwer, 1997, p. 306.
[151] Cf. la revue du MAUSS, *Qu'est ce que l'utilitarisme : une énigme dans l'histoire des idées*, Paris, La découverte/Mauss 1995, ainsi que *Le grand dictionnaire de la philosophie*, Larousse.

Chacun individuellement peut penser qu'il gagnerait à coopérer avec l'autre, mais s'il fait confiance il risque de perdre beaucoup plus. La boucle est bouclée, le « dilemme du prisonnier » est confirmé ; chacun cherche à maximiser ses bénéfices sans tenter de s'associer avec un autre, de crainte que celui-ci trahisse sa confiance.

Issue de la théorie des jeux, le dilemme du prisonnier fournit une illustration d'un jeu à somme non nulle, présenté sous la forme d'une histoire pour en faciliter la compréhension. Deux suspects sont arrêtés par la police. Disposant de preuves insuffisantes pour les inculper, les agents les interrogent séparément en leur faisant la même proposition : si vous dénoncez votre complice et qu'il ne vous dénonce pas, vous serez remis en liberté et l'autre écopera de dix ans de prison. Si vous le dénoncez et qu'il vous dénonce aussi, vous aurez tous les deux cinq ans de prison. Si personne ne se dénonce, vous serez incarcérés tous les deux six mois. Chaque prisonnier fait ses calculs selon les réponses que pourrait faire son complice : s'il me dénonce, soit je me tais et je ferai dix ans, mais si je le dénonce je ferai cinq ans. S'il ne me dénonce pas, soit je me tais et je ferai six mois, mais si je le dénonce je serai libre. Si chacun fait ce calcul rationnel, ils écoperont de cinq ans. Mais au moins ils auront évité une peine de dix ans. Le dilemme du prisonnier modélise les questions de politique tarifaire entre concurrents. Celui qui baisse ses prix gagne des parts de marché, il augmente ainsi ses ventes et fait plus de bénéfices. Mais si son concurrent principal en fait autant, les deux peuvent y perdre. Cet exemple tendait à montrer les limites du libéralisme économique, la poursuite de son intérêt individuel n'aboutissant pas forcément à un résultat optimal. La forme choisie, raconter une histoire de prisonniers, avait pour objectif de faciliter la compréhension d'un des principes de cette théorie. Le glissement insidieux d'une relation marchande vers les relations interpersonnelles sous prétexte d'illustration caractérise, voire symbolise la vision instrumentale des rapports humains véhiculée par la pensée utilitariste.

Poursuivons le raisonnement pour déboucher sur les fondements du management. Dans la logique utilitariste, la liberté consiste à dépendre le moins possible de l'autre afin de protéger et surtout de développer son intérêt personnel. L'intérêt de l'autre est accepté par calcul, par rapport à ce que peut apporter cette collaboration. La négociation et le contrat s'imposent alors naturellement. De même l'obligation de s'associer est perçue comme une utilité et doit être réduite à un minimum de contraintes. Tout le monde semble gagnant, car enfin nous voilà libres, libres de consommer ce que l'on veut, libres de choisir nos relations et d'en changer quand on veut.

Mais nous payons au prix fort ce fonctionnement lorsqu'il est à l'œuvre dans les relations, notamment professionnelles. Décrivons ce mécanisme : toute entreprise cherche légitimement à être meilleure que ses concurrents si elle veut se développer ou du moins maintenir ses parts de marché. L'entreprise développe par calcul logique, rationnel, toutes les stratégies, c'est-à-dire « l'ensemble des décisions et actions relatives au choix des moyens et à l'articulation des ressources en vue d'atteindre un objectif »[152] pour parvenir à ses fins.

Le salarié fait partie des ressources que l'entreprise tient à sa disposition. Elle va ainsi les utiliser, les "gérer" de telle sorte que ces ressources produisent de manière optimale afin d'atteindre les objectifs qu'elle s'est fixée et de répondre au mieux à ses intérêts. Mais comme il s'agit de "ressources" humaines, celles-ci ne sont pas aussi malléables qu'une matière première. Parfois ces ressources résistent, les salariés répondent sur le même terrain que les dirigeants, acceptant aussi les règles du jeu utilitariste. Chacun défend ses intérêts dans un rapport de force organisé que médiatisent les acteurs sociaux (patronat et syndicats).

Ce système a trouvé un temps son équilibre, aux progrès techniques répondait le progrès des protections sociales et des biens de consommation. Or il ne fonctionne plus, les salariés se trouvent dans une impasse logique, une injonction paradoxale de laquelle ils ne parviennent plus à sortir. Leur intérêt est de ne pas être réduits à de simples "ressources" en développant un rapport de force que les négociations sont sensées réguler. Mais à trop demander, ils risquent de fragiliser l'entreprise, donc leur outil de travail. Dès lors, s'ils veulent protéger leurs intérêts, ils doivent défendre en même temps ceux de l'entreprise. Ils sont concernés au même titre que leurs dirigeants par la bonne marche de celle-ci. En définitive ils sont contraints de suivre et soutenir leurs dirigeants, s'ils veulent conserver leur emploi dans un contexte de concurrence mondiale.

Cette logique implacable génère un sentiment d'impuissance, l'insoumission et la lutte au risque de la mort sont inopérantes. Les conséquences invisibles se perçoivent dans une baisse du moral, donc de la reconnaissance et de l'estime de soi. Qui plus est, pourquoi faudrait-il remettre en cause ce modèle puisqu'il permet au plus grand nombre de vivre décemment… à condition de consommer toujours plus et de déléguer à l'Etat[153] le soutien, par des prestations d'aide sociale, de ceux qui restent inévitablement sur le bas-côté. Alors qu'il semble être à son apogée, mesure-t-on vraiment le coût humain de ce système ? Outre le fait de laisser de plus en plus de monde sur le bord de la route, à force de créer des besoins, nous tuons tout désir.

Nous mourons chaque jour de ne plus désirer et de croire que nous pouvons combler nos manques par le besoin ; seule la reconnaissance de nos manques et

---

[152] Thiétart R. A., *La stratégie d'entreprise*, Paris, Ediscience International, 2003, p. 1.
[153] On peut se demander combien de temps encore la solidarité nationale soutiendra les plus démunis, car les mentalités influencées par la valorisation incessante de l'intérêt individuel, développent dans un processus de repli sur soi défensif des stéréotypes et des préjugés comme « les pauvres le sont parce qu'ils n'ont pas la volonté de travailler (...) s'ils le voulaient ils le pourraient (...) ils exploitent le système d'aide ».

de notre incomplétude permet d'affirmer que l'on ne peut se passer de l'autre pour vivre.

7.2. Spécificité du secteur non lucratif par rapport au secteur marchand

Les professionnels du secteur social et médico-social ne se "gèrent" pas.

Le secteur social et médico-social est porté majoritairement par le secteur privé associatif. Secteur non lucratif, il a rassemblé des bénévoles et des professionnels autour d'un projet commun autre que la recherche de gains et le partage des bénéfices. Sa finalité reste l'homme et la solidarité. Cette singularité oblige les associations à traduire les valeurs qu'elles énoncent dans leur mode de conduite d'équipe. Elles ne peuvent placer l'homme au cœur de leur projet si elles n'ont pas la même considération pour leur personnel.
Quand l'objectif n'est pas le profit, pourquoi copier sans distance le management traditionnel ? Si le pragmatisme et la recherche d'efficacité ont permis de développer des outils pertinents, ceux-ci doivent être articulés avec ce qui les fonde. Le management des entreprises est au service de la recherche du profit, celui des organisations à but non lucratif et à fortiori du secteur social et médico-social est porté par les valeurs humanistes et républicaines d'égalité et de fraternité ; la conduite d'équipe ne peut en faire l'économie. Ce n'est pas une contrainte, c'est une obligation en tant qu'engagement libre s'imposant de lui-même.

Dès 1989, Michel Crozier écrivait : « Ce qui semble manquer le plus c'est une connaissance des rapports humains et des systèmes qui les conditionnent. On ne peut faire évoluer facilement un système humain que si l'on s'appuie sur les ressources qu'il offre. Et on ne peut connaître ces ressources que si l'on est capable de comprendre en profondeur le système à l'intérieur duquel elles se développent »[154]. Quelques pages plus loin il précisait : « Ce tissu social est collectif. C'est un ensemble de relations, d'interactions et d'échanges organisés. Sans lui l'individu ne peut plus vivre, ni affectivement, ni même dans l'ordre de l'instrumental et du rationnel »[155]. La connaissance des rapports humains et la reconnaissance de la richesse du collectif sont autant de compétences et d'atouts, parmi bien d'autres, des professionnels du secteur social et médico-social. Alors qu'un auteur aussi reconnu insiste sur l'importance de l'écoute dans l'entreprise, les mieux placés pour la mettre en œuvre vont chercher dans

---

[154] Crozier M., *L'entreprise à l'écoute*, Paris, Interéditions, 1989, p. 201.
[155] Ibid., p. 204.

l'entreprise des techniques de gestion, au risque d'oublier leurs propres richesses. Aux capitaux financiers, les associations répondent par le capital humain, la primauté de la personne, la dynamisation du tissu social par son action sur les territoires. Les associations n'ont pas à avoir honte de leur expertise et de leur technicité. Leur capacité d'adaptation, leur réactivité sont évidentes. Comment impulser, animer, organiser une institution sans une connaissance minimale du cœur du métier ? Je suis convaincu que les deux mondes ont à apprendre l'un de l'autre, mais une institution sociale et médico-sociale ne se dirige pas tout à fait comme une entreprise et inversement.

La procédure empêche l'expression du don

Faire appel à des procédures pour organiser et réguler certains aspects du travail est une nécessité. Ceci posé, la revue Connexions[156] apporte un éclairage pertinent sur les risques d'un « management par la procédure ». La nouvelle mode de la gestion par la procédure a des conséquences non négligeables sur la santé psychique des personnes. A la robotisation des tâches a succédé aujourd'hui celle de la pensée. La norme et la procédure permettent de remplacer les salariés à volonté, de « reproduire » mais certainement pas de créer[157]. En normant les conduites par une anticipation des situations-type pour une recherche d'efficacité et/ou de conformité, la procédure répond à un besoin de maîtrise et de contrôle de la réalité. Elle annule la subjectivité des acteurs et par là-même leur dimension de sujet. Objet, instrument interchangeable duquel toute singularité est exclue, « le sujet est réduit à un faire »[158]. La « violence rationnelle » de la procédure produit l'impossibilité de penser. « Persécuteur sans visage », elle sert à nier le sujet ou du moins à éviter la confrontation de sujet à sujet et donc toute rencontre et dialogue, notamment entre le manager et le collaborateur.

Si l'on n'y prend garde, la pratique éducative pourrait se réduire à de l'adaptation sociale « effaçant tout rapport du sujet à lui-même, à son propre projet de vie, à l'insondable opacité de son être, à l'impossible réduction de sa parole à quelque item que ce soit »[159]. Il est légitime de vouloir contrôler la bonne utilisation des deniers publics, mais il serait inquiétant de vouloir le faire sans les acteurs du secteur social et médico-social et avec des outils dangereux pour l'équilibre de la société, puisque c'est le sens même du lien social qui serait remis en question. L'enjeu est d'importance, souhaitons que les démarches d'évaluation qui se développent actuellement sachent y répondre.

---

[156] La revue Connexions, *Les procédures comme organisateurs institutionnels*, 79/2003-1.
[157] Diet A. L., « Je ferai de vous des esclaves heureux », Connexions, op. cit., P 74.
[158] Diet E., « L'homme procédural, de la perversion sociale à la désubjectivation aliénante », Connexions, op. cit., p. 14.
[159] Diet A. L., op. cit., p. 80.

La subjectivité empêchée, associée au terrorisme du penser correct consistant à respecter la procédure, assèche toute relation, tout engagement, toute créativité, tout désordre : « La mise en présence de sujets ne produit plus de la rencontre mais le simple agir et interagir des discours et des logiques dont ils sont porteurs et qui les traversent »[160]. Ce travail de déliaison entre soi et l'autre produit une fragilisation narcissique et identitaire. Les procédures attestées qu'il suffirait de suivre peuvent rassurer certains, elles sont inopérantes si elles ne sont pas singularisées par l'engagement individuel et collectif, et mises au service de la relation éducative.

Ce management se veut pragmatique et rationnel, donc efficace, stratégique. Il est en fait dangereux parce qu'il instrumentalise les personnes. Il génère un mal être au travail sans que le salarié n'en identifie clairement la source. Et lorsqu'il y parvient, il est vite gagné par un sentiment d'impuissance qui le laisse sans réaction.

Comme il est dit en introduction de ce numéro de la revue Connexions : « Habermas avait critiqué et montré les aspects idéologiques du savoir scientifique et de la technique qui serviraient à voiler les rapports sociaux et à masquer certaines formes de domination (…) les procédures de plus en plus rationalisées et utilisant les supports techniques comme moyens sophistiqués de mise en œuvre, font évacuer le débat sur les enjeux, les valeurs et les finalités sur lesquels une confrontation entre acteurs reste indispensable »[161].

7.3. De la rationalisation des pratiques à la raison au service des pratiques

Du droit des usagers au dû des usagers

Le droit des usagers est au cœur de la loi de rénovation du secteur social et médico-social du 02 janvier 2002[162]. Pour essentiel qu'il soit, il pourrait être dévoyé facilement si les modalités de l'échange marchand s'imposaient au cœur des prestations. Il se traduirait ainsi : « J'ai droit à ma prestation et celle que vous me fournissez n'a pas la qualité attendue » ! Il n'y aurait alors plus de place pour la relation et l'accompagnement. L'usager exigerait, contesterait au même titre que le client-roi exige des produits de qualité. Se développerait une ''réciprocité d'intérêt'', donc une réduction de la relation d'accompagnement à un simple contrat de services négocié où l'usager ferait valoir autant qu'il le peut ses droits.

---

[160] Diet E., op. cit., p. 22.
[161] Ibid., P 10.
[162] Loi dite 2002-2.

Des droits sans devoir comme « tentation de l'innocence » devrions-nous dire, cette maladie de l'individualisme décrite par Pascal Bruckner[163]. « L'innocence » consiste à jouir de la liberté d'être sans souffrir de ses inconvénients. Pour s'épanouir, l'innocence prend tout d'abord appui sur l'infantilisme, qui transfert à l'âge adulte les attributs et privilèges de l'enfance. Elle se traduit par des demandes de sécurité et par l'attente d'être pris en charge sans se voir soumis à la moindre obligation. L'innocence se définit comme le droit sans le devoir, le refus de se confronter aux conséquences de ses actes. Elle trouve deux alliés de poids dans le consumérisme et le divertissement. Tous deux sont fondés sur la surprise permanente et illimitée, que le principe suivant « tu ne renonceras à rien » vient renforcer.

L'innocence s'exprime ensuite au travers d'un angélisme marqué par l'absence de culpabilité que renforce un martyre autoproclamé signifiant l'incapacité à produire le mal. La victimisation et l'infantilisme ont pour conséquence de placer l'autre en situation de dette insolvable. L'autre est par essence, structurellement, redevable. Ce qui ne laisse aucune place au don et donc à l'enrichissement du lien. L'autre est nié en tant qu'autre, l'altérité est réduite à sa plus simple expression, à son utilité. C'est ainsi que l'on trouvera de plus en plus d'usagers qui exploiteront leur situation de fragilité et d'injustice pour renforcer leur position victimaire, pour conserver le bénéfice de leurs prestations.

Pourtant il suffit simplement de changer notre regard et nos lignes d'analyse pour s'apercevoir que les premiers articles de la loi de rénovation du secteur social et médico-social affirment aussi, au-delà du respect des droits des « usagers », leur droit à la reconnaissance et à l'estime de soi. Comment comprendre sinon, des termes comme ceux contenus dans l'article 3[164], « l'action sociale et médico-sociale est conduite dans le respect de l'égale dignité de tous les êtres humains... »

Le "langage du don"[165] nous aide à décrypter les impasses vers lesquelles nous nous dirigeons. Mieux, il nous fournit les outils tant conceptuels que techniques pour poser des contre-feux. Aux professionnels de faire preuve d'imagination et de conviction, afin d'inscrire les droits et obligations des personnes qu'ils accompagnent dans une logique de don et non d'utilité. Par la qualité de l'engagement relationnel qu'il permet et la qualité du projet socio-éducatif qu'il inspire, le don offre des perspectives aux professionnels de l'intervention sociale. Il leur évite les travers d'une simple contractualisation et les invite à

---

[163] Bruckner P., op. cit.
[164] Article L116-2 du Code de l'action sociale et des familles.
[165] En référence au titre d'un ouvrage de Godbout J. T. *Le langage du don*, Montréal, Fides, coll. les grandes conférences, 1996.

proposer un « parcours de reconnaissance »[166] aux personnes auxquelles ils s'adressent. Rappelons enfin que la qualité des relations de travail ayant des répercussions directes sur ces personnes[167], la conduite d'équipe ne peut décidément pas faire l'impasse du don.

Laisser sa place au don

Sous l'influence de la culture anglo-saxonne et de l'utilisation des travaux de psychosociologues[168], l'entreprise a appris à gérer ses ressources humaines pour optimiser sa production. L'omnipotence de la pensée individualiste, les pressions économiques et le chômage ont favorisé le développement de ce type de management. Un des atouts de cette démarche fut la théorie des choix rationnels que résume ainsi John Elster : « La théorie des choix rationnels prescrit aux agents comment se comporter afin de réaliser ses propres intérêts. Les agents sont supposés avoir fait le choix entre un certain nombre d'actions dont chacune peut donner lieu à un certain nombre de conséquences, dont chacune sera réalisée avec une certaine probabilité et évaluée comme ayant une certaine utilité. Parmi ces actions, l'agent rationnel doit choisir celle qui comporte l'utilité espérée la plus grande »[169].

Avec cette théorie, l'éradication de l'affectif et du jeu de l'inconscient développent une impression de maîtrise sur les objets, les actions, la pensée, les êtres. L'argumentaire se déploie par un emboîtement logique qui n'est en fait, comme le dit Eugène Enriquez[170], « qu'une perversion de la raison ». La raison réduite à la seule rationalisation faite de calcul logique exclut l'humain, le réduit à un objet, un instrument, utilisable et malléable. Les relations humaines ne sont alors que stratégies et négociations pour conserver sa zone de pouvoir et ses intérêts. La sociologie des organisations offre des grilles d'analyses nombreuses, notamment l'analyse stratégique proposée par Michel Crozier dès les années 1970.

La théorie des choix rationnels s'est appropriée l'usage de la raison. Toute autre forme de raison semble inopérante, non valable, non fiable, non valide. Faire appel à la raison reviendrait à mobiliser le calcul logique rationnel, objectif et objectivable, capable de mesure et de contrôle. Hors de la rationalisation point

---

[166] Nous reprenons ici le titre d'un ouvrage de Ricoeur P., *Parcours de la reconnaissance*, Paris, Stock, 2003.
[167] Et inversement d'ailleurs, car l'on sait que les pathologies ont des répercussions sur le fonctionnement institutionnel.
[168] Tels que Kurt Lewin et son équipe, ou Alton Mayo notamment.
[169] Elster J. « rationalité et normes sociales », la revue du MAUSS, *Qu'est ce que l'utilitarisme : une énigme dans l'histoire des idées*, op.cit., p. 159.
[170] Enriquez E., op. cit., p 21.

de salut, hors d'indicateurs rationnels et objectifs, point de validité, point de rigueur. Le management réduit la raison à sa « fonction instrumentale » nous dit Jacques Legoff[171].

La raison est plus riche, elle permet d'appréhender le complexe alors que la rationalisation réduit le complexe au compliqué. Le compliqué se simplifie dès lors que l'on découpe les tâches en opérations successives et repérables, tandis que le complexe nécessite de traiter en même temps quantité d'informations et de tâches. Le complexe oblige à lâcher prise, à abandonner l'idée de maîtrise sur les événements.

La pensée telle que définie par Eugène Enriquez comme « capacité à s'interroger sur ses propres conditions de production et d'élaboration »[172] convient parfaitement, d'une part au don comme nous l'avons vu dans le chapitre traitant de la communication, et d'autre part à la pensée éducative. Celle dernière s'appuie sur la raison, elle ne peut se satisfaire d'une pensée linéaire consistant à poser des objectifs puis à mettre en place des moyens en vue d'atteindre un résultat préalablement défini. Elle englobe le principe d'une pensée logique faite d'observations, de problématisations, d'hypothèses et de leur vérification. Elle tient compte de la singularité de la rencontre, oblige chacun à écouter ses mouvements intérieurs pour mieux répondre aux besoins de la personne accompagnée. Elle intègre le complexe, accepte l'argumentaire plutôt que la preuve validée scientifiquement. Elle admet le chaotique, l'aléatoire reçu dans le dialogue, la confrontation, la reconnaissance des contributions réciproques. Autant de modalités d'échanges entre les professionnels que seul le don est en mesure de proposer.

Si la rencontre éducative peut être pensée et construite, elle doit obligatoirement intégrer un espace irréductible, lieu d'expression de plusieurs singularités qui cheminent ensemble. A partir du récit éducatif, il sera possible de nourrir le sens des rencontres à venir et de porter un jugement sur l'écart perçu entre l'intention éducative et les effets produits. De cet écart se dégageront de nouvelles pistes d'intervention. La créativité relationnelle n'est pas évaluable autrement, elle ne peut être qu'appréciée et non mesurée, éprouvée avant d'être prouvée.

Enfin, le travail socio-éducatif ne peut se passer des ressources collectives des différents acteurs (établissements et services, associations, collectivités territoriales...). Si la bonne réponse existe, elle ne s'élabore qu'à travers la complémentarité et l'articulation des réponses partielles de chaque acteur. Alors que la culture professionnelle des organisations à but non lucratif concevait

---

[171] Le Goff J. P., *Le mythe de l'entreprise*, Paris, La Découverte, 1992, p. 165.
[172] Enriquez E., op. cit., p 21.

facilement le principe de la mise en synergie des compétences, on assiste aujourd'hui à un repli protecteur de chacun vers la défense de ses seuls intérêts individuels. Malheureusement et parce qu'ils ont une attente légitime d'efficacité, les financeurs privilégient la mise en concurrence des acteurs associatifs, en référence au seul modèle marchand. En intégrant le modèle du don à leurs préoccupations, ils pourraient au contraire favoriser une synergie entre acteurs, suscitée par une rivalité de souci à l'égard de leur mission sociale.

Le management sait qu'il a tout à gagner à s'appuyer sur les ressources collectives qu'il valorise dans son discours. Mais comment faire lorsque le système est construit sur des bases qui ne peuvent structurellement intégrer, du moins jusqu'à présent, le principe d'échanges régulés par le don, puisque celui-ci « sert avant tout à communiquer quelque chose à propos de la relation (...) à communiquer le lien »[173]. L'organisation du travail, les protocoles, les procédures lorsqu'ils ne sont plus au service du sens qui porte l'action, ne font qu'appauvrir le lien pourtant essentiel à toute pratique éducative. Il faudrait changer de paradigme, considérer le don comme premier et se demander ce qui « empêche de donner »[174], comme nous y invite Jacques T. Godbout.

Compte tenu de tous ces éléments, le secteur social et médico-social doit refuser de se soumettre, opposer une attitude agonistique et offrir une autre vision du management que nous appelons conduite d'équipe. Une dynamique d'échanges référés au don maintient au cœur des pratiques la question du sens, la singularité des interventions et la force d'un engagement personnel. Revisités et assujettis à une autre logique, les outils de managements contribuent à optimiser les pratiques afin qu'elles servent au mieux les personnes accompagnées. Par exemple, on opposera à la procédure déshumanisée le couple processus-protocole : le processus donne le sens de la démarche, il est complété par le protocole qui fournit des indications sur la marche à suivre. Les actions concrètes s'affinent au fur et à mesure qu'elles sont expérimentées, parce qu'elles sont pensées avec toujours plus de précision par ceux qui les habitent, les incarnent, les singularisent quotidiennement.

Voici à titre d'exemple, quelques conséquences des différences d'approche entre le management traditionnel et les nouveaux enjeux que le don nous invite à relever :
- Pour le management traditionnel, le résultat prime sur toute autre dimension. Avec le don, l'intention, l'engagement et la manière de faire font partie intégrante du résultat.

---

[173] Godbout J. T. in la revue du Mauss, *Ethique et économie : l'impossible (re)mariage*, Paris, La découverte/Mauss, 2000, p. 298.
[174] Godbout J. T., *Le langage du don*, op. cit.

- Pour le premier, il faut régler toute dette pour conserver sa liberté. La relation est ainsi pensée qui relève de la logique de l'équivalence ; il ne faut surtout rien se devoir. Pour le second, l'équilibre de la relation réside dans son déséquilibre structurel. La relation est asymétrique par principe du fait de l'alternance des positions entre donateur et donataire.
- Si l'on poursuit notre comparaison, on observe que d'un côté, chacun cherche à maintenir une position d'influence pour maintenir et/ou augmenter son pouvoir sur les autres. Le rapport de force est constant et génère de la méfiance réciproque. Il est valorisé par la concurrence interne que favorise l'entreprise avec le mythe du meilleur. Au contraire, avec le don l'influence n'est pas crainte, parce que les positions (haute et basse) relèvent du principe même sans lequel l'alternance des positions ne pourrait se déployer. La rivalité est valorisée en laissant un espace de respect mutuel. Ainsi canalisée, elle contribue à l'amélioration de la qualité des échanges et de la créativité.
- Dans sa forme extrême, l'organisation rationnelle est fondée sur un principe qui nie l'unique. Les hommes interchangeables sont perçus comme des instruments uniformisés au service d'une logique de procédure. Le lien à l'autre est secondaire et ses effets incontrôlables, non maîtrisables rationnellement, dérangent, il est perçu comme improductif. A l'inverse, il y a toujours quelque chose d'unique, de singulier dans l'échange basé sur le don. Le lien à l'autre est reconnu et considéré, il contribue pleinement au développement de la qualité du travail.
- Dans l'idéologie managériale, l'autorité est confondue avec le pouvoir en tant que « capacité d'action sur », capacité à contraindre, à soumettre par la force parfois brutale, plutôt que de donner vie. Avec le don, l'intégrité relationnelle et le jeu de l'interdépendance réciproque transcendent les relations de pouvoir. Comme le dit Paul Ricœur : « N'exerce pas le pouvoir sur autrui de manière telle que tu le laisses sans pouvoir sur toi ». Ainsi, l'autorité se présente comme ce qui permet à l'autre d'être reconnu comme auteur et elle se renforce quand elle contribue à la bonne circulation des échanges autour de l'objet commun partagé.
- Le management traditionnel prône la circulation horizontale et l'immédiateté, le temps est celui de l'immédiateté, il doit être optimisé pour augmenter la productivité. La conduite d'équipe par le don réhabilite la verticalité, l'histoire, le sens. Par son inscription dans le temps, elle laisse l'espace nécessaire à la fructification du recevoir et à la consolidation d'une culture de travail.
- L'organisation planifie, anticipe, vérifie, contrôle, cherche des réponses pour maîtriser sa productivité. Et la recherche d'efficacité légitime la rationalisation, le contrôle et la recherche de transparence. Transparence de façade véhiculée par une « bonne » communication qui a pour objet la maîtrise et la conservation du pouvoir. A l'inverse, une part de flou et d'implicite sont reconnus comme nécessaires au développement d'une logique d'échanges basés sur le don. Dans

une organisation dont les échanges sont fondés sur le don, la complexité est de principe. Le don ouvre à l'inaccompli, à la quête, au désir, à la créativité, à l'altérité, à l'ouverture de la question contre la finitude de la réponse, bref au lâcher-prise comme condition d'une rencontre créatrice.

8. LE DON ET LA DYNAMIQUE DE PROJET

8.1. Don et conduite de changement

La conduite de changement ne peut être que singulière. La personne qui en a la charge doit intégrer la culture de l'établissement, comprendre le sens du travail effectué par les équipes, reconnaître les ressources individuelles et collectives. En veillant à conserver le caractère professionnel des relations, elle doit offrir la considération qu'elles méritent aux personnes qui s'impliquent, reconnaître les faits d'injustices que les situations professionnelles créent parfois (conditions de travail, mauvaise qualité du dispositif...), valider les efforts déployés afin d'offrir aux personnes accueillies un accompagnement de qualité. A condition qu'elle ne soit pas pur calcul stratégique, adopter cette posture ne produira que des effets positifs. Cela n'évitera pas que certains tentent d'en profiter à des fins personnelles, mais on peut compter sur l'effet normatif du groupe pour les empêcher de jouer sur tous les tableaux et pour les contraindre à se positionner clairement.

Décider d'une nouvelle orientation de travail ou d'un changement du dispositif nécessite qu'en soit perçu le sens, ce qui ne signifie pas que les personnes seront forcément d'accord avec la décision prise. Tout changement entraîne de nouvelles modalités de travail et déséquilibre le système en place, ce qui oblige l'équipe à davantage d'investissement. Il faut donc accompagner ces évolutions pour faciliter la recherche des nouveaux équilibres nécessaires au bon fonctionnement de l'institution, dans ses dimensions organisationnelles et cliniques.
Il faut identifier les enjeux qui justifient ces évolutions, partager les représentations sur les pertes et les gains attendus, soutenir la mise en place concrète des changements, accompagner les effets produits par des évaluations régulières, offrir des moyens en adéquation avec les intentions...
Autrement dit, plutôt que d'être aveuglé par les "résistances au changement", il vaut mieux identifier des perspectives, favoriser la qualité des échanges en permettant à chaque point de vue d'être entendu pour le mettre au service du collectif, favoriser l'engagement par la reconnaissance des ressources des équipes.
Cela est possible à condition que les personnes se mettent au service de l'intérêt commun et de la mission autour de laquelle elles se retrouvent. Il ne s'agit pas d'une vision naïve des relations de travail mais d'une posture simple à tenir, à condition de la travailler quotidiennement. Cette approche est exigeante car elle impose à chacun d'être préoccupé par le collectif, de s'engager et de s'enrichir

en échangeant et en rencontrant l'autre. L'effet normatif aidant, celui qui refuse cet engagement aura du mal à tenir sa place et sa parole perdra en légitimité.

Le changement génère une instabilité des états du don qui conduira au réajustement des engagements des personnes. Devant une telle complexité et ses conséquences, la tentation existe de ne rien faire. Pourtant une institution (un système) qui ne s'adapte pas est vouée à mourir. La responsabilité du directeur est de donner vie, donc de conduire les changements lorsque ceux-ci sont nécessaires.

Il devra garder le cap de la décision prise, il fournira des précisions sur les points de passage obligés non négociables, il expliquera les enjeux, fixera les objectifs. Le chemin pour y parvenir se fera ensuite avec l'équipe, c'est elle qui singularisera la démarche, c'est par elle que pourront être apportées les adaptations, voire les innovations que la seule anticipation n'aura pu prévoir.

Tout projet doit s'enraciner dans la culture institutionnelle, s'appuyer sur les compétences professionnelles, sur les besoins exprimés, sur les diagnostics posés. Un projet n'est jamais plaqué, sauf à créer des déséquilibres et générer des tensions inutiles.

Nous n'éviterons pas les tensions mais lorsque la confrontation se fait autour de l'objet de travail, le conflit est positif. Il devient destructeur et conduit à la crise lorsque l'objet de travail n'est plus au centre des préoccupations et des échanges. La crise se caractérise par une perte de la temporalité, l'équipe est envahie par "l'ici et maintenant", par les émotions et les affects, la perte des normes et des règles qui prévalaient jusqu'alors. La situation est jugée inacceptable et d'autant plus insupportable que l'absence de perspectives domine, personne ne sachant plus comment s'y prendre pour sortir de l'impasse.

Il convient d'être attentif aux changements de direction qui fragilisent les institutions. Je me souviens de ce nouveau directeur qui, pour affirmer son autorité, décida et imposa de nouvelles orientations à son équipe parce qu'il devait montrer qu'il était le chef. Il avait pris soin de penser sa communication, il avait pour cela organisé une réunion d'information qui devait officialiser sa prise de pouvoir effective. Il savait qu'il aurait à faire face aux inévitables résistances au changement d'un personnel "raide sur ses acquis". Il se devait d'imposer son style, sa marque, son autorité, d'asseoir son pouvoir. Après deux mois de présence, sans concertation avec son équipe, sans prendre appui sur l'histoire ni la culture institutionnelle par lesquelles il ne "voulait pas être parasité", il prit unilatéralement plusieurs orientations qui déstabilisèrent en deux ans une institution à l'excellente réputation. Les conséquences furent désastreuses. Au-delà des nombreux départs et du renvoi de ce directeur, le plus grave réside certainement dans la perte de la culture de travail et des valeurs qui présidaient à l'aura de cette institution. Or, la culture institutionnelle et

« l'imaginaire social partagé » influent considérablement sur la manière de travailler. Lorsqu'ils sont perdus, c'est l'institution qui se perd.

Les évolutions des pratiques, des lois, des contraintes budgétaires, les attentes des personnes accueillies, sont autant d'éléments qui justifient les adaptations continuelles des institutions. Lorsqu'une institution se développe, elle se complexifie. Si elle ne veut pas dépérir, elle doit s'adapter en permanence. Appréhender un nouveau projet ne se limite pas à la maîtrise rationnelle de ses effets.

L'autorité peut être mise à rude épreuve dans un contexte de changement. Mais en même temps, on reprocherait à la figure d'autorité de ne pas user de son pouvoir en de telles situations. Il affrontera cette tension inhérente à sa fonction en tenant compte des points suivants :
Il lui faudra faire un bon usage de son pouvoir en veillant à garder « l'esprit du don[175] » dans ses décisions, car tout changement crée des déséquilibres dans les équipes et oblige à un réajustement des engagements des personnes.
Comme toute personne, le porteur d'autorité est référé au tiers que constitue la mission et qui contextualise son action. Il est au service de l'objet de travail et non de son éventuel désir de puissance. Conscient de cet enjeu, il saura alors qu'il ne décide pas en fonction de "lui seul". A cette condition il pourra s'autoriser à imposer "sa" décision.
Il devra accepter le principe qu'il n'obtiendra jamais le même degré d'engagement des personnes au sein d'un groupe ou d'une équipe de travail. Il devra tenir compte de ce que chacun donne déjà et peut donner. Il devra admettre que la qualité des échanges variera selon le sens que les personnes donneront à la décision qu'elles seront chargées d'appliquer...

Claude Dubar nous apprend aussi qu'il existe différentes identités professionnelles qui peuvent se voir interrogées, bousculées, remaniées dans un contexte de changement. Ainsi certaines personnes ont trouvé un équilibre entre leur travail et leur vie privée, d'autres ont le sentiment qu'elles font bien leur travail mais qu'il ne faudrait pas leur en demander davantage au risque de les déstabiliser et de les démotiver totalement. D'autres encore peuvent saisir les opportunités offertes par le changement pour se faire remarquer par leur hiérarchie et espérer une promotion. D'autres enfin peuvent utiliser le changement pour servir leur projet personnel[176].

Le don aide à saisir l'évolution des échanges lorsqu'un changement se produit. Cependant il arrive que des attitudes d'opposition, de dénigrement contaminent

---

[175] Pour reprendre le titre de l'ouvrage de Godbout J. T, Caillé A. *L'esprit du don*, op. cit.
[176] Dubar C., *La socialisation : construction des identités sociales et professionnelles*, 2ème éd. revue, 3ème tirage, Paris, Armand Colin, 1998.

une équipe fragilisée par des changements. Ainsi par exemple, il arrive que certains salariés utilisent l'institution pour mettre en scène des scénarios personnels qui n'ont rien à voir avec le travail. D'autres, après avoir vécu (ou perçu) une injustice dans le cadre de leur pratique professionnelle, utiliseront toute occasion pour exercer leur "droit de vengeance". La direction ne doit pas être aveuglée et bloquée dans ses projets lorsque ces attitudes relèvent uniquement de dynamiques personnelles, elle doit au contraire se montrer très ferme. Mais il arrive que d'autres personnes réclament leur dû parce que leur engagement n'a pas été reconnu à sa juste valeur. Elles sont symptôme d'un état de don altéré qui montre que la dynamique du don a mal fonctionné et qu'il faut vite réagir avant que la situation ne se dégrade trop. Les propos qui suivent nous aideront à repérer les effets dynamiques que tout changement provoque.

8.2. L'engagement autour d'un projet.

La double dimension de défi et d'alliance contenue dans le don conduit les personnes à adopter une position spécifique dans les échanges qui se développent autour d'un changement à opérer et/ou d'un projet.
Pour le montrer, nous allons tout d'abord nous appuyer sur la sociodynamique[177] qui distingue la part de synergie et/ou d'antagonisme contenue chez toute personne face à un projet. Pour le visualiser et définir une typologie présentée dans le schéma suivant, nous distinguerons sur l'axe des ordonnées le degré de synergie (l'intérêt porté au projet) et sur l'axe des abscisses le degré d'antagonisme (le point de vue critique à l'égard du projet).
Sur l'axe des ordonnées (ligne verticale) se trouvent les personnes en synergie avec le projet :
- celles qui sont d'accord mais ne prennent pas d'initiatives
  - et ne suivent pas les initiatives prises par les meneurs du projet.
  - mais suivent les initiatives prises par les porteurs du projet.
- celles qui sont d'accord et prennent des initiatives
  - mais s'arrêtent si elles ne sont pas accompagnées ou relancées.
  - quel que soit le contexte.

L'axe des abscisses (ligne horizontale) présente les positions critiques face au projet :
- les personnes développent un antagonisme mais elles cherchent un accord.
  Il faut ensuite différencier celles qui
  - n'ont pas de projet concurrent, de contre-proposition.
  - ont un autre point de vue sur le projet mais souhaitent obtenir un bon accord.

---

[177] D'Herbemont O., César B., *La stratégie du projet latéral*, Paris, Dunod, 1996.

- les personnes développent un antagonisme, elles ne souhaitent pas l'accord et cherchent à gagner. On distingue celles qui
  - se soumettent néanmoins lorsque le rapport de force leur est défavorable.
  - préfèrent se saborder plutôt que d'abandonner leurs positions.

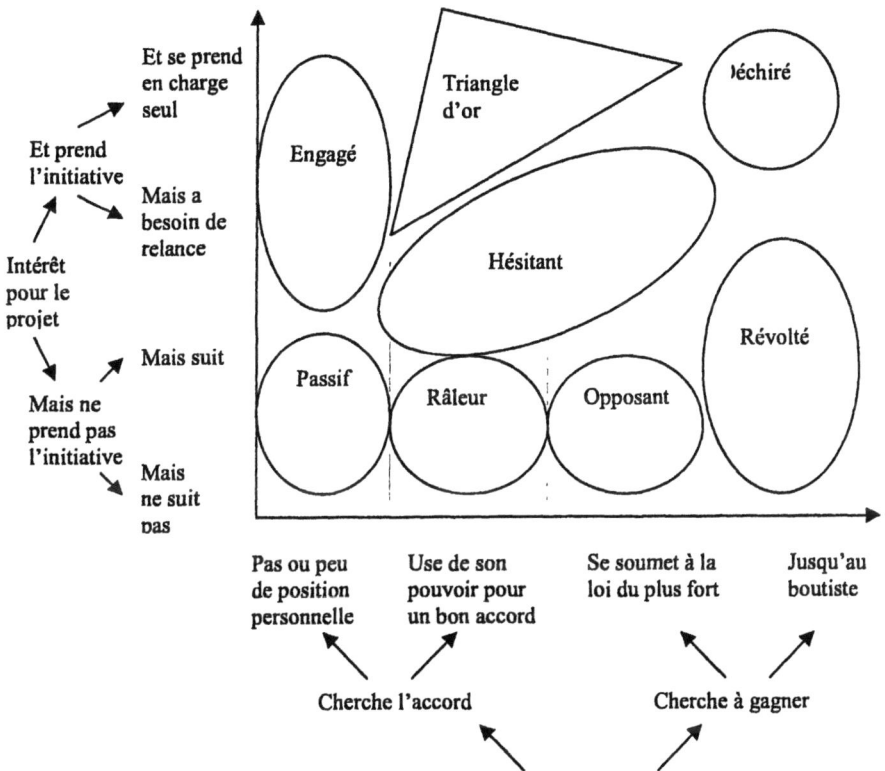

Prenons chaque catégorie pour présenter ce qu'en dit la sociodynamique, mais surtout pour repérer la place que laisse chacune d'elle à l'expression du don.

L'engagé se caractérise par une forte synergie sans réel antagonisme : « C'est une excellente idée, je m'inscris totalement dans ce projet ». Le porteur du projet peut donc compter sur l'engagé qui a rarement besoin d'être relancé. Mais parfois, il peut être excessif dans son engagement et gêner une éventuelle recherche de compromis avec d'autres personnes moins convaincues du bien fondé du projet. Attention tout de même à ne pas le mettre en situation de "trop donner". Car comme nous l'avons montré, il conviendra de rester dans un état du don proche de l'alternance. Par exemple, le porteur de projet pourrait se sentir contraint de répondre positivement à une requête personnelle. Cette faveur serait perçue comme légitime par la personne, un juste retour des choses compte-tenu de la qualité de son engagement. De telles situations peuvent détériorer rapidement un climat de travail, cela peut affecter la perception d'équité du directeur à l'égard de chaque salarié.

Le passif se définit par une synergie et un antagonisme faibles : « Je ne vois pas pourquoi je m'impliquerais, ce n'est pas mon projet ». Il ne se sent pas vraiment concerné par ce qui se passe, donc il ne s'investit pas dans les échanges autour du projet. Le passif peut représenter une part importante des effectifs et de ce fait il constitue un enjeu réel pour le porteur du projet qui doit parvenir à le mobiliser.

L'hésitant se caractérise par une synergie et un antagonisme égaux : « J'attends de voir comment les choses évoluent, je ne sais pas encore quoi en penser ». A la différence des passifs, l'échange est déjà entamé. Charge au porteur de projet d'orienter cet échange vers une dynamique de don plutôt que vers une simple négociation où chacun chercherait avant tout à défendre ses propres intérêts.

Le râleur présente une synergie faible et un léger antagonisme : « Je suis d'accord parce que je n'ai pas le choix, mais quelle contrepartie puis-je obtenir ». Apparemment le râleur cherche seulement à défendre ses intérêts. Il se situe uniquement dans une perspective de négociation où le donnant-donnant prime. La démarche consistera à tenter de l'amener sur des positions nouvelles, ouvertes à une autre logique d'échanges reposant bien évidemment sur le don.

L'opposant présente une faible synergie et un fort antagonisme. Il se situe ouvertement dans un rapport de force : « C'est l'occasion d'une confrontation, on ne nous aura pas aussi facilement ». Son pouvoir tient moins à sa personnalité comme nous avons pu le voir lorsque nous avons abordé la notion de leadership, qu'à sa capacité dans un contexte donné, émotionnellement chargé du fait des changements, à utiliser les tensions potentiellement présentes. Selon la sociodynamique, la seule solution consisterait à le soumettre.

Le révolté associe un fort antagonisme et une faible synergie : « Jamais je n'accepterai ce projet, ce n'est pas la peine d'imaginer une négociation possible, c'est un non définitif et sans appel quoi qu'il puisse m'en coûter ». Les enjeux semblent dépasser le cadre du seul projet et la rationalité a peu de prise sur lui. Il est généralement minoritaire et il est perçu par le porteur de projet comme un extrémiste dont on ne pourra rien obtenir. Paradoxalement, une posture de don permet parfois d'aborder clairement les difficultés et de distinguer ce qui relève du registre professionnel, personnel, ou encore idéologique. De même, la reconnaissance des tensions, de l'émotion débordante même si elle prend une forme agressive, ainsi que de la recherche de ce qui fait réellement problème, permettent d'ouvrir des perspectives dans des situations qui paraissaient bloquées. Bien que la limite entre le professionnel et le privé soit parfois ténue, la démarche mérite d'être tentée.

Le déchiré représente une catégorie peu nombreuse, il se remarque par une forte synergie en même temps qu'un fort antagonisme : « Je suis d'accord pour le changement, mais pas comme cela, pas celui-là ! ». Il peut être très impliqué dans le projet mais aussi faire preuve d'une forte nuisance, ses réactions sont difficilement prévisibles. Cette dimension de personne "imprévisible" désarçonne et les tenants de la sociodynamique conseillent de ne pas s'en occuper. Pourtant comme pour les révoltés, l'échange doit être maintenu autant que possible.

L'idéal - également appelé triangle d'or - est en pleine synergie avec le projet, sans perdre son esprit critique. Mais il faut que le porteur de projet accepte cette part d'antagonisme, d'esprit critique de la part de ses collaborateurs. Il m'est arrivé de constater que des personnes étaient considérées comme des opposants par leur encadrement alors qu'il suffisait d'échanger quelques instants avec elles pour constater qu'elles relevaient du triangle d'or, ou qu'elles en relèveraient si elles étaient davantage considérées. Encore faut-il accepter d'entrer dans une dynamique d'échanges régulés par le don pour s'en apercevoir.

Lorsque l'on conduit une équipe il faut veiller à ne pas figer quelqu'un dans une position. Aussi, et pour intéressante qu'elle soit, cette catégorisation doit faire face à deux écueils : porter un avis définitif sur une personne parce qu'elle a adopté une position particulière lors d'un projet, opérer une analyse figée des situations conduisant à des prises de position tranchées qui jugent et enferment les personnes. Ces écueils ne doivent pas surprendre lorsque les relations sociales sont basées sur des rapports de force et des négociations continuelles. L'intérêt du don réside dans ses qualités d'ouverture et dans la conviction qu'il est possible d'initier, la plupart du temps, des spirales relationnelles constructives.

8.3. Prendre la mesure de l'engagement dans sa double perspective agonistique et d'alliance.

La sociodynamique nous fournit des outils pour décrypter et reconnaître le don agonistique derrière des oppositions et des confrontations qu'il ne faut pas craindre, dès lors qu'elles ne sont pas "combat à mort"[178] et qu'elles portent en

---

[178] Cf. chapitre 2.2 "le don au cœur du processus de reconnaissance".

elles des signes d'alliance possible. Les situations de crise sont exemplaires à ce propos. Elles imposent de recouvrer la part d'alliance présente en chacun de nous, pour que nos propres interventions et celles des autres soient des contributions à la résolution des problèmes... et qu'elles soient reconnues comme telles. Les oppositions et points de blocages doivent se transformer en des confrontations portées par une rivalité de souci à l'égard de la mission. L'enjeu n'est autre que de construire plutôt que détruire. Il s'agit d'une démarche difficile, enrichissante lorsqu'elle est réussie, toujours douloureuse et destructrice lorsqu'elle échoue.

Un projet de développement ou un changement organisationnel déstabilisent l'institution. Le dispositif, les délégations, les responsabilités, la clinique, les modalités de communication, la qualité des échanges sont affectés. Le détenteur de l'autorité, le directeur, doit être particulièrement attentif à ce que l'intégrité relationnelle supplante les relations de pouvoir.

Pour s'imposer, l'autorité doit favoriser les conditions d'une bonne circulation des échanges autour de l'objet de travail. En creux, cela signifie que les personnes qui s'y opposeraient devraient être confrontées à leur responsabilité. Mais en même temps, le directeur doit laisser l'agôn agir. Une des difficultés de sa tâche consiste à laisser l'espace démocratique nécessaire à tout dialogue, en bornant les points non discutables. Il ne doit surtout pas craindre d'intégrer dans sa conduite de projet (et/ou de changement) des espaces où la confrontation dans l'alliance sera permise, sinon valorisée. Sans nul doute et paradoxalement, lorsque la liberté de le faire est laissée, le refus de se soumettre est source de créativité du seul fait qu'il réactive le lien dans le défi, l'alliance au-delà de la confrontation.

Nous pouvons maintenant proposer un nouveau schéma qui éclaire la dynamique des échanges et offre une meilleure articulation avec les états du don. Il nous permet de visualiser les positions propres à chaque personne (ou sous-groupe) vis-à-vis d'un projet, lorsque nous articulons la dynamique du don dans sa double dimension agonistique et d'alliance, de défi dans le lien et de lien sans le défi. Il aide également à orienter les échanges en repérant les positions à dominante contributive ou au contraire disqualifiante.
- On trouvera tout d'abord les personnes en « alliance » ; totalement impliquées, elles n'ont pas besoin ou ne voient pas l'intérêt de s'affronter.
- A leur côté se trouvent des personnes avec la même implication mais qui proposent d'aller plus loin, d'en faire davantage. Elles ont besoin ou voient l'intérêt de se confronter autour du projet pour plus d'audace, davantage de créativité ; elles sont dans une « confrontation créatrice ».
- Juste en dessous, se situent les « critiques constructifs » ; ces personnes recherchent l'échange tout en développant un esprit critique plus marqué.

- Elles évolueront vers la confrontation créatrice, ou le « suiveur actif » selon que leurs critiques auront été entendues ou non, si elles constatent qu'elles faisaient fausse route, ou encore si elles ont été convaincues par les arguments qui leur étaient opposés. Elles peuvent aussi maintenir leur position, marquer leur désaccord et rester constructives en restant dans cette catégorie, c'est le cas des minorités actives par exemple.
- Les personnes insatisfaites peuvent exprimer leur « désaccord » ; elles ne refusent pas encore l'échange, mais la confrontation est plus nette et leurs propos risquent d'être disqualifiants.
- Les personnes en position de « refus » sont proches de la zone de hors don. Si elles concèdent encore un minimum d'ouverture et acceptent l'échange, leur opposition est néanmoins franche.
- Il en est de même avec les « non-impliqués » à la différence près qu'ils penchent surtout vers le désintérêt total.
- Les « suiveurs passifs » acceptent d'échanger sur le projet si on leur demande, mais ils ne voient aucun enjeu particulier qui les pousserait à adopter une attitude d'insoumission, de défi, de confrontation.
- Les « hésitants » recherchent le dialogue sans savoir quoi penser du projet, ils ne s'en désintéressent pas mais veulent avoir davantage de précisions avant de prendre partie et de savoir comment ils vont s'y impliquer, quelle dose de défi et d'alliance, de contribution ou de disqualification ils vont y mettre.

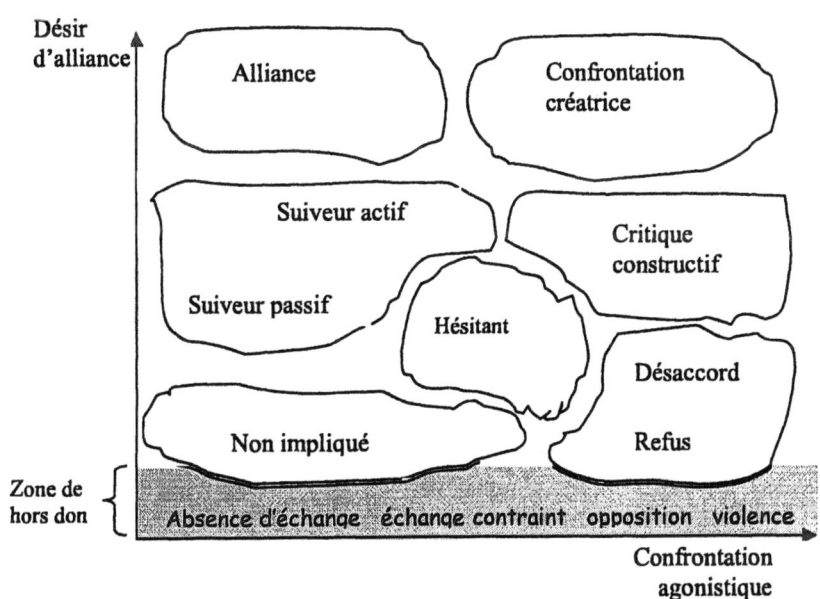

8.4. Etre disqualifiant ou contributif

Comme le montre le schéma ci-dessous, l'ensemble des catégories de la figure précédente se regroupent en deux sous-ensembles ; les contributifs et les disqualifiants. On remarquera que la première catégorie est plus importante que la seconde. Mais elle est parfois masquée par la force d'opposition des seconds et/ou la crainte de la confrontation qu'ils induisent.

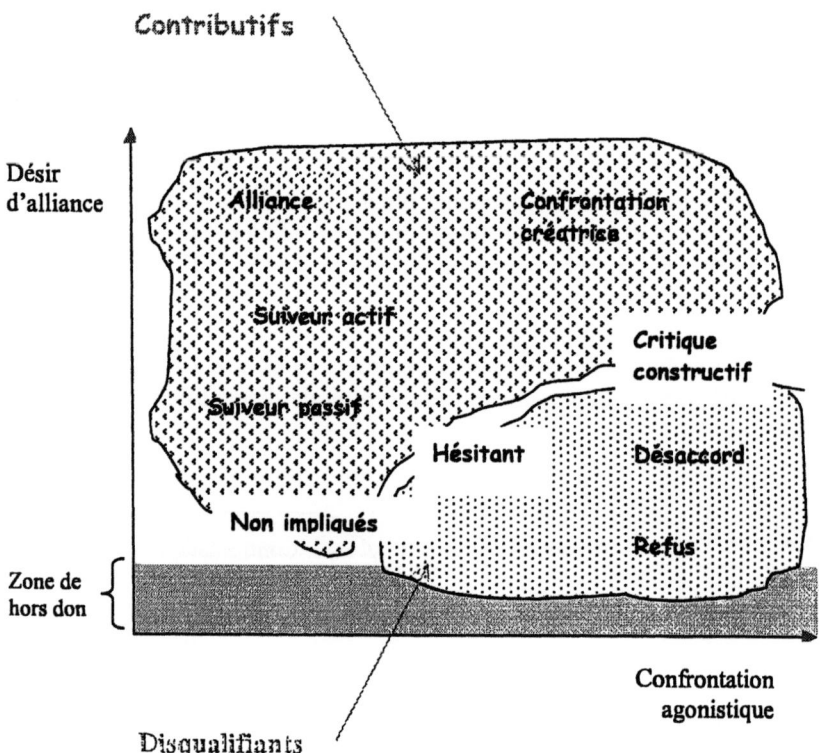

Les contributifs
Qu'ils suivent plus ou moins activement en choisissant "l'alliance", ou qu'ils rivalisent de souci à l'égard du contexte et de la dynamique institutionnelle dans une "confrontation créatrice", les contributifs mettent leurs ressources au service du projet et de l'institution. Ils s'appuient et utilisent les situations pour ouvrir des perspectives. Au contraire des disqualifiants, ils n'exploitent pas les situations pour invalider les personnes ou la dynamique institutionnelle. On peut être critique à l'égard d'un projet, d'un contexte professionnel ou encore à

l'égard de collègues, sans pour autant exploiter les failles et entretenir, voire développer, les tensions et les dysfonctionnements.

Etre ressource, contribuer au développement de l'institution ainsi qu'à des échanges constructifs ne relève pas seulement de qualités personnelles. Cela dépend aussi du contexte psychosociologique, des dynamiques relationnelles, des états du don, de l'évolution du système organisationnel et des pratiques éducatives, des contraintes externes, bref de tout ce qui participe de la complexité d'une institution. Il convient donc d'orienter les échanges de telle sorte que les disqualifiants se transforment en contributifs.

Les disqualifiants
Les changements, les ajustements, les évolutions des pratiques déséquilibrent le système. Les personnes et sous-groupes critiques à l'égard de l'institution peuvent saisir les failles et les imperfections, inhérentes à tout système vivant, pour disqualifier les propos des autres (quand ce ne sont pas directement les personnes elles-mêmes) et invalider les dispositifs. Ils mettent l'accent sur les décalages entre l'institution idéale souhaitée et la réalité quotidienne, pour les exploiter et générer un processus uniquement critique qui vise à invalider toute proposition.

Pourquoi considérer que ces personnes ou ces sous-groupes relèvent encore d'une dynamique du don ? Parce que nous sommes tous capables de disqualifier et refuser les contributions des collègues et/ou de l'encadrement. La plupart du temps, nous ne nous apercevons pas des conséquences destructrices de nos propos. Certes, qui n'a jamais ressenti de l'incompréhension, de l'agacement ou encore de la colère dans certaines situations professionnelles ? Mais notre réaction consiste souvent à nous plaindre, à critiquer, à nous rassurer auprès de nos collègues et à créer ainsi des ambiances non constructives, pour ne pas dire destructrices lorsque cette attitude persiste. Alors, l'état du don se dégrade, les relations professionnelles sont envahies par "l'ici et maintenant" des affects, la pensée au travail et la raison deviennent plus difficilement mobilisables, la crise affleure.

Certaines catégories chevauchent les deux sous-ensembles. Selon le contexte, elles pencheront d'un côté ou de l'autre. Il en est ainsi des "critiques constructifs" qui, bien que contributifs dans leur majorité, peuvent parfois adopter des comportements disqualifiants. C'est également le cas des "non impliqués", dont certains de surcroît s'avèrent être ni contributifs, ni disqualifiants du fait même de leur désengagement. Quant aux "hésitants" ils sont plus facilement disqualifiants.

Les personnes en désaccord et à fortiori en refus sont disqualifiants. Au contraire, les autres catégories que sont les "suiveurs", les personnes en "alliance" et en "confrontation créatrice" sont contributives. Expliquons-nous, aidé des outils que nous avons présentés, le don permet d'orienter les échanges vers une dynamique constructive. Rares sont les personnes qui cherchent à détruire et s'opposer par principe (ou pathologie). Les difficultés rencontrées viennent la plupart du temps de dysfonctionnement ou de mutations du système institutionnel. Il faut donc permettre aux affects de s'exprimer, sans accepter de psychodrame inutile et surtout inefficace. Il convient également de ne pas abuser des analyses psychoaffectives qui personnalisent trop les problèmes. Il est préférable d'identifier les faits-symptômes et de repérer les dynamiques du système pour décider des ajustements qui permettront de le rééquilibrer.

Le disqualifiant est pris dans ce tourbillon sans avoir conscience qu'il a un rôle à jouer. Mais on ne peut lui demander d'être un bon acteur sans lui fournir des clés de compréhension qui lui permettraient de saisir les enjeux institutionnels et de comprendre ce que l'on attend de lui. Il doit être dirigé pour savoir comment mettre ses ressources au service de l'institution. En retour, il doit pouvoir imaginer que ses contributions serviront à tous et permettront de retrouver un contexte de travail plus serein.

Je me souviens d'une institution dans laquelle j'intervenais pour la première fois. Il m'avait été demandé d'accompagner l'équipe dans l'élaboration du projet d'établissement. L'ambiance était tendue et je m'en inquiétais ouvertement quand quelqu'un me répondit : « Cela fait des années que l'on nous dit la même chose... ». Sans imaginer l'impact que cela allait produire, je répondais en décryptant les non-dits possibles de cette remarque : « Votre propos peut signifier plusieurs choses, je pourrais poursuivre votre phrase en disant : mais rien ne s'est passé et vous estimez légitime de ne plus rien donner aujourd'hui car votre parole, il y a maintenant des années, n'a pas été entendue. Cela peut vouloir dire aussi qu'il n'y a jamais eu de réponse claire en retour. Ou bien encore que des décisions ont été prises mais elles ne vous convenaient pas, vous ne l'avez jamais accepté et l'institution à travers sa direction ne vous a jamais confronté à votre responsabilité ; accepter les nouvelles orientations ou partir. Cela peut vouloir dire aussi qu'un diagnostic a pu être posé avec votre aide et celle de vos collègues à l'époque, sans qu'il n'y ait eu de suite ni de changements attendus. Si vous avez d'autres hypothèses ou qu'une de celles que je viens d'énoncer vous convient, je vous invite à reprendre la parole ». Un collègue repris l'hypothèse du diagnostic posé, connu depuis longtemps et de l'épuisement qui avait gagné à force de répéter les mêmes choses sans que cela ne change. Je demandais alors si le diagnostic était connu de tous et partagé par tous ? Depuis sa première formulation ne pouvait-il avoir évolué, s'être affiné ?

Qu'en pensaient les collègues les plus récents ? Quelles réponses la direction avait-elle ou pensait-elle avoir apportées ?

Sans le savoir, la première personne qui avait pris la parole était disqualifiante. Sa prise de parole était chargée du poids d'échanges passés dont les effets et leurs conséquences n'avaient pas été considérés à leur juste mesure. Rien de positif ne pouvait advenir puisque le passé avait montré que parler ne sert à rien. Le feed-back que je proposais offrait l'occasion de revenir sur les conséquences d'échanges qui avaient vu le cycle du don se figer dans un "état du don altéré". L'exploitation du passé dans une perspective non constructive n'était pas volontaire, pourtant elle était disqualifiante dans la mesure où elle bloquait tout processus d'élaboration. Si nous nous étions limités à la grille fournie par la sociodynamique, cette personne aurait eu les traits d'un opposant. Mes réponses avaient ouvert des perspectives nouvelles, ce que le collègue qui intervint ensuite comprit intuitivement. Sa prise de parole transforma la première intervention en une contribution. Pour la première fois depuis longtemps, le passé n'était plus seulement un poids pesant mais il devenait une ressource possible pour tous, offrant des perspectives nouvelles si l'on savait s'en saisir.

Le disqualifiant se regroupe sous plusieurs catégories selon la manière dont il répartit son désir d'alliance et sa part agonistique, son désir de lien et sa part de défi, son désir de rencontrer l'autre autour d'un travail commun et son besoin d'affirmer la liberté de son choix comme preuve de son insoumission...
Mais pourquoi serions-nous contraints de disqualifier l'autre pour marquer nos différences, pour affirmer nos convictions et les défendre, pour conserver notre esprit critique face à un projet ? Un des enjeux de la fonction de direction sera de montrer l'opérationnalité de ce principe sinon de cette valeur. L'exemple précédent ne montre-t-il pas qu'une personne rétive au travail proposé s'est retrouvée "contributive" alors qu'elle s'affichait au demeurant plutôt "disqualifiante" ?

Le rapport dynamique entre alliance et agôn ne s'exprime pas seulement lors de la mise en place d'un projet ou dans un contexte de changement. On le trouve également dans les relations professionnelles quotidiennes. Un éducateur que l'on pouvait classer dans les critiques constructifs affichait depuis quelques semaines une agressivité inhabituelle à l'égard de ses collègues et plus largement de l'institution. Deux éléments masquèrent quelques temps son changement de position : d'une part le crédit dont il bénéficiait du fait de ses critiques constructives toujours perçues comme des contributions jusqu'alors, d'autre part le fait qu'il conservait toujours cette même intention. Cependant, il traversait dans sa vie privée une période douloureuse qui, malgré sa volonté, avait des répercussions professionnelles. Il se mit à invalider certains collègues en ne reconnaissant plus, au-delà des erreurs toujours possibles, leurs efforts et

leurs contributions. Son agressivité créait une tension inhabituelle en réunion, au point qu'il fut convoqué par le chef de service pour un rappel à l'ordre.
Ses soucis personnels, pour graves qu'ils pouvaient être, n'avaient pas à influer sur l'institution dans de telles proportions. L'échange fit apparaître qu'il se situait dans une position de disqualification et d'invalidation d'une partie de ses collègues qu'il justifiait par un désaccord sur la politique institutionnelle. Le défi, l'insoumission l'envahissaient au détriment de l'alliance qui n'était plus possible (ce que reflétait aussi sa situation personnelle, mais que l'institution n'avait pas à traiter).

Selon le contexte, une personne peut évoluer d'une position à une autre et il faut rester attentif au bon emploi de telles catégorisations. Mal utilisées, elles enferment les personnes et figent les dynamiques relationnelles au point d'aboutir à l'effet inverse de celui qui était souhaité ; maintenir et développer une dynamique des échanges référée au don.

8.5. L'organisation inévitablement défaillante

Tous les efforts de l'encadrement n'y suffiront pas, toute institution reste par essence défaillante et de ce fait maltraitante, en raison de l'écart entre les intentions qui portent le projet idéal et la réalité de sa mise en œuvre quotidienne. La maltraitance se constate et se développe à travers les injustices accumulées au fil du temps. Les injustices flagrantes sont relativement faciles à corriger pour un dirigeant attentif. Par contre les injustices du quotidien demandent une acuité, une attention de tous les instants, moins pour les éviter car cela est impossible, que pour les réguler en s'appuyant sur les ressources relationnelles collectives et sur le dispositif.

La bonne santé d'une institution ne se mesure pas à l'absence de conflits et de dysfonctionnements, mais à la manière de les affronter pour les dépasser et ouvrir des perspectives constructives. La qualité du dialogue est alors essentielle. Elle va de pair avec un état du don propice à des échanges soutenus par l'engagement et la confiance.

Par son action quotidienne, l'encadrement veille à corriger les effets de la maltraitance en faisant respecter le dispositif, en le clarifiant si nécessaire, en l'adaptant lorsqu'un nouveau besoin apparaît, en le reliant au sens de la mission, en l'articulant avec le reste du projet d'établissement et en garantissant le respect des règles par tous.

Cela n'évitera malheureusement pas que certaines personnes se montrent incapables de valider les efforts de leurs collègues, ou l'engagement des cadres pour maintenir le bon fonctionnement de l'institution, ou encore les ajustements du dispositif pour corriger les déséquilibres constatés. Elles sont parfois prêtes à accepter rationnellement ce qui se fait sans pour autant l'intégrer pour elles. En définitive, elles donnent l'impression de passer leur temps à critiquer l'institution.

Il serait tentant de rapporter ces difficultés uniquement à des causes personnelles ou idéologiques[179]. Ce serait oublier de considérer la force agissante de l'accumulation des "injustices du quotidien" qui génère, telle une légitimité destructrice, le droit de faire payer l'institution. Il arrive aussi que l'on hérite d'histoires institutionnelles difficiles, insuffisamment élaborées, ce qui rend le sentiment d'injustice encore actif. De sorte qu'un nouveau collègue se retrouve après quelques temps seulement de présence, à émettre par l'action du conformisme et par manque de distance, les mêmes critiques que des collègues plus anciens.

Le directeur doit être extrêmement sensible aux injustices en les reconnaissant, en validant les efforts des personnes pour y répondre, en créant les conditions d'une clarification et d'une amélioration continue du dispositif. Aussi peut-il en retour alerter les équipes sur les risques d'exploitation victimaire des défaillances institutionnelles.

Chaque personne doit être avertie et consciente de la facilité avec laquelle elle peut se retrouver à exploiter les injustices. Cela se traduit par une plainte dont l'objet vise trop souvent à créer puis à entretenir une position de victime irresponsable. Ainsi, sans prise sur les événements, il suffit d'abandonner à la direction le soin de réparer... ce qui est perçu comme étant de sa faute.

Cette posture disqualifiante invalide les efforts de ceux qui tentent d'apporter leurs contributions à la bonne marche de l'institution pour préserver la qualité des services rendus aux personnes accueillies. Plus grave, lorsque nous passons notre temps à nous plaindre ainsi, nous fuyons notre responsabilité qui nous oblige pourtant à nous engager dans l'amélioration continue de l'institution, vivante donc imparfaite.

L'exploitation victimaire existe ou a existé dans toutes les institutions à des degrés divers. Certaines sont piégées dans et par ce fonctionnement depuis des années sans en prendre la mesure, elles constatent impuissantes l'usure et le découragement. D'autres, parce qu'elles en connaissent le risque destructeur, l'intègrent dans leurs pratiques institutionnelles comme un indicateur qualité et mettent en place des lieux de régulation pour traiter explicitement de leurs défaillances.

---

[179] Comme le fait par exemple d'adopter une position de principe (sinon dogmatique) d'affrontement avec le représentant de la direction... parce qu'il représente la direction.

Les outils du dispositif comme les réunions institutionnelles, les régulations d'équipe avec un superviseur, l'appel à une personne ressource extérieure, les temps de formation et tout simplement la qualité du dialogue quotidien participent de cette prévention. Car une exploitation victimaire active est toujours plus coûteuse à traiter, en temps, en tensions et en énergie, qu'à prévenir.

Cette maison d'enfants à caractère social (MECS) avait comme règle de confier à chaque éducateur la responsabilité d'une activité, qu'il animait tout au long de l'année dans la perspective d'un camp d'été. Pourtant deux éducateurs présents depuis plusieurs années semblaient vouloir déroger à cette règle en prévoyant de ne pas faire le camp. A l'inverse, un autre éducateur également ancien dans l'institution, animait une activité florissante qui jouissait d'une excellente réputation chez les jeunes. Par ailleurs, de nouvelles activités initiées par des éducateurs plus récents apportaient un nouveau dynamisme. Malgré l'intérêt et la pertinence de ces projets, un sentiment diffus d'insatisfaction et d'injustice affleurait qui perturbait le climat de travail.

Un symptôme permit d'aborder le problème, de libérer progressivement la parole, de sortir les deux anciens éducateurs de l'exploitation victimaire dans laquelle ils s'enfermaient (un éducateur n'y parvint pas et quitta peu de temps après l'institution) et d'éviter que d'autres les rejoignent : le budget alimentation et loisirs du camp de l'ancien à l'activité vedette, affichait une somme beaucoup plus élevée que les autres éducateurs. Cette différence s'expliquait par un projet exceptionnel réalisé deux ans auparavant, mais ne se justifiait plus aujourd'hui. Le budget n'avait pas été rectifié depuis, moins par volonté que par manque de vigilance de l'encadrement. Cela fut perçu comme une injustice de la part des collègues qui avaient dû réduire leurs ambitions pour leur camp. D'autant que celui qui avait bénéficié de moyens supplémentaires se garda de rectifier cette erreur, ce qui lui permit de conserver son budget exceptionnel. Il estimait l'avoir mérité car son investissement important avait contribué à la réalisation d'un projet hors normes.

Par manque de régulation, l'institution payait au prix fort son implication dans un projet inhabituel. Les conséquences négatives se résumaient ainsi :
- Il ne fallait plus accepter des projets de camp exceptionnels qui déstabilisent l'institution.
- Les anciens, objectivement lésés, entretenaient néanmoins cette injustice en restant dans une position de victime, ce qui les arrangeait du même coup pour remettre en cause le principe du camp d'été.
- L'ancien organisateur du projet estimait légitime ''d'être payé en retour'' par des moyens supplémentaires pour ses activités.

- Les nouveaux se sentaient bridés dans leurs activités, et fragilisés par l'affaiblissement des repères institutionnels (flou concernant les règles liées aux camps).
- Un risque d'usure professionnelle émergeait, il fut exprimé par un jeune professionnel « y'en a marre des tensions et en plus on ne sait pas pourquoi (...) c'est usant (...) pourtant il y aurait des choses à faire s'il n'y avait pas cette ambiance ».

Cette dernière réflexion, certes critique, n'en fut pas moins reçue aussi comme une contribution pour chercher des explications, des réponses et en définitive des solutions. Les échanges permirent :

- De reconnaître - enfin - les injustices ressenties par certains éducateurs, de clarifier le dispositif et de réaffirmer la règle énonçant l'obligation pour tout éducateur de s'engager dans une activité et un camp.
- De reconnaître la qualité et la réussite du projet exceptionnel, ce qui n'avait pas été suffisamment validé et valorisé par l'institution.
- De réajuster les budgets pour une répartition plus juste.
- D'inscrire tout projet inhabituel dans un processus de validation institutionnalisé, ce qui se faisait insuffisamment auparavant sous prétexte de ne pas brider les initiatives personnelles.

9. LE DON ET L'ART DE DIRIGER

9.1. Du pouvoir à l'autorité

Nous avons désormais assez d'éléments pour traiter des notions de pouvoir puis d'autorité. Ces deux notions sont souvent confondues parce qu'elles se recoupent. C'est pourquoi il convient d'en repérer les différences pour mieux les articuler ensuite. Commençons par le pouvoir en nous appuyant sur les travaux d'Eugène Enriquez et de Michel Crozier.

Eugène Enriquez traite de ses sources, il explique que la prédominance de l'instinct de mort sur l'instinct de vie fait du pouvoir « désir de l'Un, utopie unitaire, totalisation idéale » [180]. La pulsion de mort s'exprime sous différentes formes, comme l'aliénation et l'exploitation des individus, la culpabilisation générale par la formation d'un surmoi collectif particulièrement cruel, l'obsession statistique : « Le travail statistique conduit à tout considérer en terme de stocks, à faire des êtres humains du "matériel humain", à transformer le travail vivant en travail mort »[181], ajoute l'auteur.

Michel Crozier s'est intéressé au pouvoir à l'œuvre dans l'entreprise[182]. Il a montré par exemple que la seule énonciation des règles formelles ne suffit pas à délimiter l'autonomie des personnes (les sociologues parlent d'acteurs), il reste inévitablement des marges de liberté que chacun s'emploie à protéger. Les personnes agissent en fonction de la perception de leurs intérêts personnels avant d'envisager ceux de l'entreprise. Tous ces acteurs développent des stratégies qui prennent appui sur des choix rationnels. Ces choix sont limités puisqu'ils dépendent de la seule perception inévitablement incomplète du contexte dans lequel ils se trouvent. Comme cette perception limitée vaut pour tous à quelque niveau que ce soit de l'organisation, chaque acteur se trouve en mesure de maîtriser ce que Michel Crozier appelle sa (ses) « zone d'incertitude contrôlée ». Celle-ci correspond à une marge d'autonomie individuelle limitée par les ressources dont chacun dispose, parce que l'organisation ne peut tout contrôler et régler. Ces ressources délimitent le pouvoir de chaque acteur et contraignent les autres à en tenir compte. Elles rééquilibrent le rapport de force et offrent un espace de négociation. Cinq ressources ont été identifiées par Michel Crozier : l'expert possède un savoir difficilement substituable, le marginal sécant maîtrise l'intersection entre l'organisation et son environnement, l'acteur de réseau a la mainmise sur l'information et la

---

[180] Enriquez E., op. cit., p. 362 et suiv.
[181] Ibid. p. 364 note de bas de page.
[182] Crozier M., Friedberg E., *L'acteur et le système*, op.cit.

communication, l'acteur de contrôle connaît et utilise les règles organisationnelles, l'acteur coercitif attribue les moyens financiers, humains, matériels.

Dans ce contexte de défense des intérêts personnels, les relations de travail se résument à des relations de pouvoir que l'on peut classer en trois catégories : des relations d'opposition qui caractérisent des acteurs ayant des intérêts divergents, des relations d'alliance dans lesquelles les intérêts convergent, des relations de négociation où les acteurs ont besoin les uns des autres sans pour autant avoir d'intérêts réellement convergents. Ces types de relations constituent un ensemble dynamique en perpétuel mouvement fait d'opportunités, de stratégies, de manœuvres qui s'autorégulent et s'apparentent à un jeu dans lequel chacun cherche à gagner, ou à perdre le moins possible.

Ces relations de pouvoir privilégient certaines formes d'échange. La négociation et le donnant-donnant dominent. Les relations reposant sur le principe d'équivalence font loi. Elles consistent à éviter toute dette, signe de dépendance à l'égard de l'autre. Dette que l'on risque de payer au prix fort si l'on fait un peu trop confiance. Dans ce contexte, il n'est pas étonnant que les relations professionnelles n'aient jamais été étudiées sous le prisme du don. Il semble même n'y avoir aucun espace pour l'expression du don. Pourtant à y regarder de plus prêt, toute organisation développe aussi une socialité primaire, lieu possible de déploiement du don. Comme je l'ai montré, le secteur social et médico-social est sensible à cet aspect en raison de ses finalités altruistes. Certes, je me réfère à ce secteur professionnel pour proposer une lecture différente des relations de travail. Mais je reste persuadé que l'entreprise a "tout à gagner à s'enrichir" du don, dès lors que ses dirigeants placent encore l'homme au premier plan de leurs préoccupations. La confrontation entre les notions de pouvoir et d'autorité constitue une parfaite mise à l'épreuve de ce principe.

Si le pouvoir est cette capacité d'action sur l'autre qui permet d'imposer sa décision, la notion d'autorité est moins évidente à saisir. Elle relève fondamentalement de la capacité à favoriser l'engagement des personnes autour d'actions à entreprendre, dans le but de servir les missions qui les réunissent. Tous les actes posés par le dirigeant qui facilitent l'engagement des membres du groupe renforcent son autorité. Dans un cadre professionnel, il est de la responsabilité de celui qui possède le pouvoir formel d'imposer ses décisions, lorsqu'il l'estime justifié. Lorsqu'il aura été légitimé par les effets positifs des décisions, ce pouvoir se transformera en autorité et renforcera du même coup l'influence de celui qui l'exerce.

L'autorité enrichit celui qui la reçoit autant que celui qui l'exerce, elle se construit et se nourrit des projets qu'il faut réaliser et faire vivre. Elle n'est jamais acquise définitivement, elle se nourrit des conséquences des engagements réciproques de chacun à la place qu'il occupe. Ainsi, de mauvaises décisions auront un impact sur le degré d'engagement des personnes et affaibliront par là-même l'autorité du décideur. Dans ces moments difficiles de solitude, la tentation d'un repli derrière le pouvoir décisionnel conféré par son statut hiérarchique devient grande, brouillant ainsi les contours de l'autorité. Il serait incongru de vouloir imposer l'autorité, comment la faire fructifier si elle n'est que la courroie de transmission du pouvoir ! L'autorité déshumanisée débouche sur l'autoritarisme. Elle n'est légitime que lorsqu'elle est acceptée, reconnue pour sa force créatrice et/ou pour la capacité de celui qui l'incarne à favoriser le vivre ensemble. Il faut pour cela des échanges régulés par le don et référés à un cadre de travail clair où chacun, à sa place, sait ce qu'il doit faire.

Le pouvoir est fécond par l'autorité alors que le point de vue dominant porte à croire que l'autorité n'est possible qu'après que le pouvoir ait été affirmé. Le pouvoir légitime une décision d'autorité, il valide, donne le droit, autorise celui qui "fait autorité" à assumer son rôle de meneur (leader) pour trancher, décider, donner la direction et entraîner à sa suite son équipe.
Trop de cadres se centrent (et se rassurent en même temps) sur la nécessaire mise en place d'une organisation de travail rationalisée, comme si elle était une condition *sine qua non* pour la reconnaissance de leurs compétences et de leur légitimité. Cette organisation désincarnée par les procédures et l'individualisation utilitaire des relations de travail peut aussi donner l'illusion de faire face plus facilement aux conflits.

Que d'énergie et de temps dépensés au lieu de chercher à mobiliser les forces vives de l'institution ! Bien sûr, il faut parfois user du pouvoir pour légitimer l'autorité, mais alors il est employé pour aider une équipe à franchir un pas afin qu'elle se sente "obligée", du fait d'échanges authentiques, sincères, éthiques. Il en est autrement lorsque le pouvoir est perçu comme une "contrainte", par manque d'espaces libérés pour des échanges constructifs.
L'espace entre l'obligation et la contrainte peut paraître fragile et difficilement rationalisable. Il repose sur la posture de chacun et sur le crédit de confiance que la culture des échanges aura facilité au fil du temps, au sein de l'institution.

L'autorité s'exerce et se consolide à travers les effets des décisions prises au fil du temps. Elle n'est jamais acquise, elle s'appuie sur l'histoire des échanges, les objectifs atteints, les paroles tenues, les régulations permises. L'autorité se renforce à chaque fois qu'elle offre à chacun la possibilité de contribuer à l'enrichissement de ressources collectives mises au service de l'objet de travail. C'est exactement l'inverse de l'adage « diviser pour mieux régner », qui voudrait que l'autorité - mais il s'agit en fait du pouvoir - s'acquière par la seule valorisation individuelle.

Quinze ans après *L'acteur et le système*, Michel Crozier expliquait dans un autre ouvrage : « Nous avons été victimes d'une très dangereuse et fausse conception du collectif. La victoire en apparence universelle, aujourd'hui, de l'individualisme, va nous forcer à en prendre enfin conscience. Elle (...) fait redécouvrir l'importance primordiale du tissu social dont l'individu ne peut se passer. Ce tissu social est collectif. C'est un ensemble de relations, d'interactions et d'échanges organisés. Sans lui l'individu ne peut plus vivre, ni affectivement, ni même dans l'ordre de l'instrumental et du rationnel » [183]. Ce « nouveau collectif » s'oppose à un « collectif ancien » c'est-à-dire un « collectif de défense » reposant d'une part sur un jeu à somme nulle dans lequel ce que l'un gagnait, l'autre le perdait, et d'autre part sur un égalitarisme catégoriel qui avait pour effet paradoxalement de perpétuer une « société stratifiée et hiérarchisée ». Le nouveau collectif répond à une logique inverse en tant « qu'ensemble ouvert dans lequel influences, pouvoir et différences sont acceptés ».

Michel Crozier insiste sur l'importance du cheminement qui est « plus important et plus clair que le but (...) c'est le cheminement qui doit se clarifier, à partir d'une connaissance et d'une évaluation des progrès accomplis ». Comment serait-il possible de ne pas souscrire à cette « priorité absolue » qu'est « l'écoute, l'attention portée au quotidien ». Ecrits en 1989, force est de constater que ses propos ont été peu suivis d'effets !

Cela vient de ce que le management traditionnel n'intègre pas ce modèle d'écoute et d'attention au collectif, en tout cas aujourd'hui. A l'opposé, par l'engagement qu'il implique, par l'éthique de la considération qu'il impose, le modèle du don favorise l'expression de ressources collectives et corrélativement crée les conditions d'une écoute partagée. Avec le don, le détenteur de l'autorité a les moyens de penser un dispositif organisationnel permettant aux contributions de chacun d'être reconnues, validées et mises au service de la mission de l'institution.

9.2. Le don et les « jeux d'alliance »

Les relations hiérarchiques sont constitutives d'une institution. Traiter de la notion d'autorité permet de s'apercevoir que le statut seul est insuffisant pour légitimer l'action d'un chef de Service ou d'un directeur. Je n'ai cessé d'insister sur la nécessaire qualité des échanges qu'il convient de développer au sein d'une équipe. Les notions de psychologie sociale proposées ont pour but de montrer que le souci de développer des relations de travail en les référant au don constitue le ressort permettant d'appréhender la complexité et la richesse du travail d'équipe. Mais qu'en est-il lorsque le jeu des coalitions modifie l'ordre

---

[183] Crozier M., *L'entreprise à l'écoute*, op. cit., p 204 et suiv.

hiérarchique, donc les rapports de pouvoir, l'influence et l'autorité sur une équipe ?

L'analyse des coalitions montre comment l'ordre hiérarchique et les relations de pouvoir se modifient. Lorsque l'on se limite à une lecture classique selon laquelle chacun défend son territoire et ses seuls intérêts, il est fréquent de voir se constituer des alliances de circonstances portées par la défense d'intérêts personnels communs liés à des enjeux de pouvoir.

Pourtant la recherche de l'intérêt collectif existe aussi, l'engagement éthique peut-être également source d'alliance. Pourquoi existe-t-il des coalitions « conservatrices » qui conviennent à tous ? Seulement parce que les personnes sont dans une relation de dépendance à leur chef ? Parce qu'elles se soumettent à son « autorité charismatique, rationnelle-légale ou traditionnelle »[184] ? L'argument est insuffisant et les coalitions, les jeux d'alliances peuvent également être mis au service du bien commun, d'une idée que l'on se fait de sa mission et qui, en retour, nourrit l'estime de soi par la fierté du travail bien fait. En situation de travail, la dynamique du don est toujours médiatisée par la mission et l'objet même du travail. C'est ce qui permet aux deux socialités primaire (primat de la relation sur la fonction) et secondaire (primat des fonctions sur la relation) de se rejoindre pour une plus grande efficacité de l'action.

Il existe une manière simple et efficace de repérer les coalitions, en construisant des « triades » et en les visualisant à l'aide d'un schéma : chaque personne ou sous-groupe a une influence plus ou moins grande au sein d'une équipe de travail, du fait de son statut et/ou de son leadership. On la visualisera à l'aide d'un chiffre et d'un cercle plus ou moins gros.
Le schéma qui suit présente une coalition « conservatrice » ; l'alliance entre le directeur et le chef de service par exemple, ne modifie pas l'ordre hiérarchique. Le directeur a déjà une autorité reconnue avec un chiffre de 4, il en est de même avec le chef de service avec un chiffre de 3. Leur alliance les renforce un peu plus chacun, ils ont besoin l'un de l'autre. Le directeur conserve cependant sa supériorité hiérarchique à condition que le chef de service ne fasse pas alliance avec le reste de l'équipe[185].

---

[184] Weber M., *Le savant et le politique*, Paris, Plon, 1950, p 114.
[185] Il est tout à fait possible de complexifier les schémas en faisant apparaître des sous-groupes, voire des sous schémas…

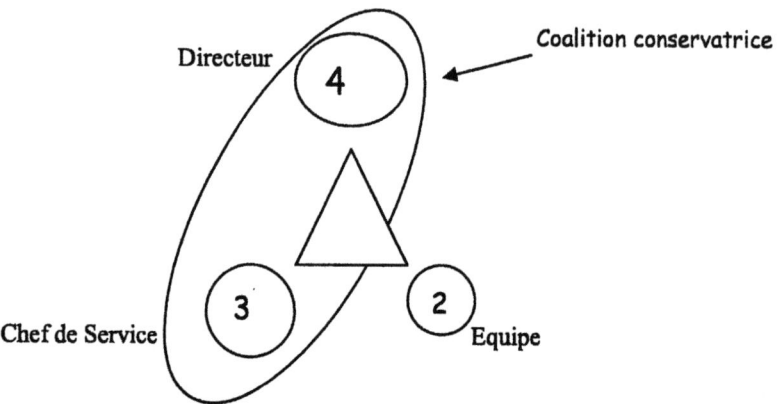

Dans le schéma suivant, l'alliance entre le chef de service et l'équipe s'appelle une coalition « révolutionnaire ». Dans ce cas, l'autorité du directeur est mise à mal par le chef de service.

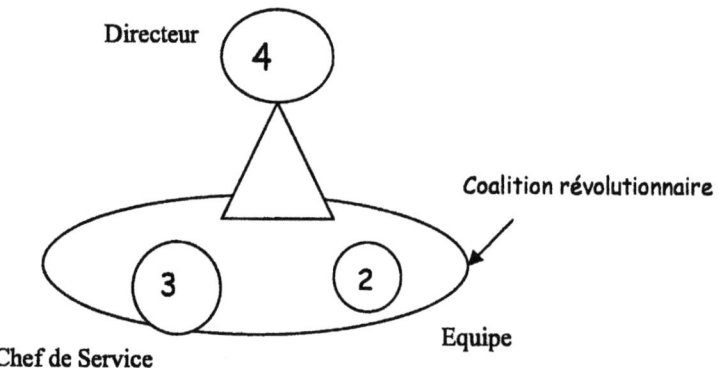

La coalition « illégitime » montre une alliance entre le directeur et l'équipe au détriment du chef de service. Ce dernier voit son autorité sapée et sa situation devenir vite intenable si une alliance traditionnelle, « conservatrice », ne se rétablit pas. On obtiendra par exemple une valeur de 4 (directeur) + 2 (équipe) contre 3 au chef de service.

J'ai connu une institution dans laquelle les chefs de service se succédaient très régulièrement. Une analyse rapide montra que les éducateurs avaient l'habitude de solliciter directement le directeur lorsqu'une décision du chef de service ne leur convenait pas. Le directeur ne cherchait pas à prendre l'avis de son cadre et décidait seul de le valider ou de l'invalider. Cette situation était à terme intenable et poussait les personnes à quitter leur poste.

Il existe beaucoup de variantes qui n'ont d'autre but que de comprendre les effets des alliances entre les personnes en vue d'avoir de l'influence sur les orientations institutionnelles. Avec l'exemple suivant nous allons voir comment le don peut influer lui aussi sur ces coalitions.

Une association spécialisée dans des séjours de vacances pour personnes adultes handicapées physiques, doit remplacer en urgence un directeur tombé malade deux jours avant le départ. Son remplaçant n'avait eu qu'une seule expérience avec un public handicapé. Il avait reçu des directives de l'association qu'il s'attacha à suivre avec rigueur. Il sut d'emblée reconnaître l'expérience de l'équipe d'animation qui, en retour, le valida dans sa fonction. Ce qui donne la dyade suivante :

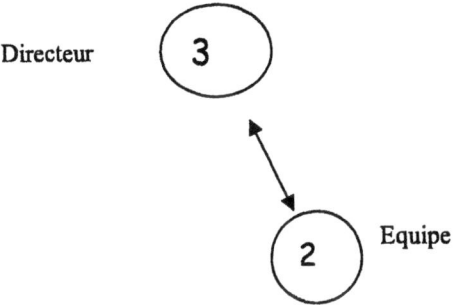

Sans en avoir véritablement conscience, ce directeur s'appuya sur le leader informel qui avait émergé de l'équipe, ce qui renforça la cohésion de celle-ci et facilita la réussite du séjour. Ce leader était lui-même handicapé et en fauteuil, mais la proximité que cela lui procurait auprès des autres vacanciers aurait été insuffisante s'il n'avait fait preuve d'un « pouvoir d'expertise », tel que décrit par Michel Crozier. Il connaissait parfaitement la réglementation et les règles de sécurité concernant les personnes handicapées, à la différence du directeur. De surcroît, il maîtrisait une part importante des relations du centre avec l'extérieur, ce qui facilitait l'organisation de sorties, certaines courses etc. Il détenait le pouvoir du « marginal-sécant ». Ces compétences n'auraient pas suffi à elles seules pour créer son leadership. Il ne les utilisait pas pour acquérir du pouvoir, au contraire il les mettait au service des vacanciers. Il montrait de l'attention aux difficultés de chacun et cherchait toujours des solutions lorsqu'un problème se présentait. Il se vivait comme un membre de l'équipe au même titre que les autres. Son seul souci était de permettre à l'équipe d'animation de conserver sa cohésion et son dynamisme et d'offrir aux vacanciers un séjour le plus agréable possible.

Cette posture pourrait se traduire ainsi : le leader apparaît mais il n'y a pas d'alliance en vue de modifier les relations de pouvoir.

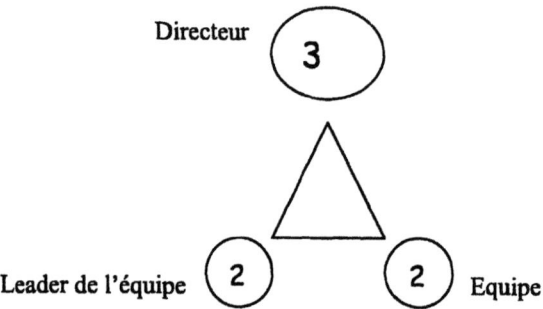

Il prit conscience de son leadership presque malgré lui lorsqu'il adopta une position différente de celle du directeur lors de la préparation d'une sortie. L'équipe d'animation le suivit immédiatement et le directeur dut sentir qu'il ne servait à rien de s'opposer à sa proposition. On aurait pu estimer qu'il s'agissait d'une coalition pour prendre le pouvoir sur celui du directeur. Ce qui aurait donné le schéma suivant :

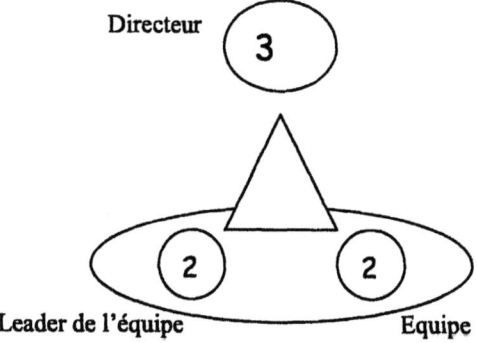

Mais le directeur comprit intuitivement que ce n'était pas le but recherché. Il gagna même un crédit de confiance en se ralliant à la proposition de l'équipe. Cette expérience aurait pu tourner à l'affrontement, elle eu l'effet inverse du fait de l'intelligence relationnelle de chacun. De plus la réaction du directeur et sa décision rassurèrent l'équipe. Car depuis quelques temps ses membres se référaient de plus en plus à leur collègue avant de prendre une initiative, ils ne cherchaient pas pour autant à être déloyal au directeur mais cela finissait par générer un certain malaise.

La fonction régulatrice du don est perceptible. En s'opposant au directeur, le leader officialisait son leadership. Mais cette coalition entre le leader émergeant et le reste de l'équipe était portée par le souci des vacanciers. Le directeur a ressenti cette coalition comme une contribution de l'équipe, au lieu de la considérer comme une remise en cause de son pouvoir. Il a su s'appuyer sur son manque d'expérience pour mieux reconnaître les compétences et le sentiment de sécurité qu'apportait le leader à l'équipe. En agissant ainsi, il perdait certes de son pouvoir mais il gagnait en autorité, car il mettait clairement son statut et sa fonction au service du projet. Il enrichissait la qualité de l'échange en facilitant la réciprocité. En retour, l'équipe le légitimait dans sa fonction de régulation en lui laissant le dernier mot. Certains pourraient penser qu'il n'avait pas d'autre choix que de valider la proposition de l'équipe. Ce serait oublier de considérer l'importance du jeu relationnel des échanges : en lui « offrant » cette possibilité, l'équipe reconnaissait son geste et lui rappelait que son autorité était intacte. Autrement dit, l'équipe avait reçu la réponse du directeur comme une volonté de dialogue. Cette volonté d'échange permettait à l'équipe de rester loyale à l'égard du statut de directeur (perçu comme nécessaire à la bonne marche du centre) et de la personne qui l'habitait. On met souvent en avant les dysfonctionnements, les réussites sont aussi source d'enrichissement. Cette équipe et son directeur n'avaient probablement pas conscience de tous ces enjeux et jeux relationnels. La dynamique du don et l'éthique de la considération qui l'accompagne sont plus fréquentes qu'on ne le pense, à condition de fournir les clefs qui permettent de les reconnaître.

9.3. Penser la posture de direction en référence au don

A ce stade de notre réflexion, nous sommes en mesure de poser les bases d'une posture de direction référée au don, ce qui aurait été incongru au début de ce texte. Rappelons toutefois qu'un apport théorique ne trouvera à s'appliquer que s'il considère la singularité de chaque situation de travail. Cette singularité prend forme lorsque le dirigeant intègre l'histoire et la culture de l'institution et qu'il la confronte à l'idée qu'il se fait de son action à l'intérieur de ce contexte. Elle s'exprimera à travers la posture personnelle qu'il saura découvrir, en croisant ses représentations de départ, la réalité institutionnelle qu'il devra affronter, ses compétences techniques et les conditions qu'il souhaite créer pour que se développent des échanges régulés par le don.

Les techniques et théories apprises doivent être mises à l'épreuve de cette complexité. Tel un artiste, le cadre et à plus forte raison le directeur, doit développer sa créativité et se former à l'amour de l'art en apprenant à se questionner, à jouer sur les nuances, à prendre des risques, à apaiser, à développer une dynamique de don, bref à mettre de la vie et du sens là où il serait plus facile de ne considérer que la technique, la gestion et l'organisationnel.
« Si on tient compte de tout cela, si on écoute trop les gens, on n'avance pas et on ne fait rien » ai-je parfois entendu. Exprimer la volonté de mettre une éthique

de la considération au cœur des relations de travail ne conduit pas à l'inertie. Cela signifie que l'on peut développer de l'intérêt et de la sollicitude pour l'autre sans penser forcément qu'il cherche à nous piéger, ou qu'il résistera au changement pour que son pouvoir, sa marge de liberté, ses avantages acquis ne soient pas remis en cause.

Nous sommes tellement influencés par le management traditionnel, qu'il nous devient difficile d'admettre qu'il soit possible d'oser la confiance dans la conduite d'équipe. La confiance se construit par des paroles tenues, des engagements reconnus, des décisions prises pour l'intérêt de l'institution, le respect de l'équité, une même considération pour chacun, une attention aux faits d'injustice entre collègues...

Cette confiance est parfois difficile à renouer ou à maintenir, notamment lorsque l'histoire pèse au lieu d'inspirer, lorsque les injustices non épurées enferment les personnes dans des attitudes de repli, lorsque les dynamiques de groupe entretiennent des climats délétères. Pourtant, la confiance constitue un des fondements d'une institution saine. Qui d'autre que le directeur, avant tout autre personne de l'institution, peut le garantir ? La conduite d'équipe résulte d'une alchimie complexe, jamais aboutie, lieu par excellence de l'articulation entre, les repères théoriques, la mission de l'institution, le personnel qui doit la mettre en œuvre, et sa posture personnelle. Le don ne sera jamais une recette supplémentaire que le ''manager'' ajouterait à sa panoplie. Il ne peut être instrumentalisé, si tel était le cas, il disparaîtrait.

La figure autour de laquelle s'organise l'institution est celle du directeur. Il est donc en première ligne pour que s'affûte un regard singulier sur les relations de travail, pour que vive une posture professionnelle imposée par le don. Une institution progresse péniblement sans l'engagement de l'équipe, mais elle peut décliner rapidement avec certaines pratiques de direction.

9.4. Le directeur, nécessaire posture de référence

Le schéma suivant indique les conditions qui doivent être réunies pour que le pilotage de l'institution s'effectue dans de bonnes conditions. Il permet de visualiser les trois points d'appui (cadre de travail, mission, dynamique des échanges) et les liens qui les rendent interdépendants (dispositif, démarche socio-éducative, reconnaissance professionnelle). La bonne marche de l'institution, dont le directeur est le garant, repose sur la clarté de chacun des sommets et sur la qualité de leur articulation.

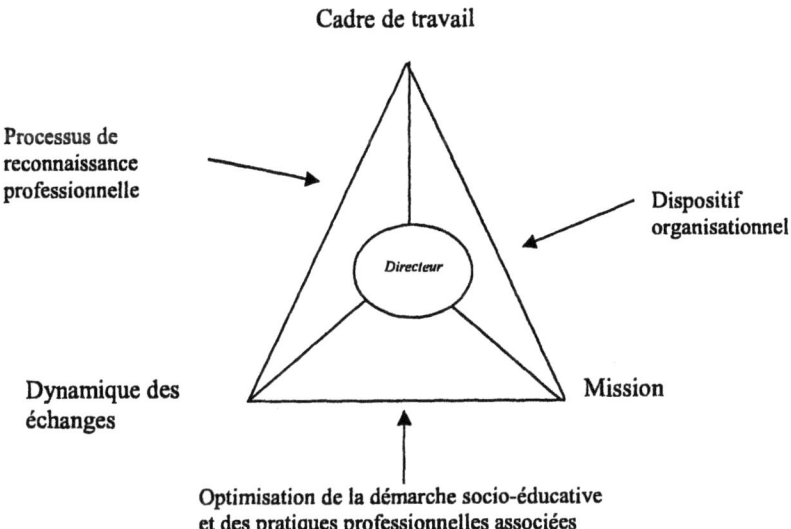

Elaborer des stratégies consiste à créer les conditions pour mener à bien un projet. Pour que les salariés sachent réellement que leur parole est prise en compte, il faut paradoxalement délimiter le cadre des échanges en énonçant clairement ce qui n'est pas discutable. On présentera par exemple le but à atteindre et le diagnostic qui a conduit à arrêter les décisions. Les qualités de dialogue et d'écoute seront ensuite essentielles au dirigeant pour explorer, avec son équipe, la route qui conduira au but fixé.

Dialoguer et écouter, cela signifie être capable de reformuler en profondeur les questions émises, faire apparaître les logiques sous-jacentes, les valeurs directrices qui guident l'action, faire émerger le sens, accepter en définitive d'être vulnérable sans pour autant se sentir faible.
S'ouvrir à une certaine vulnérabilité, c'est accepter l'engagement dans l'échange, sans pour autant oublier d'être ferme quand cela s'avère nécessaire. A condition que le directeur ne perde jamais de vue l'objectif à atteindre, il doit cheminer avec son équipe, réguler, donner le tempo, fournir des outils pour dépasser les difficultés qui se présentent, anticiper les problèmes pour apporter les réponses utiles en temps voulu. Ce qu'il aura demandé à son équipe, ce qu'elle lui aura donné en acceptant de le suivre, il devra lui rendre en lui facilitant la tâche. Il veillera à soutenir chacun dans son engagement, il reconnaîtra les contributions, il aura du souci à l'égard de ceux qui seraient en difficulté, il sera attentif à ouvrir des perspectives sans pour autant accepter n'importe quoi.

Par exemple, il ne devra pas hésiter à intervenir avec fermeté auprès de ceux qui seraient en position de refus immuable, considérant la décision comme une imposition, un abus de pouvoir et non comme l'exercice d'une autorité assumée du fait de la fonction occupée. Il sera attentif à ce que les non impliqués évoluent et prennent position et que les hésitants s'engagent davantage. Il veillera à ce que les personnes qui sont en désaccord argumentent leur position, en espérant qu'elles deviennent des critiques constructifs plutôt qu'elles ne s'enferment dans une attitude de refus.

Adopter une "posture de don" n'empêchera pas qu'apparaissent des tensions, des mécontentements, des conflits. Mais cette posture servira de repère au dirigeant pour l'aider à exercer son autorité, parce qu'elle favorise le maintien d'un vrai dialogue autour de l'objet de travail. Lorsqu'il est institué, culturellement naturel et continu au sein de l'institution, ce dialogue fournit au directeur de nombreuses occasions pour reconnaître les contributions et valoriser les compétences des personnes. De surcroît, il favorise les processus de délibération qui construisent le consensus et débouchent sur l'élaboration des décisions. Nous sommes loin du registre classique de la négociation, où chacun cherche à obtenir le plus possible en fonction du rapport de force qu'il aura pu instaurer avec son interlocuteur.

Maintenir une institution vivante n'est pas facile. Le directeur ne peut oublier sa fonction de leadership[186] et à travers elle, la force de vie qu'il doit insuffler à son équipe. C'est pourquoi il doit "donner" à son équipe collectivement et à chacun personnellement lorsque cela est possible. Il constatera le "donner à son tour" des salariés, dans leur implication, le bon climat de travail (état du don), l'avancée des projets en cours, la qualité des services offerts aux personnes accueillies.

Grâce à la pulsion du don, l'autorité se situe résolument du côté de la vie. A ces conditions et lorsqu'il sert de relais à l'autorité, le pouvoir a toute son utilité.
Il arrive par exemple que dans certaines situations professionnelles, les communications soient bloquées. Et l'obligation de se parler renforce le malaise. La spirale destructrice est en route qui caractérise une situation de sortie du don ; chacun estime que la situation est bloquée du fait de l'autre. Il est souvent difficile aux protagonistes seuls de renouer un lien. De plus le risque de contamination de l'équipe, qui met au premier plan les relations affectives et les émotions de groupe, est grand. La régulation par le chef de service rappelant à l'ordre les protagonistes suffit bien souvent, ce qui a pour effet de rassurer tout le monde et de remettre l'activité au centre des préoccupations. Dans d'autres

---

[186] Notion, qu'il saura articuler, pour rappel, avec d'autres notions. Comme par exemple, les phénomènes de "dépendance" (W. Bion), le poids de la socialité primaire (A. Caillé et P. Fustier), les identifications au leader, le besoin de reconnaissance par le chef (S. Freud), etc.

situations il faudra faire appel à une tierce personne, pour permettre à chacun de dire ses griefs mais aussi pour reconnaître les contributions des collègues. C'est à cette condition que les problèmes pourront être dénoués, les tensions apaisées et qu'il sera possible de relancer une dynamique de don. Si cela ne suffit pas, il reviendra au directeur d'agir. Car il n'est pas possible de laisser se dégrader ainsi le climat de travail au risque de déstabiliser l'institution dans son ensemble. Il arrive en effet que le dialogue devienne difficile, que le point d'arrivée des échanges fasse apparaître des désaccords insurmontables. Le directeur devra prendre ses responsabilités et trancher pour ne pas laisser se développer des manières d'être qui contredisent les valeurs affichées.

De même, le directeur devra parfois faire preuve d'une grande fermeté pour imposer une culture des échanges entre les professionnels. User de son pouvoir de sanction à bon escient rassure les autres membres de l'équipe et rappelle que tout est mis en œuvre pour rechercher la meilleure adéquation entre les valeurs de travail énoncées et celles pratiquées ; on ne transige pas lorsque l'éthique relationnelle est mise à mal. User du pouvoir ne doit pas nous faire oublier pour autant la force de la pulsion de mort auquel le pouvoir se réduit lorsqu'il n'est plus que la recherche de maîtrise sur l'autre. Tout dirigeant doit apprendre à contenir cette force tapie dans l'ombre et toujours prête à s'imposer.

L'autorité du directeur repose sur sa capacité à être garant du projet institutionnel ; il doit maintenir tout ce qui donne sens à l'action, ce qui permet au personnel d'être convaincu et de se mobiliser parce qu'il peut se projeter dans l'avenir.
Le directeur est garant de l'imaginaire social partagé ; il doit faciliter le partage des représentations sur les finalités de l'institution et ainsi consolider les valeurs agies et incarnées quotidiennement dans les pratiques.
Il doit utiliser les leviers de changements appropriés ; il fait émerger, soutient, donne les moyens, valorise, décide.
Il construit une relation de confiance ; il crée les conditions pour développer des échanges basés sur le don, il veille également à la qualité de l'état du don.
Il doit être présent, donner l'exemple, intervenir au moment opportun.
Il organise les conditions d'un travail facilitant la mobilisation des ressources collectives ; il ne met plus de l'ordre mais il crée et entretient la vie, il donne de l'autonomie, cherche la cohérence à tous les niveaux de l'institution, rend possible la contradiction, conserve une lecture systémique de l'institution pour mieux évaluer les effets de ses décisions.
Il conserve une réflexion stratégique, il assume sa fonction de décideur.
Il crée les conditions pour que chacun tienne sa place et y reste ; il présente clairement les missions, statuts et fonctions de chacun.
Il sait percevoir (anticipe) les besoins, prévoit les scénarios possibles et les réponses qu'il conviendrait d'apporter.

Il est attentif à la gestion de l'information et aux modalités de communication. Mais peut-être plus que toute autre, sa qualité essentielle réside dans sa capacité à transformer des propos disqualifiants en contributions.

Lors d'une réunion de synthèse dans un institut médico-éducatif (I.M.E.), le médecin-chef (responsable du suivi médical et paramédical des enfants de l'établissement) apporte des précisions sur la maladie rare d'un enfant. A la suite de son intervention, un éducateur prend la parole et reformule ce qu'il a retenu des différents symptômes de cette maladie afin de vérifier sa bonne compréhension. Les expressions sur le visage du médecin et son geste brusque pour tendre une feuille téléchargée sur internet concernant cette maladie, laissent penser qu'il prend mal l'intervention de l'éducateur. On peut imaginer qu'il a fait l'effort d'aller se renseigner (pour preuve ses recherches sur la toile) et qu'il a pris du temps pour offrir ses éclairages à une équipe peu réceptive à ses propos. Il faudrait contextualiser davantage la situation pour comprendre la forte réactivité du médecin, je veux seulement insister ici sur l'attitude de l'éducateur qui a permis d'apaiser la situation. Celui-ci avait remarqué la réaction du médecin et plutôt que de se raidir à son tour, il réitéra sa demande en soulignant son besoin d'aide et de soutien afin que les apports du médecin lui permettent d'adapter son intervention auprès de l'enfant concerné. Il ajouta un élément en précisant qu'il avait du mal à s'approprier certains termes spécifiques à la profession médicale et qu'il avait besoin d'une traduction en termes plus accessibles, ce qui lui permettrait certainement de mieux comprendre. On sait que l'usage abusif de vocabulaires spécialisés sert le pouvoir de certains, mais l'empressement du médecin à répondre avec un souci pédagogique montre que ce n'était pas le cas dans cette situation. L'effort de l'éducateur pour maintenir le lien, le fait qu'il se mette en position d'avoir besoin du médecin permettait paradoxalement à ce dernier d'être validé dans sa fonction, d'autant qu'il semblait avoir perçu l'excès et la maladresse de sa première réaction.

Autrement dit, le médecin donne une première fois en fournissant des explications sur la maladie, il n'a pas en retour les remerciements espérés mais une réponse critique ; alors qu'il espérait la confiance il trouve, croit-il, la défiance. L'éducateur lui fournit l'occasion de se reprendre (donne à son tour), il reconnaît en même temps l'intérêt de ses recherches et de son explication (montre qu'il a reçu). Il valide également l'intention du médecin et son souci de contribuer à la qualité du travail auprès des enfants. L'imaginaire social, les représentations de l'institution, l'idée que l'équipe se faisait de son travail auprès des enfants caractérisaient un état du don constructif basé sur l'alternance, ce qui favorisait le choix de la confiance de la part de cet éducateur et la réponse sur le même mode du médecin.

Car on voit bien que tout se tient, la bonne marche d'une institution tient de cette alchimie qui associe tous ses membres. Le garant de cette alchimie reste cependant le directeur, parce que l'on attend qu'il incarne avant tout autre, la "posture de référence". Par la perception globale qu'il doit avoir de l'institution et des ses mécanismes complexes, il est également le garant de ce qui fonde et maintient vivant le projet institutionnel.

Les sommets du triangle

<u>Le cadre de travail.</u>
Le directeur est garant de la mission de service public qui lui est confiée par son conseil d'administration. Il relève de sa seule responsabilité d'offrir un cadre de travail clair et de le faire respecter ; respect de la loi, des règles qui permettent aux salariés d'effectuer leur mission auprès des personnes accueillies.

Cette responsabilité ne se partage pas et elle doit être pleinement assumée, d'ailleurs on le lui reprocherait s'il en était autrement. Bien évidemment et comme nous l'avons vu, cela ne l'empêche pas de réfléchir avec son équipe aux adaptations inhérentes à toute institution vivante.

<u>Mission</u>
S'inscrire dans une logique de don consiste à accepter et surtout à rechercher les ajustements quotidiens entre collègues de travail, dans une perspective constructive faite des contributions de tous. Pour cela il est préférable d'avoir à l'esprit la vision globale de l'institution. Celle-ci s'acquière en identifiant, à travers le projet d'établissement, les éléments qui traduisent la mission concrètement.
L'enjeu d'un projet d'établissement réside dans la capacité des professionnels chargés de le faire vivre, à articuler les valeurs énoncées et pratiquées, avec le fonctionnement quotidien. Bien qu'il existe un décalage inévitable entre ces deux niveaux, il permet de réguler l'action et d'en conserver le sens, en repérant ce qui se fait, pourquoi et comment.

Réfléchir au projet d'établissement oblige à identifier le sens de l'intervention (en s'appuyant sur la loi, les missions, le public accueilli, les attentes de l'environnement, les valeurs et l'histoire de l'institution...) et à déterminer l'identité singulière de l'institution, ses orientations fondamentales. Cela permet ensuite de décliner et d'articuler le dispositif institutionnel, la démarche socio-éducative, le projet personnalisé, l'évaluation et la démarche qualité. L'ensemble constitue un tout que l'on peut appréhender par n'importe quelle dimension puisque toutes sont reliées entre elles. C'est pourquoi il est inimaginable de le bâtir sans susciter l'engagement des professionnels de l'institution. Car une fois rédigé, il fait référence et sert de tiers régulateur à l'action.

Outil de travail incontournable, repère commun, objet tiers, le projet d'établissement offre au directeur la possibilité de déployer auprès de son équipe un échange démocratique, que Paul Ricœur identifiait comme « l'ensemble des dispositions qui sont prises pour que le rationnel prévale sur l'irrationnel, mais simultanément pour que le lien horizontal du vouloir vivre ensemble prévale ordinairement sur le rapport irréductiblement hiérarchique de commandement et d'autorité »[187]. Le don offre les conditions de cet échange démocratique, lorsqu'il s'appuie sur un cadre institutionnel où s'articulent sens de l'intervention, dispositif adéquat et pratiques professionnelles attendues.

<ins>Dynamique des échanges</ins>
Le directeur peut avoir les meilleures idées du monde, elles n'auront aucune chance d'être entendues sans de bonnes relations de travail, sans l'engagement des personnes pour apporter leur contribution à la bonne marche de l'institution. J'ai tenté de montrer qu'il s'agit de l'aspect le plus inopérant des techniques de management. Il est pourtant possible d'oser le paradigme du don et de découvrir que la considération de ses salariés n'empêche pas la compétitivité. Cela se pratique dans certaines entreprises avec succès, hélas trop discrètement.

Un informaticien avait été engagé pour développer un programme, mais il s'avéra vite incompétent. Il savait qu'il n'avait pas les compétences requises mais il avait réussi à bien se vendre lors de l'entretien d'embauche. Le directeur de cette PME de 150 personnes aurait pu le licencier sans difficulté. Or, il prend le temps de le recevoir avant de prendre sa décision. Au moment de l'entretien, il met de côté les aspects techniques, il cherche à comprendre comment et pourquoi cette personne a pu se mettre dans une telle situation : « Vous n'étiez pas compétent pour ce travail, vous le saviez et vous saviez que nous nous en apercevrions rapidement, expliquez-moi ». La teneur de l'échange, au-delà des propos tenus[188] est particulièrement intéressante. Le salarié pensait être convoqué pour s'entendre signifier son licenciement. Le directeur avait effectivement cette option à l'esprit. Pourtant le résultat fut tout autre, au cours de la rencontre émergea l'idée de lui proposer un autre poste plus proche de ses compétences, mais qui nécessiterait un investissement indéniable. Il accepta et deux ans après, il apporte toujours sa contribution activement, en faisant preuve de ''confrontation créatrice'' au poste auquel il a été affecté.
Nous pourrions disserter longuement sur cet exemple en confrontant deux analyses. La première consiste à dire que la logique du gagnant-gagnant était

---

[187] Ricoeur P., *La critique et la conviction*, Paris, Calmann-Lévy, 1995, p.153. Cité par Dubreuil Bertrand, *Le travail de directeur en établissement social et médico-social*, Dunod, Paris, 2004, p.14.
[188] A 48 ans, père de quatre enfants, ce salarié expliqua qu'il ne pouvait imaginer rester au chômage, il lui fallait absolument travailler, il pensait qu'il parviendrait à pallier ses manques sans que cela ne se voie.

respectée, puisque chacun y retrouvait son intérêt, d'autres pourraient dire que ce salarié connaissait la fibre sensible du patron et qu'il avait bien manœuvré etc. Même s'il y avait une part de vérité dans ces propos, en rester là masquerait la portée véritable de cet échange. Au début de l'entretien le directeur avait le sentiment d'avoir été lésé, car il avait l'habitude d'être toujours clair et franc avec ses salariés. La franchise que lui opposa ce salarié lors de leur échange et les explications qu'il lui donna lui parurent sincères. Il aurait pu aussi imaginer que ce dernier tentait une nouvelle fois de le manipuler, afin de se défendre.
Il s'ensuivit au contraire un jeu relationnel subtil basé en définitive sur le pari de la confiance d'un côté et du défi pour en être à la hauteur de l'autre. Autrement dit d'une relation d'équivalence non honorée, la relation changea de registre en basculant vers une dynamique de don. Le directeur se trouvait en situation de donateur en offrant un poste à ce salarié alors que rien ne l'y obligeait.
Cet élan, plus fort que le souci du retour qu'il pouvait en attendre, lui fit peur après coup. Le salarié allait-il être à la hauteur et pourquoi lui avoir proposé ce poste, n'allait-il pas chercher à exploiter une nouvelle fois la situation ? Quoiqu'il en soit, il ne se déjugea pas de ce geste de confiance non calculé, qui l'avait débordé et conduit à "lâcher prise". Il laissa au salarié le temps de faire fructifier la mission qu'il lui avait offerte. L'application et le sérieux que ce salarié montre dans son travail depuis cette mise au point fournissent la preuve de ce pari relationnel, humain, réussi.
Pour autant et en nous référant à l'oscillographe, ce directeur ne devra pas "trop" lui demander sous prétexte de lui avoir donné auparavant une nouvelle chance. Dans ce cas, il risquerait de se mettre à son tour en situation de débiteur.

Cet exemple[189] montre qu'un véritable espace existe pour une expression du don dans les entreprises. Le management traditionnel, colosse aux pieds d'argile bâtissant son pouvoir sur l'individualisation des rapports de travail, la culture du rapport de force et de défense de ses intérêts personnels (ou catégoriels), pourrait-il se fissurer afin de laisser poindre un réel espace pour une éthique de la considération ? Le secteur social et médico-social pourrait en être le fer de lance, à condition toutefois d'assumer sa singularité.

<u>Donner la même importance aux trois sommets</u>
Une situation de travail mobilise autant la rationalité de la fonction que l'affectivité contenue dans toute relation. Une dynamique des échanges selon le don doit être délimitée par un cadre de travail clair et par l'élément tiers que constitue l'objet de la mission. La qualité de l'engagement professionnel en dépend. C'est là un paradoxe, le don doit être protégé de trop de don.

---

[189] Cet exemple m'a été rapporté par un ami directeur lors d'un de nos nombreux échanges autour de la question du don dans les relations de travail.

Certaines associations humanitaires ou confessionnelles fonctionnaient essentiellement avec des bénévoles, elles ont dû progressivement s'entourer de professionnels. Ces derniers ont souvent choisi ces postes par engagement, parce qu'ils se sentaient proches des valeurs associatives (parfois même certains étaient bénévole avant d'être salarié). Dans ces conditions, tout portait à croire que les relations de travail allaient être plus sereines qu'ailleurs. Or j'ai souvent constaté une souffrance au travail importante dans plusieurs associations de ce type.
Cela vient souvent d'une difficulté à dissocier les trois sommets du triangle et à trouver un juste équilibre entre : la mission à assurer ; l'engagement personnel mû par des valeurs et la dynamique des échanges qui l'accompagne ; le contrat de travail qui rappelle que tout engagement personnel, quel qu'il soit, obéit aux contraintes du dispositif organisationnel et aux exigences légales.

Pour mener son action et s'il veut les articuler correctement, le directeur doit toujours distinguer clairement les trois sommets. Parfois en fonction du contexte institutionnel, il privilégiera un aspect plutôt qu'un autre. Ainsi par exemple, il donnera de nouvelles impulsions autour de la mission, ou dans un souci de régulation il rappellera que les échanges s'effectuent en référence à un cadre de travail... quoi qu'il en soit, il veillera toujours à ce que l'interdépendance reste équilibrée et qu'un sommet ne soit pas, structurellement, survalorisé au détriment des autres.

Les trois côtés

Le processus de reconnaissance professionnelle
De la bonne articulation entre le cadre de travail et la dynamique des échanges dépend la qualité du processus de reconnaissance professionnelle que je n'ai cessé de décliner tout au long de ce livre. La dignité au travail, l'engagement professionnel, l'estime de soi, la valorisation des ressources collectives en sont l'expression. Le don en est la source.

Démarche socio-éducative et pratiques professionnelles associées
La dynamique des échanges s'organise autour d'un objet de travail conféré par la mission. Cette confrontation donne naissance à la démarche socio-éducative. Celle-ci consiste à élaborer des réponses cohérentes au regard du sens que l'on veut donner à l'action, c'est-à-dire aux principes, à l'identité, aux orientations fondamentales de l'institution. Il conviendra d'identifier les enjeux socio-éducatifs, précisés par les intentions et les effets souhaités. Les intentions correspondent aux effets espérés de l'intervention, que les professionnels pourraient traduire ainsi : « Ce que nous voulons pour l'autre, ce que nous souhaitons qu'il découvre, comprenne, apprenne à l'issue de nos interventions ». Les enjeux peuvent être entendus comme les intentions dans un

sens large, ils les finalisent, ils recouvrent l'ensemble des intentions d'un même domaine d'intervention[190].

Si les enjeux disent le sens, les modalités d'action énoncent la manière de les rendre opérationnels. Elles se traduisent par les attitudes communes à l'égard des personnes accueillies et par les processus d'action qui servent les pratiques professionnelles quotidiennes.

A un directeur qui en a la volonté, le don offre l'occasion d'impulser une culture de la considération de la personne accueillie et fournit du même coup un outil essentiel de lutte contre la maltraitance institutionnelle. On sait à quel point une équipe heureuse de travailler ensemble a toutes les chances d'offrir un accompagnement de qualité. Et de la qualité des relations professionnelles dépendent pour une bonne part la qualité du questionnement et la créativité. A l'inverse, il est fréquent d'observer la perte de vitalité d'une institution lorsque les échanges au sein des équipes de travail sont qualitativement pauvres.

Le dispositif organisationnel
Le dispositif institutionnel regroupe l'ensemble des moyens nécessaires pour rendre opérationnelle la finalité énoncée de l'institution, que la démarche socio-éducative est censée traduire. Pour dépasser le stade des bonnes intentions, toute idée a besoin de moyens et d'outils organisationnels pour permettre sa mise en œuvre concrète. Les équipes fonctionnent bien quand elles partagent une certaine représentation de l'institution que la qualité des échanges relationnels traduit, comme nous l'avons vu au long de ces pages. Mais cela nécessite de penser l'organisation du travail de telle sorte que les échanges ne soient pas « pollués » (autant que faire se peut) par un manque de moyens ou d'organisation. Nous avons vu avec l'approche systémique que le fonctionnement d'une institution se complexifie au fur et à mesure qu'elle se développe, ce qui l'oblige à se structurer et à s'organiser. Aussi, l'articulation entre le cadre de travail et la mission de l'établissement se traduit-elle par la mise en place nécessaire d'une ''organisation du travail'', afin de mettre en œuvre le projet dans un souci de cohérence ; cette cohérence contribuant à la sérénité des échanges.

Donner la même importance aux trois côtés
Chaque côté a son importance, ni plus ni moins que les deux autres. Considérons tout d'abord le dispositif organisationnel : il suffirait de mettre en place une organisation rationnelle pour que le travail s'effectue dans les

---

[190] Chaque institution doit trouver la bonne focale entre intentions et enjeux. Car un enjeu peut être lui-même une intention d'un enjeu plus large. Le risque est de se perdre dans une complexité inutile alors que l'intérêt et l'efficacité de l'analyse résident dans son opérationnalité.

meilleures conditions. S'il en était ainsi, les techniques de management seraient transposables au secteur social et médico-social sans acculturation.

Nous avons trop entendu dans les propos de dirigeants et consultants que s'attarder sur le sens de l'action, c'est faire le jeu d'équipes rétives au changement. Le directeur et l'encadrement fixent les objectifs et les propositions des collaborateurs se limitent aux conditions de leur mise en œuvre. Ainsi, chacun est à sa place et on ne perd plus de temps en digressions idéologiques et autres rappels aux valeurs attaquées. De surcroît, si résistance aux changements il y a, elle sera circonscrite plus facilement et individuellement. "L'entreprise sociale" est en ordre de marche !

Cette présentation paraîtra caricaturale à certains, au risque de créer des dissonances cognitives. Il faut donc préciser le propos et insister une nouvelle fois sur le fait que fixer des orientations, tenir un cap, garantir la qualité de l'intervention s'inscrit dans les missions du directeur. De même, garantir la qualité et la cohérence du dispositif institutionnel, son organisation, est indispensable et relève aussi de sa responsabilité. Mais à condition d'articuler le dispositif organisationnel avec les deux autres axes.

L'organisation du travail ne peut être efficiente qu'à partir du moment où elle n'est qu'un moyen pour aider les équipes à faire vivre quotidiennement la mission de l'institution. Dans ces conditions, celle-ci a tout à gagner à s'appuyer sur des outils qui ont montré leur pertinence, à offrir une meilleure lisibilité et visibilité à son action socio-éducative. Le dispositif organisationnel ne peut être réfléchi qu'ainsi, au risque sinon de fonctionner à vide. Un vide de sens mortifère et destructeur, source de souffrance pour les professionnels et à fortiori pour les personnes accueillies.

Poursuivons avec la démarche socio-éducative : le surinvestissement organisationnel actuel est peut-être dû au fait que lui a précédé un style de conduite d'équipe trop exclusivement centré sur la reconnaissance et le bien être des salariés. Ce qui avait souvent pour effet de produire le résultat inverse.

La difficulté du secteur social et médico-social à développer son propre langage en fut un des symptômes, comme le furent les résistances à rendre compte du travail effectué. Il n'est plus possible aujourd'hui d'imaginer un travail socio-éducatif sans rendre des comptes ni rendre le travail effectué compréhensible aux non-spécialistes, aux décideurs, aux familles, aux personnes accueillies. Les professionnels en sont conscients et la loi 2002-2 a fini d'impulser le mouvement engagé depuis quelques temps déjà. Cette loi laisse suffisamment d'espace aux professionnels pour faire valoir leurs compétences à condition qu'ils s'en emparent. L'article de la loi concernant le projet d'établissement est à cet égard intéressant[191]. Tout d'abord, il se situe à la jonction des deux

---

[191] Extrait de l'article L. 311-8 du Code de l'action sociale et des familles « (...) il est élaboré un projet d'établissement ou de service qui définit ses objectifs, notamment en matière de

principes directeurs de la loi ; le droit des usagers et la traduction de ces droits dans un cadre institutionnel (les missions de l'action sociale et médico-sociale). Ensuite, tel que présenté il paraît succinct, voire ambigu. La notion de projet était depuis longtemps présente dans les établissements relevant des annexes XXIV et si l'on suit le commentaire de Jean-François Bauduret et Marcel Jaeger[192] : « L'essentiel est que le projet donne du sens aux actions à entreprendre. Il est une projection sur l'avenir et donne des orientations générales à moyen et long terme ». La pertinence de ce propos se confirme lorsque nous relions l'article sur le projet d'établissement, à ceux concernant l'évaluation et la présentation des outils garantissant l'effectivité des droits des personnes. En définitive la loi de rénovation du secteur social et médico-social laisse une marge de manœuvre aux professionnels pour optimiser les pratiques socio-éducatives avec un dispositif organisationnel efficient, afin que les personnes accueillies en soient les premières bénéficiaires.

Terminons par le processus de reconnaissance professionnelle : est-il possible d'imaginer au terme de cette réflexion, que la qualité de l'accompagnement du professionnel engagé dans une relation avec la personne accueillie soit possible, si ce dernier ne se sent pas reconnu et soutenu par l'institution ? Comment pourrait-il donner à la personne qu'il est chargé d'accompagner, la considération, l'attention, l'engagement qu'elle mérite, s'il ne reçoit pas lui-même de l'institution cette considération constitutive de l'estime de soi au travail, le sentiment du travail "fait au mieux" et que la mise en commun des ressources individuelles permet d'améliorer ? Comment imaginer que les prestations proposées, le cadre de travail, les règles, les processus, les moyens, les régulations institutionnelles, pensés pour optimiser la démarche socio-éducative, puissent être imposés aux professionnels au détriment de la reconnaissance de la qualité de leur engagement et de leurs compétences ?

Le directeur au service de l'institution

Le directeur figure au centre de ce dernier schéma. Il lui revient de favoriser le déploiement d'échanges régulés par le don. Toutefois, l'opérationnalité du don réside dans la capacité du directeur à lui laisser tout son espace, mais seulement son espace. Son déploiement dans un contexte professionnel doit être recherché et facilité, mais comme nous l'avons vu, il doit être contenu et régulé pour donner toute sa mesure.

---

coordination, de coopération et d'évaluation des activités et de la qualité des prestations, ainsi que ses modalités d'organisation et de fonctionnement... ».
[192] Jaeger M., Bauduret J. F., *Rénover l'action sociale et médico-sociale*, Paris, Dunod, 2002, page 119.

C'est ainsi que les échanges régulés par le don activent le processus de reconnaissance, pendant que le dispositif organisationnel contient ces échanges dans un cadre délimité par les règles de travail et que la finalité éducative en fournit le sens.

La posture de direction consiste à appréhender dans une perspective éthique la complexité institutionnelle, à partir d'une analyse croisée de ces trois dimensions :

- la démarche organisationnelle se construit en référence au cadre de travail fixé par des règles dont la direction est garante.
- La démarche socio-éducative a besoin pour se déployer, de finalités, d'enjeux et d'intentions clairement repérés, ainsi que d'une dynamique des échanges permettant leur mise en œuvre.
- Le processus de reconnaissance professionnelle enfin, sera optimisé dès lors que la direction saura garantir les règles de travail en favorisant des échanges normés par le don.

En veillant continuellement à cet équilibre et en se mettant au service de la mission de l'institution, le directeur permettra à un imaginaire social partagé constructif et au sentiment d'appartenance qui l'accompagne, de perdurer. C'est une condition essentielle de la qualité de l'engagement des équipes, elle contribue à ce que la bonne distance professionnelle soit référée à un positionnement éthique porté par l'institution. Sans quoi le sentiment d'impuissance risque d'envahir le professionnel, générer des réactions de dépit, lui faire perdre toute considération à l'égard des personnes reçues.

Cette considération est essentielle parce que les personnes accueillies en ont particulièrement manqué. Paradoxalement, elle l'est d'autant plus que l'agressivité et la violence sont de moins en moins contenues de la part de certains usagers qui font valoir ce qu'ils considèrent être leur droit. Consommateurs de prestations sociales qui leur sont dues, ils n'en perçoivent plus le sens. Et ils le percevront de moins en moins si les professionnels eux-mêmes ne sont plus rattachés clairement à des missions et à des valeurs humanisantes référées au don.

Trop souvent nous constatons les effets destructeurs sur le lien social et le sens du vivre ensemble, d'une culture utilitariste distillée chez des professionnels désorientés. Plus grave encore, combien de futurs professionnels actuellement en formation semblent avoir intériorisé les modes relationnels utilitaires. Ce qui laisse peu de place au mûrissement d'une éthique de la considération pourtant nécessaire à qui veut s'engager dans ces métiers de l'intervention sociale. La responsabilité des formateurs n'en est que plus grande...

Les équipes reçoivent quotidiennement les détresses des personnes qui s'adressent à elles et auxquelles elles répondent par un engagement personnel. Comme nous l'avons vu, celui-ci est fort heureusement contenu par le cadre de la mission et le dispositif institutionnel. Ce cadre sert de point d'appui à une intervention efficiente et non de prétexte à une position défensive, protection illusoire contre un autre perçu comme dangereux. L'engagement relationnel est inévitable, même s'il s'articule à une technicité et à un dispositif. Au travers de la figure symbolique du directeur, l'institution demande au professionnel de s'engager, donc de donner. Ce dernier ne peut fonder son action sur l'attente d'un retour de la part de la personne accueillie. Pour autant, nous avons vu à quel point l'ouverture au don est nécessaire pour conserver à la relation toute son humanité. Le professionnel sait qu'il effectue un travail pour lequel il est payé, mais nous savons désormais que toute relation humaine ne peut se limiter à un simple rapport utilitaire et à la seule socialité secondaire.

Nous avons vu l'importance de l'imaginaire social, de la culture institutionnelle, nous avons attiré l'attention sur l'importance de la figure du directeur en tant que garant de la justice relationnelle au sein de son équipe. Sa manière de rendre à son équipe ce qu'elle donne aux personnes accompagnées réside dans sa vigilance à garantir la justice, l'équité et en définitive la reconnaissance du travail effectué.
Ce n'est pas par un simple discours caricatural car totalement décalé, d'atteinte d'objectifs et de résultats qu'un dirigeant du secteur social et médico-social mobilisera son équipe. C'est au contraire en articulant sans cesse le défi et le lien, le don dans ses différentes formes, qu'il y parviendra. C'est aussi en reconnaissant la qualité de l'engagement de son personnel et en contribuant à ce que tous les membres de son équipe se sentent les obligés des personnes accueillies, que le directeur garantira la qualité de la mission demandée. A lui de se sentir et se reconnaître également l'obligé de son personnel afin de lui fournir le meilleur cadre de travail possible. A ces conditions, atteintes d'objectifs et résultats seront au rendez-vous.

Pour ces raisons, le directeur ne peut faire l'impasse sur ses motivations et sur ses finalités. Combien ont encore le temps de s'interroger sur leur posture, pour saisir ce qui les agit et pour repérer le sens de leur action ?
Visent-ils leur intérêt et leur carrière ou au contraire se mettent-ils au service de leur mission ? La frontière entre ces deux positions est-elle si tranchée et si claire ? Quels espaces offre la formation pour faciliter ce questionnement ? Quelle place le discours ambiant laisse-t-il au paradigme du don ? Quel que soit le secteur d'activité, privé ou à but non lucratif, ces questions se posent avec la même force.

Le dialogue au cœur de la fonction de direction

Au terme de cet ouvrage, on peut affirmer que le dialogue est au cœur de la fonction de direction. Pour qu'il y ait dialogue, il faut prendre le risque de donner, prendre le temps de recevoir et de laisser fructifier en nous la parole de l'autre, donner à nouveau nourri de cette parole reçue.
Le directeur garantit les conditions du dialogue en veillant à la qualité de l'articulation de l'ensemble des éléments du triangle que nous venons de présenter. Apparaît alors le paradoxe de la conduite d'équipe, du management, qui puise sa force dans la fragilité et la complexité d'un dialogue enraciné dans le concept du don, mais qu'il faut toujours entretenir et relancer.

Le don est comme une boussole, il nous rappelle la direction que nous devons suivre pour affronter les difficultés quotidiennes, voire les conflits lorsqu'ils surgissent. Il nous guide aussi lorsqu'il faut porter les projets et entretenir la créativité, afin de maintenir la vitalité de l'institution. Il valorise les ressources personnelles et collectives en privilégiant des échanges basés sur une réciprocité d'engagement plutôt que d'intérêt. Le dialogue apparait alors comme une composante essentielle de la bientraitance institutionnelle, parce qu'il mobilise les ressources relationnelles contre la disqualification et les blocages.

Il existe cependant des contextes institutionnels qui ne permettent pas au dialogue de se développer, ou qui en limitent sa portée. Il faut alors du temps et des convictions, beaucoup de temps et de convictions pour voir les changements s'opérer.
Je me souviens qu'un directeur s'était épuisé à redresser une institution marquée par une équipe longtemps maltraitée, mais qui utilisait les injustices passées pour retarder les changements inévitables et du même coup bloquer le développement d'un processus constructif. C'est après son départ seulement que le changement opéra, les conditions étaient requises pour que son successeur impose un nouveau cycle vertueux.

De la qualité du dialogue dépend l'intensité des contributions institutionnelles, culturellement instituées, collectivement portées, personnellement assumées.
C'est parce que le représentant institutionnel, le directeur, est conscient des conséquences de ses gestes, accepte de les interroger et de se laisser interpeller qu'il trouve la source de sa posture contributive.
En retour, c'est parce que chaque professionnel s'engagera avec la même force que des échanges constructifs seront possibles. C'est parce que tous partageront ce même souci que l'institution saura répondre aux personnes dont elle a la charge, et qu'elle progressera.
Si le don est à l'aise avec le collectif, rappelons toutefois qu'il ne dédouane nullement de la responsabilité individuelle, à l'égard de ses actes et de leurs

conséquences relationnelles. Souhaitons que cet ouvrage contribue à prendre conscience de ces enjeux.

CONCLUSION

Intervenant dans le champ des organisations à but non lucratif, je me suis appuyé sur la pratique de direction d'une association ou d'une institution du secteur social et médico-social pour mener cette réflexion. Mon propos s'adressait aussi aux cadres des entreprises soucieux des personnes qu'ils dirigent.

Quel que soit le secteur d'activité, la compétence et le professionnalisme s'imposent. Si la stratégie de projet, les tableaux de bord et autres procédures s'avèrent utiles, ils ne peuvent pas devenir le symbole d'une direction efficace. Le don veut être une passerelle entre un directeur qui se replie derrière les chiffres, les aspects budgétaires et organisationnels de peur d'une confrontation qui lui échapperait et celui qui au contraire, soutient l'investissement de ses salariés, fait preuve d'ouverture, est à l'écoute des besoins pour améliorer la qualité du travail, favorise l'expression de la créativité collective et individuelle. Les personnalités n'expliquent pas tout, ces directeurs incarnent aussi des conceptions différentes de la fonction.

L'appropriation par les associations des outils de gestion des entreprises est en cours depuis longtemps déjà et le mouvement impulsé ne saurait s'arrêter. Les associations doivent maintenant faire valoir leur singularité vis-à-vis du secteur marchand. A la gestion des ressources humaines, elles doivent opposer la spécificité d'une conduite d'équipe référée au don. Quant aux entreprises, elles sont invitées à s'inspirer des pratiques de management de ces organisations à but non lucratif pour trouver de nouvelles postures managériales.
La recherche légitime de profit ne dédouane pas de la responsabilité éthique et n'empêche pas de reconnaître à sa juste valeur la richesse humaine de l'entreprise. Mais il manquait un modèle pour l'action qui fournisse des arguments recevables, fonctionne avec efficacité, nécessite de la rigueur, propose une posture avant les outils, préfère une saine complexité à un simplisme souvent dévastateur, s'oppose au réductionnisme d'une pensée ôtant toute velléité à réagir. Nous l'avons trouvé avec le concept de don.

La dynamique du don articule les dimensions personnelle et sociale, dans un mouvement complexe où l'une et l'autre se répondent, s'enrichissent, se lient, au point que la perspective psychosociale devient essentielle pour qui veut approcher les effets dynamiques des relations humaines. En m'appuyant sur les notions auxquelles je fais appel quotidiennement, j'ai dissocié quelques-uns des outils du management traditionnel pour les acculturer au don. A chacun ensuite de singulariser ses propres outils en s'engageant dans la même démarche. Car le champ de la psychologie sociale est extrêmement vaste[193]. Je n'ai pas cherché l'exhaustivité, je n'en aurais pas eu les moyens. J'ai privilégié le niveau des relations humaines au sein d'une équipe de travail parce que c'est là, me semble-t-il, que les cadres rencontrent le plus de difficultés. Concernant les professionnels de l'action sociale, les repères proposés sont également utiles à chacun, impliqué dans son travail, soucieux de la bonne marche de son institution et attentif aux personnes qu'il a la charge d'accompagner quotidiennement.

Le don fournit des atouts au directeur pour l'aider à trouver la posture singulière qui lui permettra de se mettre au service de sa mission. Il doit pour cela se lancer et agir. Ce n'est pas chose aisée car il est plus facile de mettre en place une organisation technique que de développer une posture éthique référée au don, surtout lorsque le discours dominant n'y encourage pas. J'espère avoir fourni quelques éléments pour oser ce pas dans l'inconnu. Mais est-ce vraiment l'inconnu ? Je rencontre régulièrement des directeurs qui expérimentent le don dans leur conduite d'équipe. Seulement, ils n'ont pas toujours les mots et concepts pour expliquer et défendre leurs pratiques. C'est d'ailleurs grâce aux nombreuses rencontres initiées dans ma pratique de formateur-consultant que cette réflexion sur le don s'est imposée à moi progressivement et quasi naturellement, forgeant elle-même une pratique.

L'intérêt de ce texte réside ensuite dans la possibilité qu'il offre de transformer en connaissances un « savoir d'action expérimenté dans une pratique signifiante, c'est-à-dire liée à un engagement personnel »[194]. Ces connaissances sont le résultat d'un processus d'intériorisation et d'intégration des savoirs. Elles se traduisent en compétences, en tant que des dispositions à agir de manière transversale pour faire face à la diversité des situations rencontrées lorsqu'elles sont portées par une intention[195].
Autrement dit, un directeur (et son équipe) développera des compétences nouvelles s'il a l'intention de déployer à chaque fois que possible une dynamique de don. Les savoirs d'action qu'il aura transformés en connaissances par un travail d'identification et d'intériorisation, lui permettront d'alimenter des potentialités d'action qui prendront la forme de compétences nouvelles, à chaque fois qu'elles seront mises à l'épreuve des réalités quotidiennes.

---

[193] Et nous n'avons fait qu'effleurer celui de la sociologie des organisations !
[194] Dubar C., *La crise des identités, l'interprétation d'une mutation*, Paris, Le lien social, PUF, 1ère édition, P 184.
[195] Sur l'ensemble de ces notions, voir Rey B., *Les compétences transversales en question*, Paris, ESF, éditeur, 1996.

Le don est paradoxe, donner m'enrichit à condition que je n'agisse pas dans ce but. Mais si je sais que pour recevoir je dois donner sans attendre en retour, comment puis-je vraiment donner sans calculer ce que cela pourrait m'apporter ? La double réciprocité de l'élan vers l'autre et des effets du retour du geste constitue un paradoxe, lorsqu'elle est portée par le souci d'autrui en même temps que l'attention à soi. Mais dans ce cas et comme nous l'avons vu avec Winnicott, le double lien est au service de la relation qu'il contribue à faire grandir. Le paradoxe du don devient geste naturel et participe alors du don mutuel positif ; ce souci de l'autre traduisant un choix éthique.

Ce choix est un défi quotidien et chacun peut s'emparer du don pour le faire fructifier avec ce qu'il est, ses richesses et ses limites. Il importe seulement d'initier le mouvement et d'agir, d'oser tout simplement en acceptant d'être dérangé. Inévitablement le don dérange, il bouscule nos habitudes individualistes car il oblige à l'engagement et davantage même, il ouvre à une éthique de l'engagement. De cet enjeu nous ne pouvons faire l'impasse.

Le directeur non plus qui, de sa place, veut référer sa pratique au don. L'éthique n'est pas un prêt-à-porter. Telle une balise Argos de la posture de direction, elle sait utiliser le don comme boussole. Elle permet à celui qui incarne l'autorité de garder le cap par la réflexion permanente à laquelle elle oblige.
Les professionnels de l'intervention sociale peuvent-ils travailler sans garder, au-delà des échecs inévitables, confiance en l'homme, confiance en sa capacité à découvrir son droit à donner, recevoir, rendre et ce faisant, à découvrir qu'il mérite d'être reconnu dans sa qualité de sujet ? Comment s'engager dans les métiers de l'action sociale sans considération à l'égard de nos collègues et des personnes accueillies dans le cadre de nos missions ? Comment est-il possible de vivre et de travailler sans reconnaître, de la place que l'on occupe, que l'autre compte pour nous, que l'on compte pour lui, que l'on peut compter les uns sur les autres pour mettre nos ressources au service d'un projet commun ?

Paradoxe de la fonction de direction qui sollicite et mobilise le don pour le mettre au service de l'institution ! Le directeur doit créer les conditions qui permettent à son équipe de développer, autour de l'objet de travail, des échanges référés au don. Nécessairement solitaire, son geste pour donner s'apparente à une transmission qu'il espérera voir fructifiée par son équipe, de sorte que les personnes accueillies en récoltent les fruits. Le directeur ne doit pas attendre de recevoir de son personnel. Celui-ci lui rend quotidiennement dans son travail et en le suivant bon gré mal gré dans les évolutions, projets, changements auxquels n'échappe aucune institution vivante.
Aussi le directeur ne doit-il pas hésiter à considérer les confrontations comme des occasions de développer des ressources collectives. Certes, il n'est pas toujours facile d'y parvenir du fait de la complexité des dynamiques des

groupes, mais cela est possible beaucoup plus souvent qu'on ne le pense. Car le don agit et produit des normes de groupe qui contribuent activement au développement d'un imaginaire social partagé. Le don n'est pas étranger non plus à l'amélioration de la qualité de l'intervention socio-éducative[196] et il constitue l'un des moyens les plus sûrs de lutter contre la maltraitance et l'usure professionnelle.

Le don est paradoxe, il puise sa force dans sa fragilité. Le don est fragile parce qu'il oblige à l'exigence d'un engagement porté par des convictions et qu'il prend corps dans les conséquences des gestes posés quotidiennement. Il est fragile car il touche à l'identité et la crainte de se perdre dans l'autre lorsque le cycle du donner, recevoir, donner à son tour, est perverti. Mais c'est sur cette fragilité que se bâtit sa force.

J'ai tenté de montrer à quel point le don est au cœur de tout processus relationnel et de la vie d'un groupe. Il renouvelle le regard porté habituellement sur les notions d'influence et de leadership. Il est altérité agie, il est lâcher-prise qui ouvre à la rencontre. Il permet à chacun de compter sur l'autre par les engagements pris et tenus. Il sollicite la mutualisation des ressources individuelles pour les mettre au service du collectif.

La communication peut se suffire à elle-même lorsque l'objectif consiste à ce que l'information passée soit reçue. Le don ouvre d'autres horizons, il recentre l'étude des phénomènes de communication sur l'échange, la parole et la qualité du dialogue. La communication redevient un moyen pour aider une parole échangée à être pleinement reçue et entendue.

Le don privilégie la rivalité de souci et la critique contributive, il rejette les propos disqualifiants qui invalident l'autre. Il fournit des clés au directeur qui préfère l'autorité au pouvoir, le service de sa mission à sa seule promotion.

Le don évite la nostalgie du passé mais il permet un retour aux sources afin que nous retrouvions des perspectives pour construire l'avenir sur un présent renouvelé. Le don mutualise autour de lui des notions qu'il fédère et organise pour favoriser l'expression de l'altérité. Le cycle du don - donner, recevoir, donner à son tour - organisé autour de ses quatre composantes - liberté et obligation, attention à soi et souci de l'autre- est mis en mouvement par la sollicitude et la réciprocité d'engagement. Il participe de la reconnaissance et de l'estime de soi qui contribuent également à le relancer. Il réconcilie l'insoumission, la rivalité et l'alliance. Il pousse à l'engagement, dans le temps et pour une cause qui dépasse le seul intérêt personnel. Il s'inscrit structurellement dans une démarche éthique d'actes posés dans la considération

---

[196] Nous faisons référence aux apports de l'approche contextuelle plusieurs fois citée dans ce texte.

de l'autre, ce qui oblige aussi à assumer les conséquences parfois négatives de ses actes. Il réaffirme la modernité de notions telles que la dignité et l'honneur[197].

Sachons reconnaître dans le don, au-delà de nos erreurs et de nos difficultés à le solliciter correctement, une recherche incessante de dialogue pour ouvrir des chemins d'humanité.

Conscients de ses limites, avec l'authenticité de celui qui ose au risque de tâtonner, il ne reste plus au dirigeant-décideur qu'à bouleverser les pratiques antérieures et à provoquer de nouveaux réflexes de considération dans les relations de travail en référant sa pratique au don.

---

[197] Philippe D'Iribarne suggère à la France de remettre au goût du jour un vieux modèle ; il lui faudrait reconnaître et assumer davantage les fondements culturels que sont la reconnaissance de la dignité et de l'honneur. Voir sur ce thème D'Iribarne Ph., *L'étrangeté Française*, Paris, Seuil, 2006.

BIBLIOGRAPHIE

Amado Georges et Guittet, André, *La dynamique des communications dans les groupes*, Paris, Armand Colin, 1975.
Anspach Mark Rogin, *A charge de revanche*, Paris, Seuil, 2002.
Anzieu Didier, *Le groupe et l'inconscient*, Paris, Dunod, 1984.
Anzieu Didier et Martin Jacques-Yves, *La dynamique des groupes restreints*, Paris, PUF, 8ème édition, 1986.
Balmary Marie, *Le sacrifice interdit : Freud et la Bible*, Paris, Grasset, 1986.
Balmary Marie, *La divine origine : Dieu n'a pas créé l'homme*, Paris, Grasset, 1993.
Balmary Marie, *Abel ou la traversée du désert*, Paris, Grasset, 1999.
Bernoux Philippe, *Sociologie des organisations*, Paris, Seuil, 1985.
Bion Wilfrid, *Recherches sur les petits groupes*, 5ème édition, Paris, Puf, 1987.
Boilleau Jean-Luc, *Conflit et lien social*, Paris, La Découverte/Mauss, 1995.
Breton Philippe, *Eloge de la parole*, Paris, La découverte, 2003.
Bruckner Pascal, *La tentation de l'innocence*, Paris, Grasset, 1995.
Caillé Alain, *Anthropologie du don*, Paris, Desclée De Brouwer, 2000.
Canoult Nina, *Comment paye-t-on la faute de ses ancêtres*, Paris, Desclée de Brouwer, 2007.
Cercle Alain, Somat Alain, *Psychologie sociale : cours et exercices*, 2ème édition, Paris, Dunod, 2002.
Citeau Jean-Pierre, Engelhardt-Britian Brigitte, *Introduction à la psychosociologie, concepts et études de cas*, Paris, Armand Colin, 1999.
Crozier Michel, Friedberg E., *L'acteur et le système*, Paris, Seuil, 1977.
Crozier Michel, *L'entreprise à l'écoute*, Paris, Interéditions, 1989.
De Rosnay Joël, *Le macroscope*, Paris, Seuil, 1975.
D'Herbemont Olivier, César Bruno, *La stratégie du projet latéral*, Paris, Dunod, 1996.
Diet Anne-Lise, « Je ferai de vous des esclaves heureux », Connexions, *Les procédures comme organisateurs institutionnels*, 79/2003-1.
Diet Emmanuel, « L'homme procédural, de la perversion sociale à la désubjectivation aliénante », Connexions, *Les procédures comme organisateurs institutionnels* 79/2003-1.
D'Iribarne Philippe, *L'étrangeté Française*, Paris, Seuil, 2006.
Dubreuil Bertrand, *Le travail de directeur en établissement social et médico-social*, Paris, Dunod, 2004.
Dubar Claude, *La crise des identités, l'interprétation d'une mutation*, 2ème édition revue, 2ème tirage, Paris, PUF, 2003.
Dubar Claude, *La socialisation : construction des identités sociales et professionnelles*, 2ème édition revue, 3ème tirage, Paris, Armand Colin, 1998.

Ducommun-Nagy Catherine, *Ces loyautés qui nous libèrent*, Paris, JC Lattès, 2007.
Dumas Didier, *La bible et ses fantômes*, Paris, Desclée de Brouwer, 2001.
Elster John, « rationalité et normes sociales », la revue du MAUSS, *Qu'est ce que l'utilitarisme : une énigme dans l'histoire des idées*, Paris, La découverte/Mauss 1995.
Dumont Jean Noël (sous la dir. de) avec la participation de Jean Luc Marion, *Le don*, Lyon, le collège supérieur, 2001.
Enriquez Eugène, Paris, *De la horde à l'état essai de psychanalyse du lien social*, Gallimard, 1983.
Enriquez Eugène, Paris, *L'organisation en analyse*, Puf, 2003.
Fischer Gustave-Nicolas, *La psychologie sociale*, Paris, Seuil, 1997.
Fischer Gustave-Nicolas, *Les concepts fondamentaux de la psychologie sociale* Dunod, Paris, 1997.
Freud Sigmund, *Totem et tabou*, petite bibliothèque Payot.
Fustier Paul, *Le lien d'accompagnement, entre don et contrat salarial*, Paris, Dunod, 2000.
Godbout Jacques T., (en collaboration avec Alain Caillé) *L'esprit du don*, Paris, La découverte/Poche, 1992, 2000.
Godbout Jacques T., *Le don la dette l'identité*, Paris, La Découverte/M.A.U.S.S, 2000.
Godbout Jacques T., *Le langage du don*, Montréal, Fides, coll. les grandes conférences, 1996.
Gorz André, *Métamorphoses du travail Quête du sens, critique de la raison économique*, Paris, Galilée, 1988.
Henaff Marcel, *Le prix de la vérité, le don, l'argent, la philosophie*, Paris, Seuil, 2002.
Heireman Magda, *Du côté de chez soi, la thérapie contextuelle d'Ivan Boszormenyi-Nagy*, Paris, ESF éditeur, 1989.
Honneth Axel, *La lutte pour la reconnaissance*, Paris, Cerf, coll. passages, 2000.
Jaeger Marcel, Bauduret Jean-Michel, *Rénover l'action sociale et médico-sociale*, Paris, Dunod, 2002.
Jeammet Nicole, *Les destins de la culpabilité*, Paris, Puf, 1993.
Kaës René, *Les théories psychanalytiques du groupe*, Paris, Puf, 2002.
La revue du Mauss, *Ethique et économie, l'impossible (re)mariage*, Paris, La découverte/Mauss, 2000.
Laupiès Frédéric, *Leçon philosophique sur l'échange*, Paris, Puf, 2002.
Le Goff Jacques, *Le mythe de l'entreprise*, Paris, La Découverte, 1992.
Le Mouel Jacques, *Critique de l'efficacité*, Paris, Seuil, 1991.
Levy André, *Psychologie sociale, textes fondamentaux anglais et américains*, tomes 1 et 2, Paris, Dunod, 1978.
Lievre Pascal, *Evaluer une action sociale*, Paris, ENSP, 2002.

Mauss Marcel, *Sociologie et anthropologie*, 11ème édition, Paris, Quadrige/PUF, 2004.

Michard Pierre, Ducommun-Nagy Catherine, et Lemaire Jean-G, *La thérapie contextuelle de Boszormenyi-Nagy : une nouvelle figure de l'enfant dans le champ de la thérapie contextuelle*, Paris, De Boeck, 2005.

Moscovici Serge (sous la direction de), *La psychologie sociale*, 2ème édition, Paris, Puf Fondamental, 1988.

Mucchielli Alex, *La psychologie sociale, Les fondamentaux*, Paris, Hachette supérieur, 2001.

Pelletier G. in Crozier Michel, Sainsaulieu Renaud, *Le management aujourd'hui*, Paris, démos ressources humaine, actes de forum, 1999.

Rey Bernard, *Les compétences transversales en question*, Paris, ESF éditeur, 1996.

Ricœur Paul, *Lectures 2*, Paris, Seuil, 1992.

Ricœur Paul, *Parcours de la reconnaissance*, Paris, Stock, 2004.

Ricœur Paul, *La critique et la conviction*, Paris, Calmann-Lévy, 1995.

Salomé Jacques, *Relation d'aide et formation à l'entretien*, PUF de Lille, 1993.

Thiétart, Raymond Alain *La stratégie d'entreprise*, Paris, Ediscience International, 2003.

Weber Max, *Le savant et le politique*, Paris, Plon, 1950.

TABLE DES MATIERES

INTRODUCTION   9

1. LE DON AU CŒUR DES DYNAMIQUES RELATIONNELLES   13

1.1. Les apports de Marcel Mauss   13
Le potlatch   13
Le commerce kula   16
Le hau et le cycle du don   16

1.2. Le don structure nos relations   19
Nos histoires relationnelles empreintes de don   20
Le don prend le temps de recevoir   21
La spirale du don source de lien   22
Le don agonistique et/ou d'alliance ?   23
La structure du don   24
Un rapport au don différent selon le contexte   27
La complexité du don   29
Le don emprise sur l'autre ou ferment d'altérité ?   31

2. LE DON MOUVEMENT D'ALTERITE   33

2.1. Au commencement était le don   33
Le mythe de la horde primitive et la Genèse   33
La loi posée après le passage à l'acte   34
La loi de la relation énoncée avant le passage à l'acte   36
Le don fructifie dans la loi   37

2.2. Le don au cœur du processus de reconnaissance   39
Don et engagement   39
Don et éthique   40
Don et reconnaissance   42
La reconnaissance au risque de la mort   43
Le don non reconnu   44

3. LE DON RELIE L'INDIVIDUEL ET LE COLLECTIF — 49

3.1. Pour une lecture psychosociologique du don — 49
Don et interactions — 49
Le don et l'influence — 52

3.2. Le don et le groupe — 53
Connaître les caractéristiques d'un groupe pour organiser les échanges — 53
L'imaginaire social partagé — 55
La dynamique des groupes — 57
La productivité du groupe repose sur la qualité de la dynamique du don — 60
Trouver sa place dans un groupe — 61

3.3. Le don et le leader — 67

4. ECHANGER, COMMUNIQUER ET DIALOGUER — 75

4.1. Des échanges de paroles, des paroles au cœur de l'échange — 75

4.2. Une question technique — 78

4.3. Appréhender la complexité humaine — 79

4.4. Communiquer, un outil pour se rencontrer — 80

4.5. Une attention portée au message — 81

4.6. Communiquer pour échanger — 83

4.7. L'échange influencé par les réseaux de communication — 85

4.8. Echanger, engager une parole — 87

4.9. Pour faciliter le dialogue — 89
L'écoute — 89
Le feed-back — 93

5. LES ETATS DU DON — 97

5.1. Libérer le don de la dette — 97

5.2. L'état de don altéré et de sortie du don — 105

5.3. L'état d'alternance du don — 107
Réciprocité d'intérêt, réciprocité d'engagement — 107

L'alternance	109

5.4. Le don mutuel positif — 110

5.5. Le don virtuel — 114

6. LES ETATS DU DON DANS UN CONTEXTE PROFESSIONNEL — 117

6.1. Don et climat de travail — 117

6.2. Appréhender les états du don avec l'analyse systémique — 122
La mobilisation des ressources individuelles ne dépend pas uniquement de la personne — 122
Les caractéristiques du système — 123
Le symptôme — 126

7. LE DON POUR DEPASSER LA REFERENCE UTILITARISTE — 129

7.1. Le don contre l'instrumentalisation de l'homme au travail — 129
Un modèle de management qui semble s'imposer — 129
L'utilitarisme a servi l'homme, aujourd'hui il l'asservit — 130

7.2. Spécificité du secteur non lucratif par rapport au secteur marchand — 133
Les professionnels du secteur social et médico-social ne se "gèrent" pas. — 133
La procédure empêche l'expression du don — 134

7.3. De la rationalisation des pratiques à la raison au service des pratiques — 135
Du droit des usagers au dû des usagers — 135
Laisser sa place au don — 137

8. LE DON ET LA DYNAMIQUE DE PROJET — 143

8.1. Don et conduite de changement — 143

8.2. L'engagement autour d'un projet. — 146

8.3. Prendre la mesure de l'engagement dans sa double perspective agonistique et d'alliance. — 149

8.4. Etre disqualifiant ou contributif — 152

8.5. L'organisation inévitablement défaillante	156

9. LE DON ET L'ART DE DIRIGER — 161

9.1. Du pouvoir à l'autorité	161
9.2. Le don et les « jeux d'alliance »	164
9.3. Penser la posture de direction en référence au don	169
9.4. Le directeur, nécessaire posture de référence	170
Les sommets du triangle	175
Les trois côtés	178
Le directeur au service de l'institution	181
Le dialogue au cœur de la fonction de direction	184

CONCLUSION — 187

BIBLIOGRAPHIE — 193

L'HARMATTAN, ITALIA
Via Degli Artisti 15 ; 10124 Torino

L'HARMATTAN HONGRIE
Könyvesbolt ; Kossuth L. u. 14-16
1053 Budapest

L'HARMATTAN BURKINA FASO
Rue 15.167 Route du Pô Patte d'oie
12 BP 226
Ouagadougou 12
(00226) 50 37 54 36

ESPACE L'HARMATTAN KINSHASA
Faculté des Sciences Sociales,
Politiques et Administratives
BP243, KIN XI ; Université de Kinshasa

L'HARMATTAN GUINEE
Almamya Rue KA 028
En face du restaurant le cèdre
OKB agency BP 3470 Conakry
(00224) 60 20 85 08
harmattanguinee@yahoo.fr

L'HARMATTAN COTE D'IVOIRE
M. Etien N'dah Ahmon
Résidence Karl / cité des arts
Abidjan-Cocody 03 BP 1588 Abidjan 03
(00225) 05 77 87 31

L'HARMATTAN MAURITANIE
Espace El Kettab du livre francophone
N° 472 avenue Palais des Congrès
BP 316 Nouakchott
(00222) 63 25 980

L'HARMATTAN CAMEROUN
BP 11486
Yaoundé
(00237) 458 67 00
(00237) 976 61 66
harmattancam@yahoo.fr

627983 - Novembre 2015
Achevé d'imprimer par